PowerPoint 2010

Micro
Application

1ère Édition - Mai 2010

AUTEUR Laurent MARCHANDIAU

ISBN : 978-2-300-029240

ISSN : 1637-8148

MICRO APPLICATION
20-22, rue des Petits-Hôtels
75010 PARIS
Tél. : 01 53 34 20 20 - Fax : 01 53 24 20 00
http://www.microapp.com

Support technique :
Fax : 01 53 34 20 00
également disponible sur le site
www.microapp.com

Retrouvez des informations sur cet ouvrage !

Rendez-vous sur le site Internet de Micro Application **www.microapp.com.** Dans le module de recherche, sur la page d'accueil du site, entrez la référence à 4 chiffres indiquée sur le présent livre. Vous accédez directement à sa fiche produit.

AVANT-PROPOS

Tout en couleur, la collection GUIDE MICROAPP vous accompagne dans votre découverte d'un logiciel ou d'une technologie informatique. Grâce à une approche résolument pratique, centrée autour de nombreux exemples pas à pas, elle vous permet de réussir vos premières prises en main et de réaliser des opérations concrètes, rapidement et facilement, sans connaissance préalable du sujet traité.

Les ouvrages de la collection sont basés sur une structure identique :

- Des étapes numérotées, associées à des captures d'écran, vous permettent de suivre et de reproduire pas à pas l'exemple étudié.
- Des informations complémentaires au sujet traité vous sont délivrées. Présentées sous forme d'encadrés, elles sont repérables par l'icône ▶.
- Des définitions vous permettent de comprendre les termes et abréviations relatifs au logiciel ou à la technologie étudiée. Présentées sous forme d'encadrés, elles sont identifiables par l'icône ▶.

Complète, la collection GUIDE MICROAPP vous délivre des outils innovants pour rendre l'apprentissage encore plus enrichissant et convivial :

Le coin des passionnés, pour tous ceux qui souhaitent approfondir leurs connaissances et aller plus loin dans leur utilisaton du logiciel ou de la technologie étudiée.

Les Fiches pratiques, pour maîtriser en quelques clics une application précise.

Afin de faciliter la compréhension des techniques décrites, nous avons adopté les conventions typographiques suivantes :

- **Gras** : menu, commande, onglet, bouton
- *Italique* : rubrique, zone de texte, liste déroulante, case à cocher
- www.microapp.com : adresse Internet
- **Hotmail** : renvoi vers un encadré définition
- ✂ : indique, dans les programmes, un retour à la ligne involontaire dû aux contraintes de la mise en page

SOMMAIRE

Chapitre 1

À LA DÉCOUVERTE *de PowerPoint 2010*

Chapitre 2

RÉALISER *une présentation personnalisée*

Chapitre 3

METTRE EN FORME *un bloc et organiser les diapositives*

Chapitre 4

AJOUTER *des éléments graphiques*

Chapitre 5

ENRICHIR *une présentation*

Chapitre 6

IMPRIMER, ENREGISTRER *et exporter une présentation*

Chapitre 7

PRÉSENTER *un diaporama*

Chapitre 8

LE COIN *des passionnés*

Fiches

FICHES *pratiques*

À LA DÉCOUVERTE de PowerPoint 2010

C'est le logiciel de présentation le plus utilisé au monde. PowerPoint est devenu au fil du temps un incontournable. Intégré à la suite bureautique Office développée par Microsoft, il est largement exploité dans le milieu professionnel et l'univers scolaire. Et les organismes de formation en ont fait l'un de leurs principaux outils de travail ! Car l'avantage de PowerPoint est de mêler, dans un même document, images, vidéos, sons, texte et éléments graphiques. Chaque présentation comprend ainsi plusieurs pages dénommées communément "slides" ou "diapositives".

Diapositive et slide

Sous PowerPoint, on entend par "diapositive" ou "slide", une page composée de texte, d'objets graphiques (diagrammes, images...) et d'autres éléments multimédias.

La version 2010 de PowerPoint présente bon nombre de nouveautés presque toutes orientées vers le traitement des images et l'ajout de vidéo. Avec cette application, vous pouvez :

- réaliser des présentations professionnelles à la fois claires et synthétiques ;
- créer votre propre album photos ;
- concevoir des story-boards ;
- etc.

Les possibilités qu'offre cette application en termes de conception de présentations sont quasi illimitées.

Au sujet d'Office 2010

Office 2010 ne requiert pas un matériel très performant. Un ordinateur datant de sept ans peut lancer les logiciels de la suite sans problème.

OUVRIR POWERPOINT 2010

1 Cliquez sur le menu **Démarrer** de Windows. Sous Vista et Windows 7, le menu **Démarrer** est représenté par un orbe aux couleurs du système d'exploitation de Microsoft.

2 Cliquez sur **Tous les programmes**.

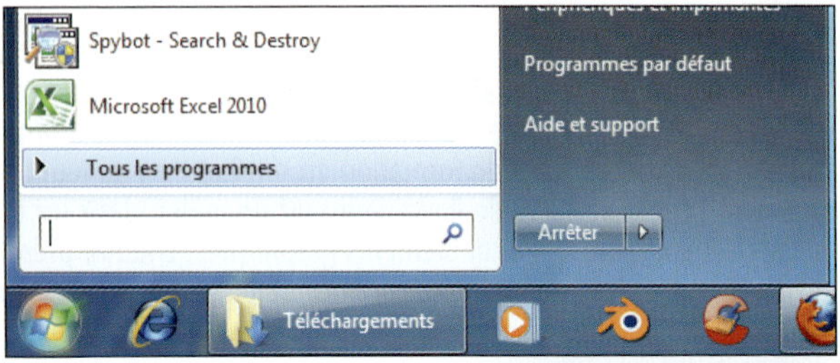

3 Ouvrez la rubrique *Microsoft Office*.

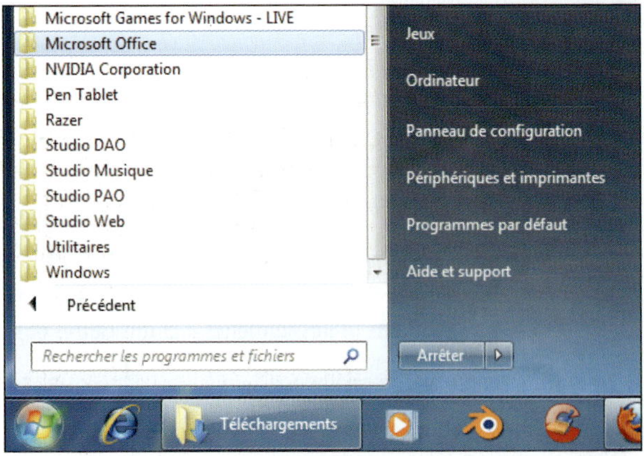

4 Sélectionnez *Microsoft Office PowerPoint 2010*.

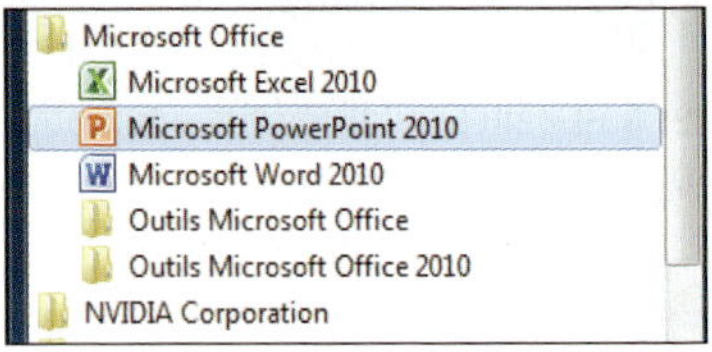

L'ESPACE DE TRAVAIL

PowerPoint 2010 reprend l'interface de son prédécesseur qui, depuis la sortie d'Office 2007, est non plus organisé en menus, mais en onglets. Ces derniers regroupent par thème les différentes fonctions les plus utilisées du logiciel.

► Le mode Backstage

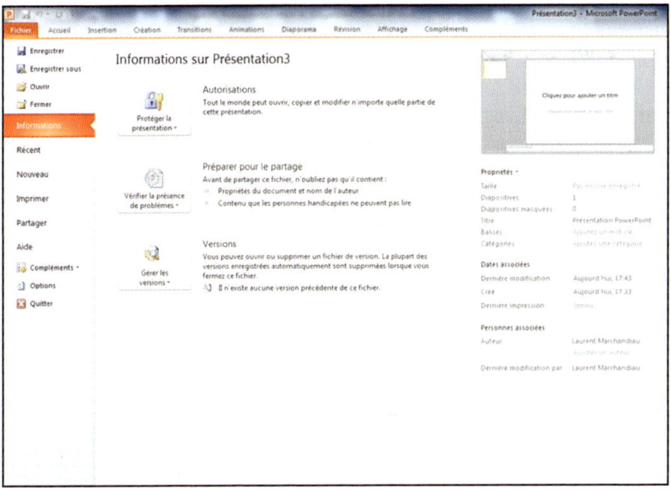

C'est un retour aux sources. Office 2007 avait remplacé le menu **Fichier** par un bouton aux couleurs de la suite bureautique de Microsoft, plus connu sous le terme de "bouton **Office**". La version 2010 d'Office et de PowerPoint présente de nouveau le menu **Fichier**, qui permet d'accéder au mode Backstage. Ce mode recense les mêmes fonctions présentes dans l'ex-bouton **Office**, à savoir les commandes d'enregistrement, d'ouverture, de création et d'impression de documents.

Mais pas seulement ! Alors que les fonctions s'affichaient autrefois dans un menu contextuel, elles occupent cette fois l'intégralité de l'écran. Concrètement, ce mode contient les outils nécessaires à la gestion des fichiers et des données afférentes, qu'il s'agisse de la création d'un nouveau document, de la modification des propriétés d'un fichier, ou encore de la gestion du partage, etc. D'ailleurs, l'impression d'un document s'effectue directement sous ce mode.

Revenir dans le document

Lorsque vous cliquez sur ***Fichier****, vous passez systématiquement en mode Backstage, ce qui a pour effet de masquer le document sur lequel vous travaillez. Pour retourner à ce dernier, cliquez sur l'onglet* ***Accueil*** *ou appuyez sur la touche* Echap *de votre clavier.*

► Les onglets

L'espace de travail se compose du Ruban, nom donné à la nouvelle barre de menus depuis la version 2007 d'Office. Celle-ci est organisée en onglets. Chaque onglet intègre les options les plus couramment utilisées, rangées dans différentes catégories. L'onglet **Accueil** compte par exemple six groupes de fonctions : **Presse-papiers**, **Diapositives**, **Police**, **Paragraphes**, **Dessin** et **Modification**.

Dans un souci de simplification, Office 2007 proposait, pour certaines de ses fonctions, d'accéder à des modèles prédéfinis situés dans des galeries. PowerPoint 2010 reprend cette innovation, qui permet de choisir, en connaissance de cause, le modèle le plus adapté à ce que vous souhaitez.

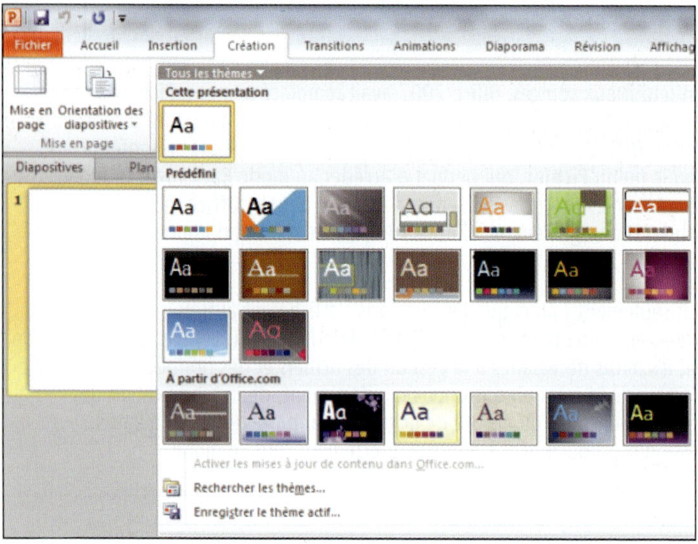

L'aperçu instantané reste toujours d'actualité. Cette technologie offre la possibilité de visualiser instantanément le résultat sur le document. C'est le cas, par exemple, lors de la sélection d'une police de caractères. L'utilisateur peut ainsi choisir la police qui lui convient le mieux.

1 Dans la fenêtre principale, cliquez sur la bordure de l'un des deux cadres.

2 Rendez-vous sous l'onglet **Accueil**.

3 Cliquez sur la petite flèche située à côté de la police par défaut (*Calibri (En-têtes)*).

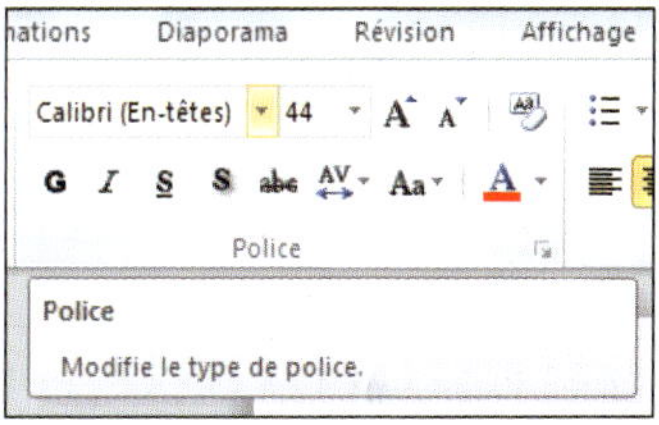

4 Dans la liste des polices qui s'affiche, survolez l'une d'entre elles : le texte présent dans le cadre sélectionné change de police en fonction de celle que vous survolez.

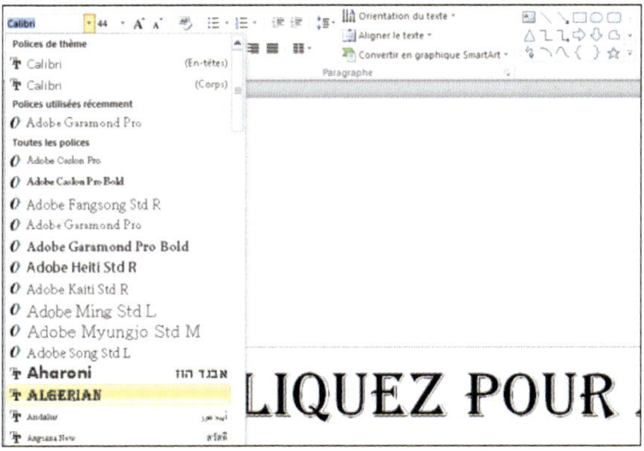

Cette possibilité s'étend à d'autres fonctions et s'avère particulièrement utile quand il s'agit de sélectionner un thème ou d'appliquer des effets sur une image, une vidéo, etc.

Certains jeux de commandes n'apparaissent pas par défaut et s'ajoutent au Ruban lorsque vous effectuez une tâche spécifique. C'est notamment le cas quand vous modifiez une zone de texte. Un nouvel onglet dit "contextuel" s'affiche dans le Ruban. Son nom varie suivant le type de données sélectionné. Démonstration :

1 Dans la nouvelle diapo, cliquez sur l'un des blocs de texte portant la mention *Cliquez pour ajouter un titre.*

2 Dès que vous cliquez dans le bloc, un nouvel onglet **Format** s'affiche dans le Ruban.

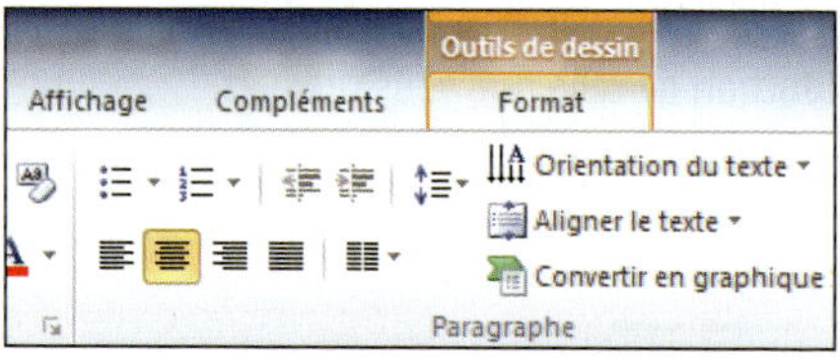

3 Sélectionnez cet onglet. De nouvelles commandes, propres à l'objet sélectionné, sont désormais à votre disposition.

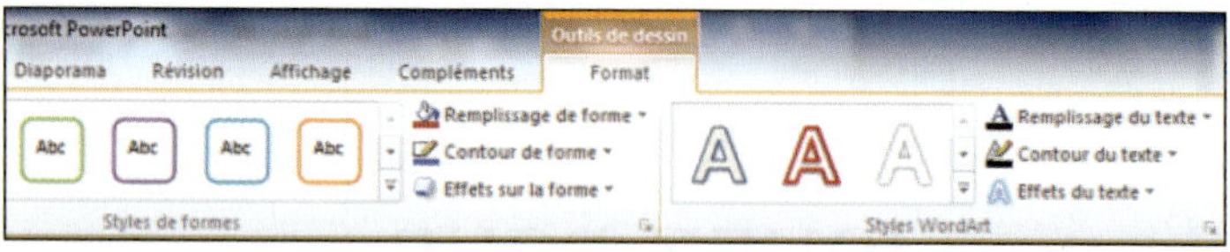

4 Cliquez sur une zone vierge de la page. L'onglet contextuel **Format** disparaît automatiquement du Ruban.

Ce principe évite d'encombrer l'interface de multiples barres d'outils, comme c'était le cas dans les versions antérieures à PowerPoint 2007 (et à Office 2007). La nouvelle mouture de l'application reprend ce concept.

► La barre d'accès rapide

C'était une nouveauté de l'interface inaugurée par Office 2007. La barre d'accès rapide se situe juste au-dessus des onglets **Fichiers** et **Accueil**. Vous pouvez la personnaliser pour accéder rapidement à certaines fonctions couramment utilisées.

La barre d'accès rapide se situe dans le coin gauche de la fenêtre.

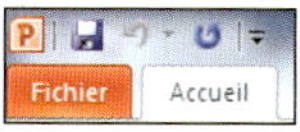

1 Dans le coin supérieur gauche de la fenêtre, cliquez sur cette flèche.

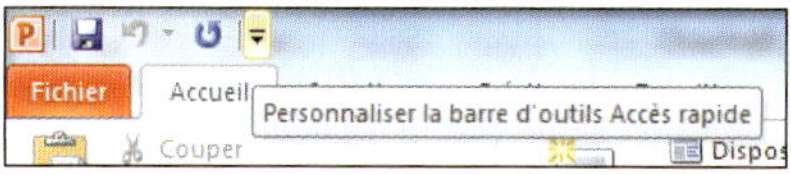

2 Dans le menu contextuel qui s'affiche, sélectionnez la fonction à ajouter, par exemple **Impression rapide**. Les options déjà activées ont une coche orange à côté de leur nom. Il suffit de cliquer sur l'une d'entre elles pour la supprimer de la barre d'accès rapide.

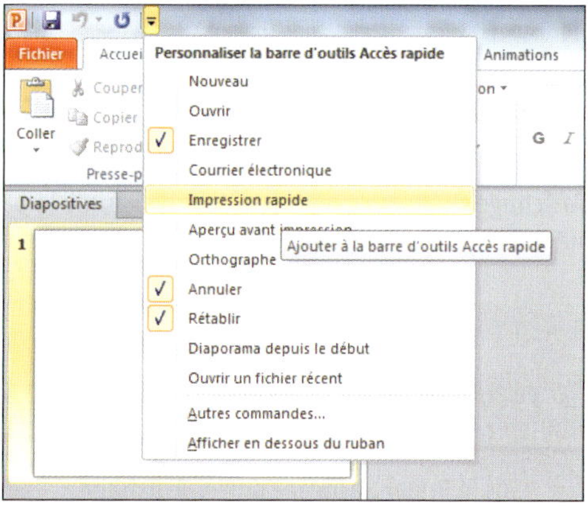

Renouvelez l'opération pour ajouter de nouvelles fonctions ou pour en désactiver certaines.

Repositionner la barre d'accès rapide

Vous pouvez déplacer la barre d'accès rapide en cliquant sur la flèche permettant d'ouvrir le menu de personnalisation, vu précédemment. Sélectionnez ensuite ***Afficher en dessous du Ruban****.*

► La barre d'état

C'est l'élément le moins connu d'une interface. Elle se situe en bas de la fenêtre. Comme son nom l'indique, la barre d'état donne différentes informations, telles que le nombre de diapositives comprises dans la présentation, le thème et la langue utilisés.

Vous pouvez également passer d'un mode d'affichage à un autre en cliquant sur l'une de ces icônes. Nous décrivons les différents types d'affichages de PowerPoint 2010 ci-après.

La barre d'état comprend un curseur de zoom situé à son extrémité droite. En déplaçant le curseur à l'aide de la souris, vous réalisez un zoom avant ou arrière sur la diapo.

Zoomer/dézoomer rapidement

Pour effectuer un zoom avant ou arrière rapidement, maintenez la touche Ctrl *enfoncée et utilisez la molette de la souris.*

LES DIFFÉRENTS MODES D'AFFICHAGE

PowerPoint dispose de quatre modes d'affichage, accessibles depuis l'onglet **Affichage** du Ruban, mais aussi par le biais de la barre d'état. Passer d'un mode à un autre peut vous faciliter la vie car ils ont chacun leurs avantages.

▸ Accéder au mode Normal

Par défaut, l'affichage de PowerPoint est en mode Normal. C'est celui que vous utiliserez le plus clair du temps. Pour le sélectionner (s'il ne l'est pas déjà) :

1. Dans le Ruban, activez l'onglet **Affichage**.
2. Dans la catégorie *Affichage des présentations*, cliquez sur le bouton **Normal** (sélectionné par défaut).

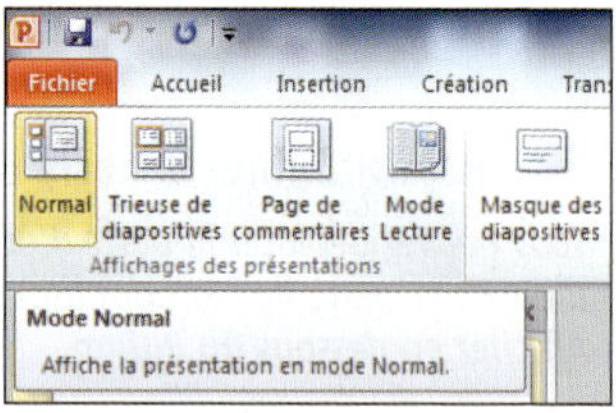

Ce mode est dédié à l'écriture et à la conception des présentations. Vous disposez de quatre zones de travail distinctes :

- Dans la colonne de droite, l'onglet **Diapositives** (1) permet de visualiser l'intégralité des pages de la présentation.
- Toujours dans la colonne de droite, l'onglet **Plan** (2) offre la possibilité de réorganiser les diapositives tout en affichant le texte contenu dans chacune d'elles, sous une forme hiérarchisée, plus lisible.
- La partie centrale comprend la diapositive (3) elle-même.

- En bas de la fenêtre, le volet **Commentaires** (4) permet la saisie des commentaires, c'est-à-dire du texte uniquement visible sur l'ordinateur de la personne diffusant la présentation, notamment en guise de rappel.

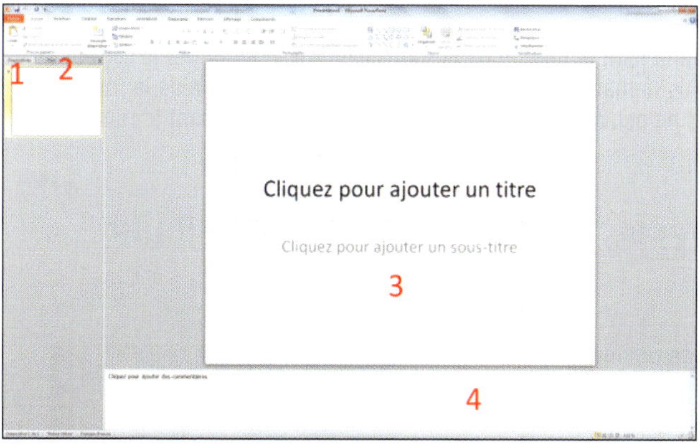

▸ Réorganiser les slides via le mode Trieuse de diapositives

Le mode Trieuse de diapositives permet de classifier les diapositives.

1. Sous l'onglet **Affichage**, cliquez sur le bouton **Trieuses de diapositives**.

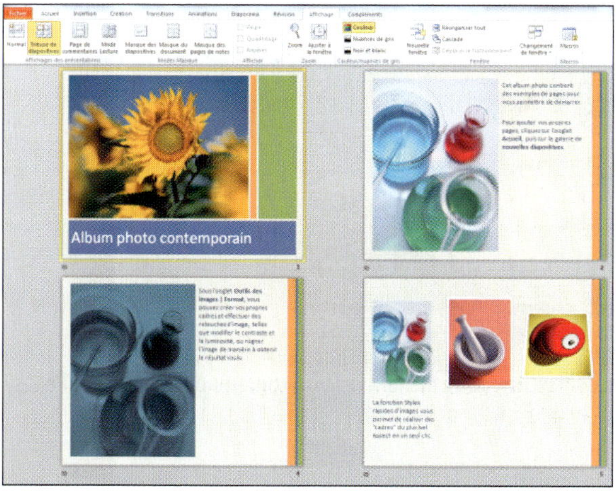

Les différentes diapositives composant votre diaporama s'affichent sous forme de vignette.

2 Sélectionnez la diapositive à déplacer.

3 Tout en maintenant le bouton de la souris enfoncé, positionnez le curseur à l'endroit où vous souhaitez disposer la diapo. Relâchez le bouton de la souris. Notez que vous ne pouvez insérer la diapositive qu'en positionnant le curseur entre deux autres.

► Exploiter les modes Page de commentaires et Lecture

Le mode Page de commentaires donne la priorité à la saisie de commentaires. Dans ce type d'affichage, la diapositive en cours d'utilisation est minimisée au profit de la zone de commentaires.

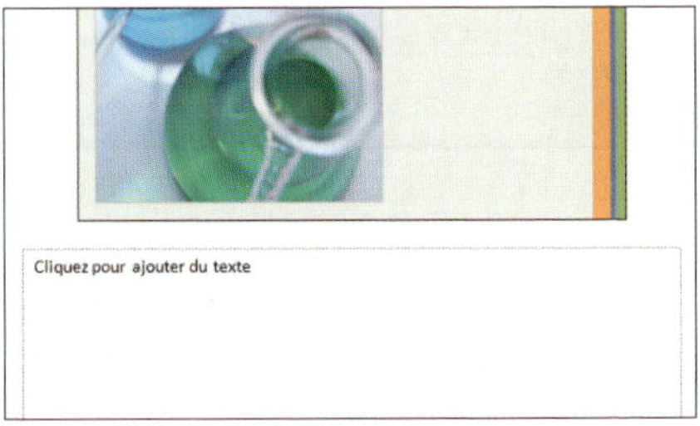

En mode Lecture, vous visionnez la présentation. Pour passer d'une diapositive à une autre, cliquez sur l'écran. Pour sortir de ce mode, appuyez sur la touche Echap de votre clavier.

► Modifier le type d'affichage par défaut

Par défaut, le mode Normal est activé lors de la création d'une nouvelle présentation. Pour en activer un autre :

1. Cliquez sur l'onglet **Fichier** pour activer le mode Backstage.
2. Sélectionnez le bouton **Options** dans la colonne de gauche.

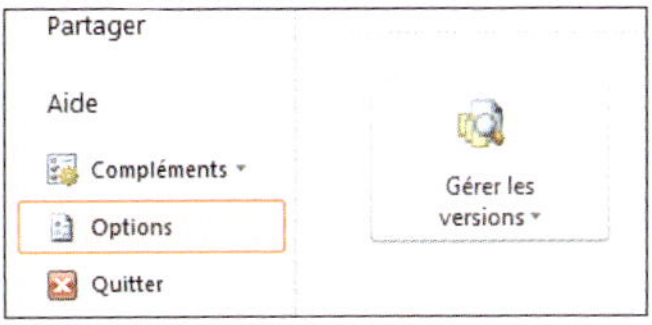

3. Dans la fenêtre qui s'ouvre, cliquez sur *Options avancées* dans la colonne de gauche.

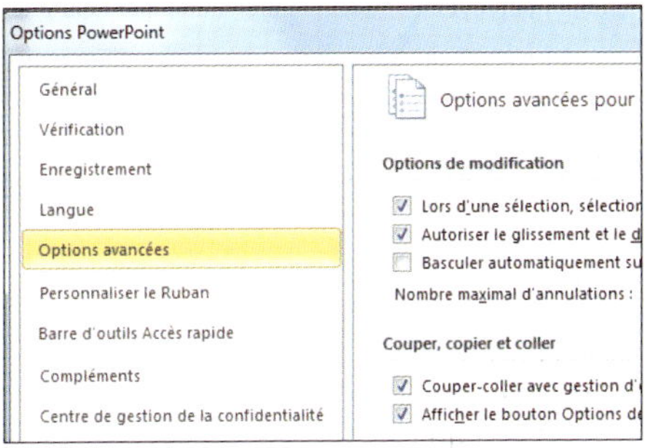

4. Dans la sous-rubrique *Afficher*, à la ligne *Ouvrir tous les documents dans cette vue*, cliquez sur la liste déroulante.

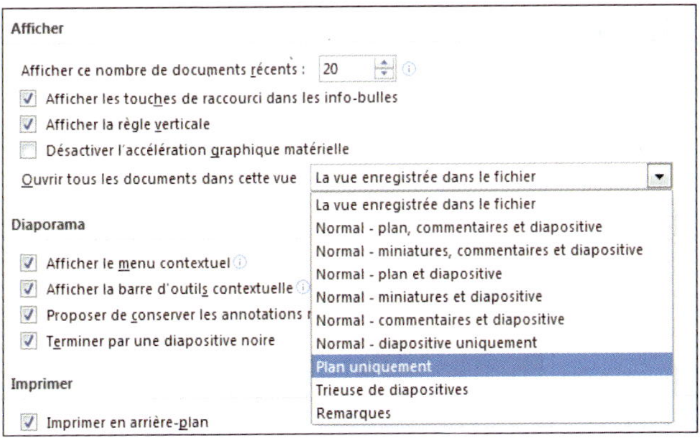

5. Sélectionnez le mode voulu dans la liste puis cliquez sur le bouton OK.

CONCEPTION RAPIDE D'UNE PRÉSENTATION

Maintenant que vous vous êtes un peu familiarisé avec l'interface de PowerPoint passons à la réalisation d'une présentation. Celle-ci se compose obligatoirement de diapositives. La création d'un diaporama exige une certaine rigueur, un esprit de synthèse et du temps.

Pour vous faciliter la tâche, PowerPoint dispose de modèles de présentation prédéfinis. Ceux-ci ont l'avantage de posséder déjà une mise en page, un jeu de couleurs et des polices spécifiques donnant à l'ensemble une certaine homogénéité.

Modèle

Un modèle de présentation se compose d'une mise en page homogène ainsi que de plusieurs diapositives. Chaque modèle répond à un besoin spécifique : création d'un album photo, de diagramme, présentations diverses, etc.

Utiliser les modèles

Les modèles sont disponibles depuis le mode Backstage lors de la création d'un nouveau document. Certains sont accessibles directement depuis le disque dur. Pour les autres, il faudra les télécharger depuis le site Office.com. Pour concevoir une nouvelle présentation depuis un modèle :

1. Cliquez sur l'onglet **Fichier** pour activer le mode Backstage.
2. En mode Backstage, sélectionnez **Nouveau** dans la colonne de gauche. La page **Modèles et thèmes disponibles** s'affiche.

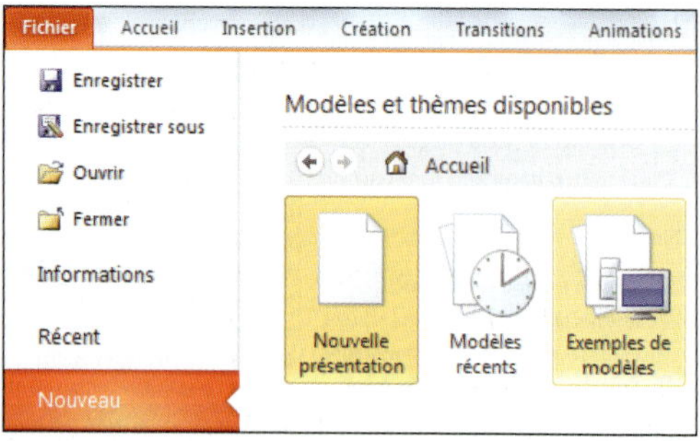

3. Cliquez sur **Exemple de modèles** pour visualiser les modèles de présentation installés par défaut sur votre ordinateur.
4. Chaque modèle dispose d'un aperçu sous la forme d'une vignette. Cliquez sur l'un des modèles pour l'afficher dans le panneau de droite. Notez que chaque titre de modèle renvoie à un type de présentation spécifique.

5 Une fois le modèle choisi, cliquez sur le bouton **Créer** situé dans le panneau droit, en dessous de l'aperçu du modèle. Dans notre cas, nous avons opté pour le type de présentation *Rapport d'état du projet*.

Obtenir de nouveaux modèles

PowerPoint permet d'accéder à de nouveaux types de modèles directement depuis son interface via le site Internet Office.com.

Pour savoir comment procéder, reportez-vous à la fiche pratique *Télécharger des modèles depuis le Web* en fin d'ouvrage.

Une fois le modèle sélectionné et créé, une nouvelle présentation correspondant au modèle choisi s'affiche dans PowerPoint 2010. Les diapositives sont automatiquement conçues et hiérarchisées de manière qu'il ne vous reste plus qu'à remplir les différentes zones de texte et d'images avec vos propres mots.

▸ Modifier la mise en page

Cela dit, une présentation générée à partir d'un modèle ne peut répondre complètement à vos exigences. Pour modifier la mise en page des diapositives présentes :

1. Dans le volet de gauche, cliquez sur l'onglet **Diapositives**.

2. Sélectionnez la diapositive dont vous voulez changer la mise en page.

3. Rendez-vous sous l'onglet **Accueil**.

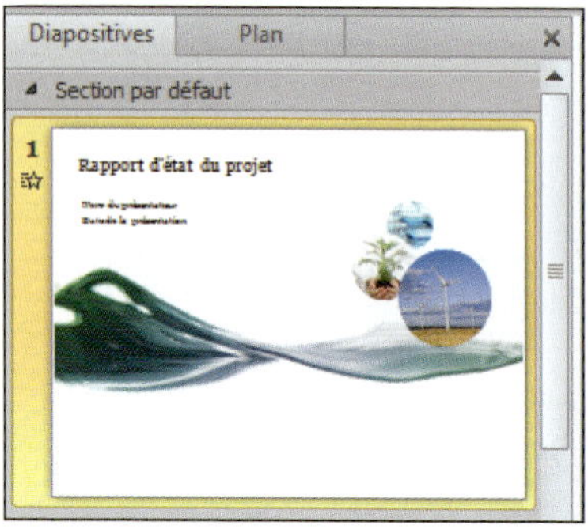

4. Dans le groupe *Diapositives*, cliquez sur le bouton **Disposition**.

5. Une galerie s'ouvre vous proposant les différents agencements possibles de la diapositive. Le nombre de mises en page disponibles varie suivant le modèle sélectionné.

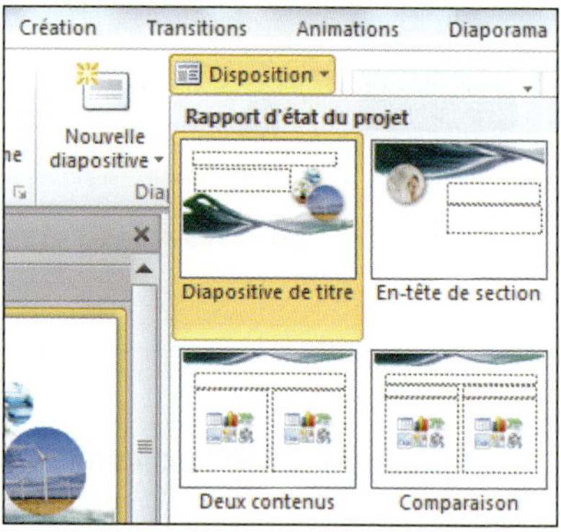

Si aucune des mises en page proposées ne convient, vous pouvez toujours en créer une.

Nous reviendrons sur ce point au chapitre *Le coin des passionnés.*

▸ Déplacer les éléments d'une diapositive

Il est tout à fait possible de changer la mise en page proposée, de positionner autrement et de changer la taille des blocs des différents éléments de la diapositive.

1. Cliquez sur l'un des éléments de la diapositive à modifier, un bloc de texte ou une image par exemple. L'élément sélectionné apparaît alors dans un cadre.

Bloc

Un bloc est un cadre pouvant principalement contenir du texte, des images. On parle alors de "bloc de texte" et de "bloc d'image". Il permet de positionner ces éléments n'importe où sur une page.

2 Placez le curseur sur le contour du cadre jusqu'à voir apparaître le curseur de déplacement.

3 Tout en maintenant le bouton de la souris enfoncé, déplacez l'élément sélectionné à l'endroit qui vous convient.

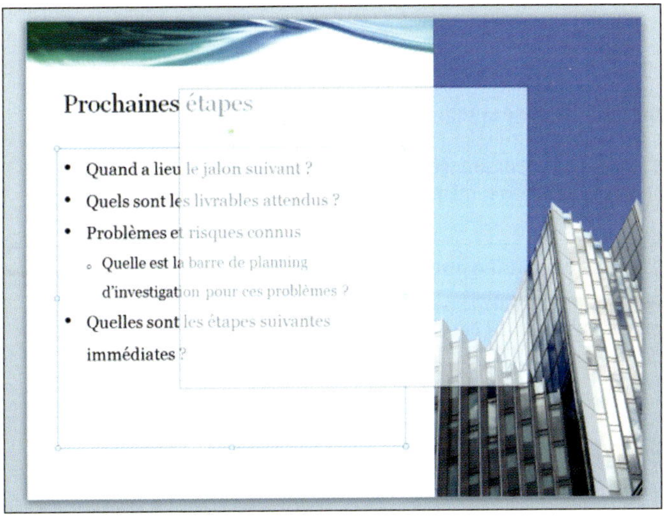

Les éléments en cours de déplacement s'affichent en grisé, ce qui permet de les positionner efficacement sur la page.

Redimensionner un bloc

1 Sélectionnez l'élément à modifier. Dans le cadre qui s'affiche, notez la présence de points et de carrés blancs aux angles ainsi qu'au milieu des bordures du cadre.

2 Placez le curseur sur l'un des points ou carrés blancs. Le curseur passe alors en mode Redimensionnement.

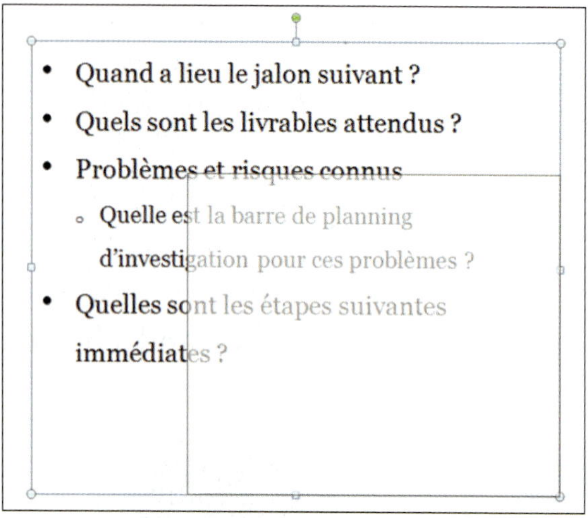

3 Maintenez le bouton de la souris enfoncé et redimensionnez le bloc.

Vous pouvez modifier proportionnellement la taille de l'élément. Pour ce faire, appuyez sur la touche Maj en même temps que vous redimensionnez le bloc.

Attention au redimensionnement

Lorsque vous effectuez un redimensionnement d'un bloc de texte, le texte qu'il contient est automatiquement adapté à la taille du bloc.

▸ Effectuer une rotation

1 Cliquez sur l'élément à faire pivoter. Notez la présence d'un point vert en haut du cadre.

2 Positionnez le curseur dessus puis, tout en maintenant le bouton de la souris enfoncé, faites pivoter l'élément à droite ou à gauche.

Il est possible de contrôler la rotation de manière à ce qu'elle s'effectue par tranche de 15°. Pour cela, appuyez sur la touche Maj pendant que vous faites pivoter l'objet.

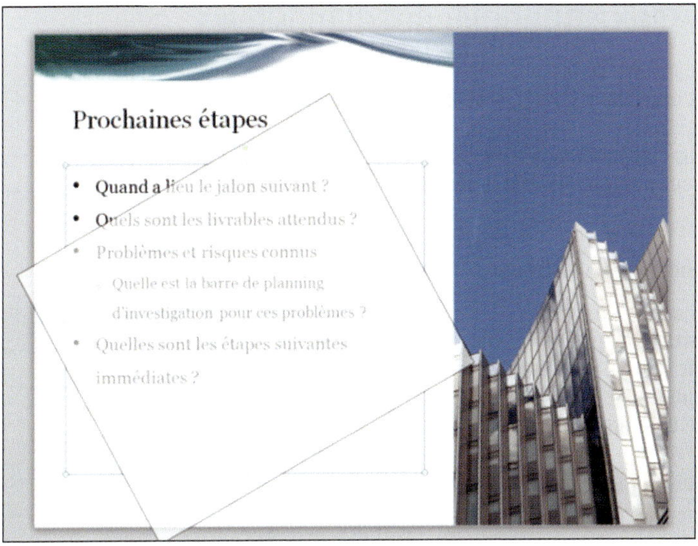

▸ Rétablir la mise en page par défaut

Lorsque vous changez la mise en page d'une diapositive, notamment en redimensionnant, en déplaçant tout ou partie des éléments la composant, PowerPoint permet de revenir à son état antérieur et ce, en un seul clic ! Exit l'utilisation abusive de la commande **Annuler frappe** !

1. Dans le volet **Diapositives** à gauche, sélectionnez la page à rétablir dans son état d'origine.
2. Rendez-vous sous l'onglet **Accueil**.
3. Dans le groupe *Diapositives*, cliquez sur le bouton **Rétablir**.

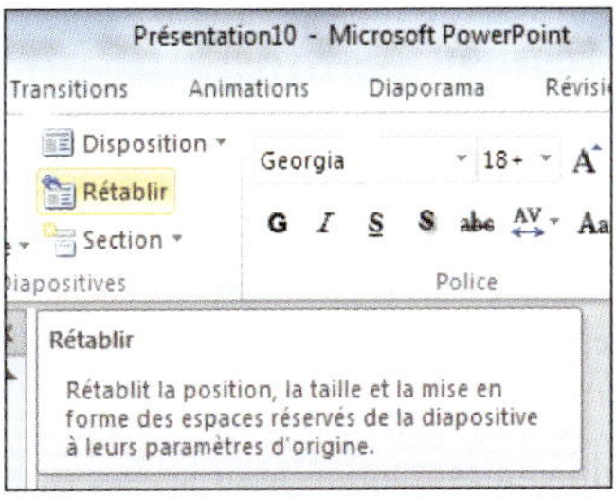

Pour annuler simplement les dernières opérations effectuées, utilisez la commande **Annuler frappe**, disponible depuis la barre d'accès rapide ou par le raccourci clavier Ctrl+Z.

▶ Insérer/supprimer des diapositives

Chaque modèle de présentation dispose d'un nombre de pages bien défini. Vous pouvez cependant ajouter ou supprimer librement les diapositives.

1 Sous l'onglet **Diapositives** du volet de gauche, sélectionnez une diapositive. Celle que vous insérerez par la suite s'ajoutera automatiquement après celle choisie.

2 Rendez-vous sous l'onglet **Accueil**.

3 Cliquez sur **Nouvelle diapositive**, ce qui a pour effet d'ouvrir la galerie recensant les différentes mises en page liées au modèle en cours d'utilisation.

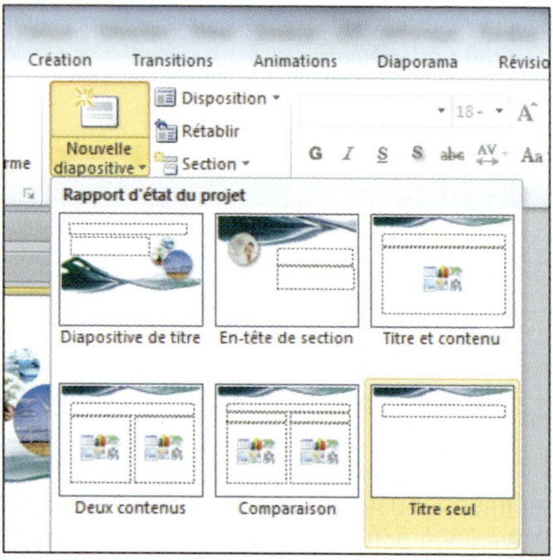

4 Choisissez un type de mise en page.

5 Pour supprimer une diapositive, allez sous l'onglet **Diapositives** du volet de gauche et sélectionnez la diapositive à supprimer.

6 Cliquez du bouton droit sur la diapositive. Dans le menu contextuel qui s'affiche, cliquez sur **Supprimer la diapositive**. Vous pouvez aussi utiliser la touche Suppr de votre clavier.

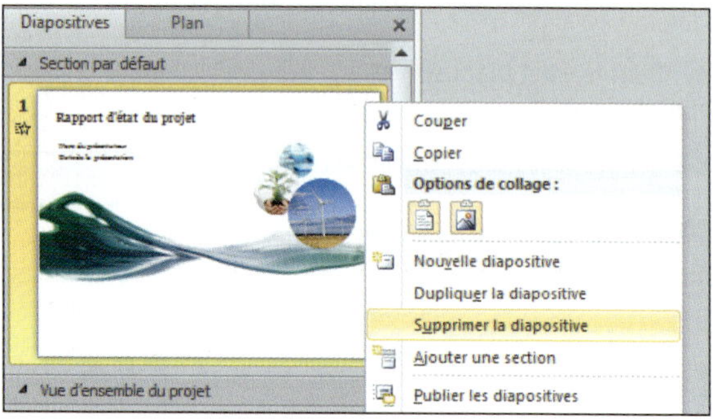

Une autre solution pour insérer une diapositive consiste à cliquer du bouton droit sur l'un des slides présents dans le volet de gauche sous l'onglet **Diapositives** puis à sélectionner **Nouvelle diapositive** dans le menu contextuel. Dans ce cas, une diapositive à la mise en page vierge est créée par défaut.

▶ Modifier le contenu d'un modèle

Par défaut, les modèles disposent déjà de textes et d'éléments graphiques généralement adaptés en fonction du type de présentation choisi. Une présentation telle qu'un album photo donnera la priorité aux photos, contrairement au modèle *Plaquette commerciale*, qui met l'accent sur le texte, les tableaux et les graphiques. Le contenu de chaque modèle diffère suivant l'usage et le public visé. À vous d'ajouter votre propre texte, vos images et autres éléments graphiques pour personnaliser le modèle de base.

La saisie de texte se déroule de la même manière que sous un traitement de texte comme Word. La plupart des options de mise en forme sont accessibles depuis l'onglet **Accueil** de PowerPoint.

1 Cliquez sur le bloc de texte à modifier.

2 Déplacez-le, redimensionnez-le ou faites-le pivoter, comme vu précédemment.

3 À l'aide de la souris, sélectionnez le texte à remplacer et saisissez directement le vôtre à la place.

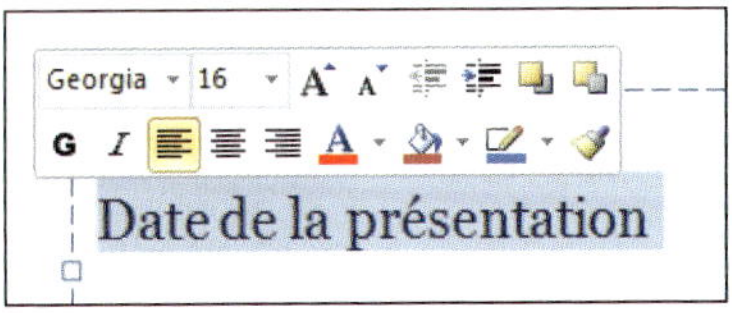

4 Sous l'onglet **Accueil**, effectuez les différentes opérations de mise en forme telles que la sélection de la police et de sa taille, la mise en gras, en italique, etc. Notez qu'une barre d'outils volante recensant les différentes fonctions de mise en forme du texte s'affiche si vous laissez quelques instants le curseur sur le texte à remplacer.

Cohérence

Chaque modèle utilise, entre autres, un jeu de couleurs et des polices spécifiques. Veillez à respecter cette "charte graphique" pour obtenir une présentation homogène.

Vous pouvez supprimer les images incluses dans le modèle de présentation utilisé ou en changer.

Pour supprimer une image :

1 Sélectionnez l'image en question.

2 Appuyez sur la touche Suppr de votre clavier pour la supprimer.

Pour remplacer une image par une autre :

1 Cliquez du bouton droit sur l'image à remplacer.

2 Dans le menu contextuel, cliquez sur **Modifier l'image**.

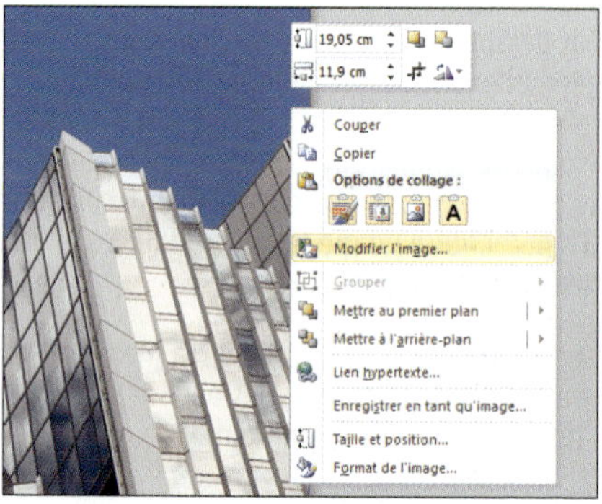

3 Dans la boîte de dialogue qui s'ouvre, recherchez la photo désirée en utilisant la colonne de gauche pour naviguer dans vos différents dossiers.

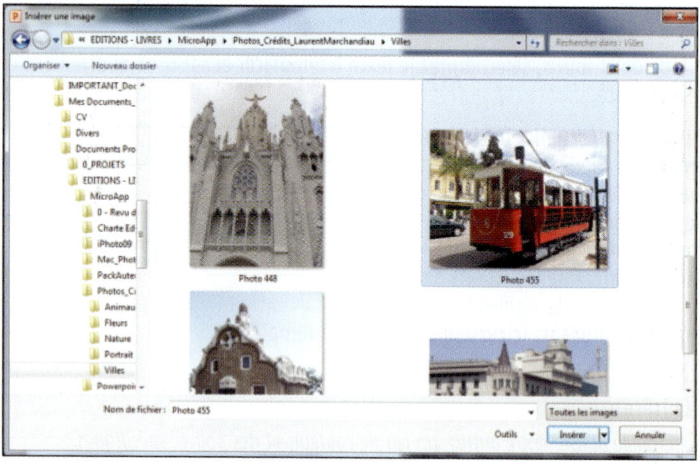

4 Choisissez votre image puis cliquez sur le bouton **Ouvrir**. La photo est automatiquement adaptée à la taille du bloc.

Nous reviendrons plus longuement sur les autres éléments graphiques aux chapitres *Ajouter des éléments graphiques* et *Enrichir une présentation*.

Vous savez désormais créer une présentation basique à partir d'un modèle. Vous allez maintenant créer une véritable présentation de qualité professionnelle.

Chapitre 2

RÉALISER *une présentation personnalisée*

Concevoir une présentation à partir d'un modèle s'avère, dans la plupart des cas, inadapté lorsqu'il s'agit de réaliser un document correspondant au mieux à vos attentes. Grâce aux différents outils de PowerPoint, vous allez créer en quelques clics une présentation professionnelle entièrement paramétrable.

CRÉER UNE NOUVELLE PRÉSENTATION

PowerPoint intègre différents types de mises en page suivant le modèle sélectionné. Si aucun ne vous convient, vous pouvez créer et agencer vous-même les diapositives, ce qui rendra votre présentation plus vivante et surtout moins commune. Éloignez-vous des modèles classiques de PowerPoint et prenez votre présentation en main ! Pour concevoir une nouvelle présentation :

1. Rendez-vous dans le menu **Fichier** pour activer le mode Backstage.

2. Dans la colonne de gauche, cliquez sur **Nouveau**.

3. Dans la vue centrale *Modèles et thèmes disponibles*, sélectionnez *Nouvelle présentation*.

4. Cliquez sur le bouton **Créer** situé en dessous de l'aperçu de la présentation choisie.

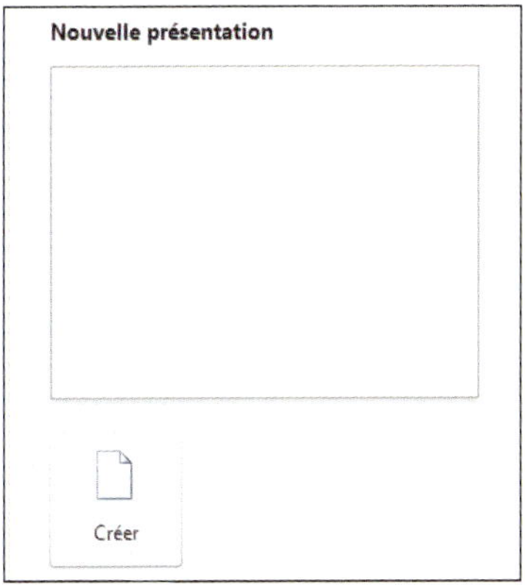

Créer une présentation rapidement

Au lieu de cliquer sur le bouton ***Créer****, double-cliquez sur* Nouvelle présentation *pour concevoir immédiatement une nouvelle présentation.*

PRÉPARER UNE PRÉSENTATION

Pour disposer d'une présentation efficace, ne multipliez pas trop le nombre de diapositives. L'information à transmettre à travers vos slides doit être à la fois synthétique et hiérarchisée. Si vous avez le temps nécessaire, établissez un plan sur une feuille de papier pour organiser au mieux vos idées. Cela vous facilitera la tâche lorsque vous réaliserez votre présentation.

Commencez par élaborer la trame de votre future présentation en créant une nouvelle présentation puis en ajoutant les diapositives et enfin en effectuant une succincte mise en page.

1 Utilisez le raccourci clavier Ctrl+N pour ouvrir une présentation vierge.

2 Dans le Ruban, rendez-vous sous l'onglet **Accueil**.

3 À l'intérieur du groupe *Diapositives*, cliquez sur le bas du bouton **Nouvelle diapositive**, à hauteur de la flèche, pour ouvrir la galerie.

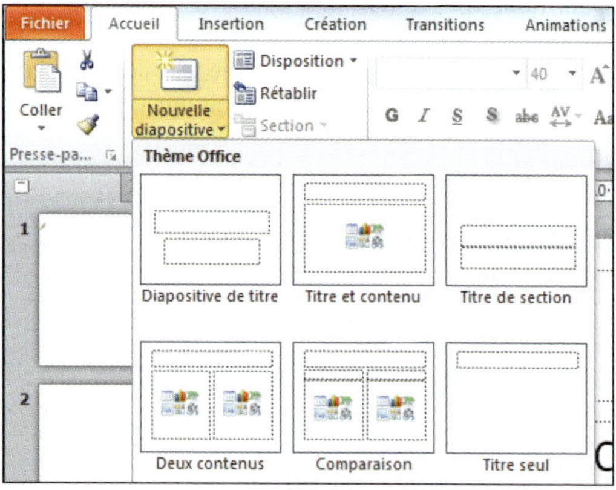

4 Sélectionnez une mise en page parmi les choix proposés. Vous pourrez toujours la modifier par la suite.

5 Recommencez les étapes 3 et 4 pour ajouter le nombre de diapositives voulu.

► Afficher les règles, le quadrillage et les repères

Par la suite, vous allez être amené à modifier les différents éléments contenus dans les diapositives, voire à en ajouter (ou à en supprimer). Pour que vous puissiez travailler plus confortablement, PowerPoint permet d'afficher des règles et des repères ainsi qu'un quadrillage. Ces éléments ne sont pas visibles à l'impression et peuvent vous aider à positionner les différents objets sur une diapositive.

1 Rendez-vous sous l'onglet **Affichage** du Ruban.

2 Dans le groupe *Afficher*, cochez les trois options *Règle*, *Quadrillage* et *Repères*.

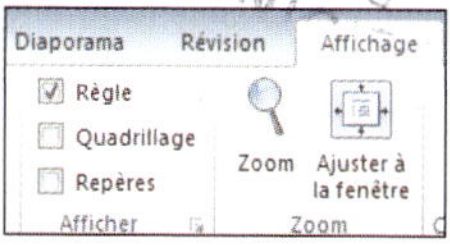

3 Pour disposer d'un maillage plus fin, cliquez sur cette icône, ce qui a pour effet d'ouvrir la boîte de dialogue **Grille et repères**.

4 Dans la boîte de dialogue, à la rubrique *Paramètres de la grille*, saisissez `0,1` dans la zone de texte *Espacement*.

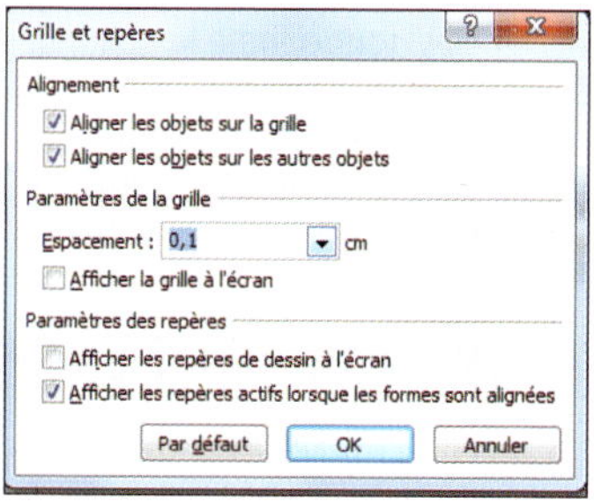

5 Cliquez sur le bouton OK.

Vous pouvez indiquer une taille de grille plus grande en modifiant la valeur inscrite à la ligne *Espacement*. Notez qu'en cliquant sur la flèche située à côté de la mention *cm*, vous accédez à la liste d'espacements prédéfinis.

Supprimer l'alignement des objets sur la grille

Par défaut, l'alignement des objets se fait sur la grille. Cette option, bien que pratique, devient parfois gênante. Cliquez du bouton droit sur une zone vierge de la diapositive. Sélectionnez ***Grille et repères*** *dans le menu contextuel. Dans la boîte de dialogue qui s'ouvre, décochez la case* Aligner les objets sur la grille.

Utiliser les repères

Au sujet des repères, vous pouvez positionner les deux traits horizontal et vertical librement sur votre diapositive.

1 Positionnez le curseur sur le repère vertical.

2 Tout en maintenant enfoncé le bouton de la souris, positionnez-le où bon vous semble sur la diapositive. Lors de l'opération, sont indiqués non seulement le sens du déplacement par une petite flèche noire, mais aussi le nombre de centimètres séparant le repère de son point de référence, qui s'avère être le milieu de la feuille.

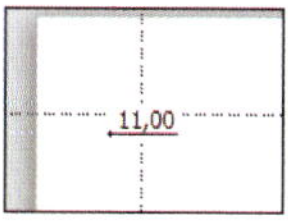

3 Relâchez le bouton de la souris.

4 Renouvelez l'opération pour le repère horizontal.

Afficher la position en centimètres d'un repère

Pour afficher la position en centimètres d'un repère, cliquez dessus et maintenez le bouton de la souris enfoncé.

Les repères, tout comme le quadrillage et les règles, sont communs à toutes les diapositives de votre présentation. Ainsi, lorsque vous positionnez les repères horizontal et vertical sur une diapositive, vous les retrouvez exactement placés au même endroit sur tous les autres slides. Pratique quand il s'agit de placer un logo au même endroit sur l'ensemble des diapos !

JOUER AVEC LES THÈMES

Les thèmes restent un élément essentiel de PowerPoint. Ils permettent d'associer à une présentation un jeu de couleurs, de polices mais aussi d'effets spécifiques. Le thème choisi s'applique à toutes les diapositives nouvellement ajoutées et permet de garder une certaine cohérence graphique.

Pour créer directement une nouvelle présentation intégrant un thème :

1 Cliquez sur le menu **Fichier** dans le Ruban pour activer le mode Backstage.

2 Dans la colonne de gauche, sélectionnez **Nouveau**.

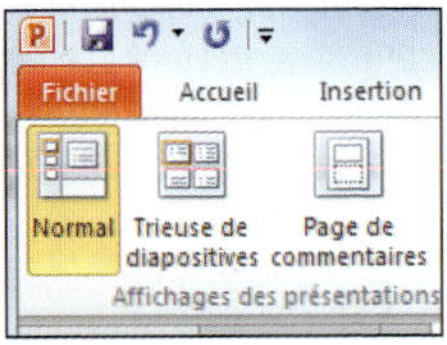

3 Dans le volet central **Modèles et thèmes disponibles**, cliquez sur *Thèmes*.

4 Choisissez, dans la liste, le thème qui vous convient.

5 Cliquez sur le bouton **Créer** situé dans le volet de droite, en dessous de l'aperçu du thème choisi.

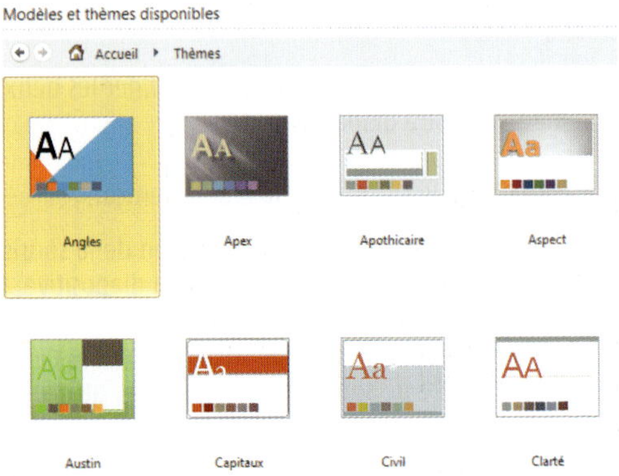

Thème

PowerPoint dispose de plusieurs thèmes prédéfinis. Ils se composent d'un jeu de couleurs et de polices spécifiques ainsi que de mises en page particulières. Contrairement aux modèles, ils ne créent pas une présentation de A à Z avec son lot d'exemples de diapositives.

Le thème Office utilisé par défaut s'avère le plus neutre parmi les différents choix proposés. Privilégiez donc celui-ci pour l'adapter ensuite à vos besoins.

Changer de thème

Par défaut, PowerPoint utilise le thème Office lors de la création de nouveau document. Il est tout à fait possible d'en changer.

1 Dans le Ruban, cliquez sur l'onglet **Création**.

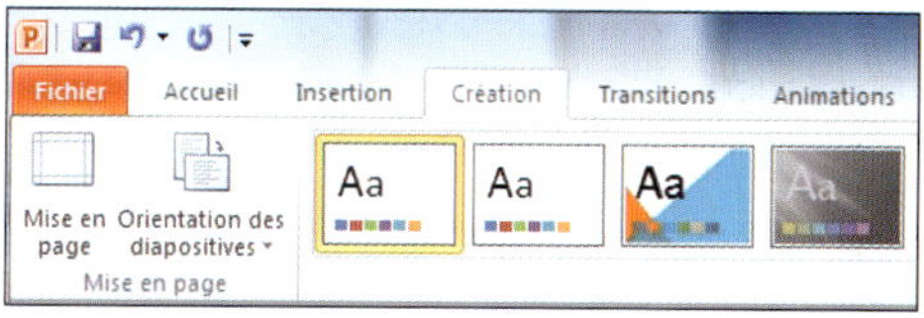

2 À l'intérieur du groupe *Thèmes*, cliquez sur cette icône pour afficher l'intégralité des thèmes disponibles.

3 Naviguez dans la galerie des thèmes à l'aide de l'ascenseur situé à droite.

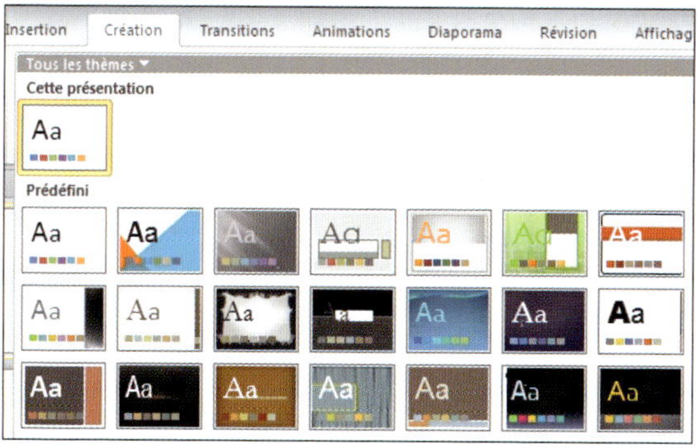

4 Sélectionnez votre thème.

En positionnant le curseur sur l'un des thèmes contenus dans la galerie, vous obtenez un aperçu automatiquement généré et visible sur la diapositive.

Si vous insérez d'autres diapositives dans votre présentation, celles-ci prendront l'apparence et la mise en page du thème sélectionné précédemment. Attention : si vous changez de thème en cours de conception, celui-ci s'appliquera à l'ensemble des diapositives de votre présentation.

▸ Réaliser un thème composite

Vous pouvez créer des thèmes composites en modifiant les jeux de couleurs et de police ainsi que les effets rattachés au thème choisi.

1 Rendez-vous sous l'onglet **Création** du Ruban.

2 Dans le groupe *Thèmes*, sélectionnez le thème que vous souhaitez.

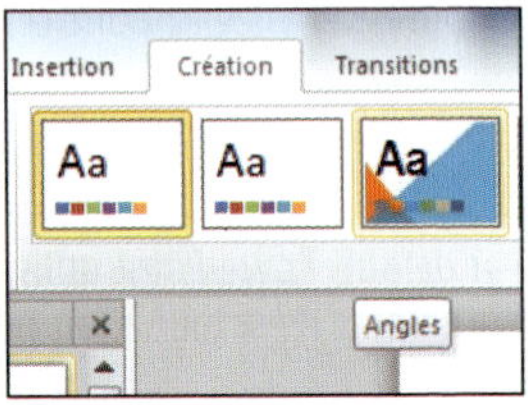

3 Toujours dans le groupe *Thèmes*, cliquez sur le bouton **Couleurs**.

4 Dans la galerie qui s'affiche, choisissez un jeu de couleurs.

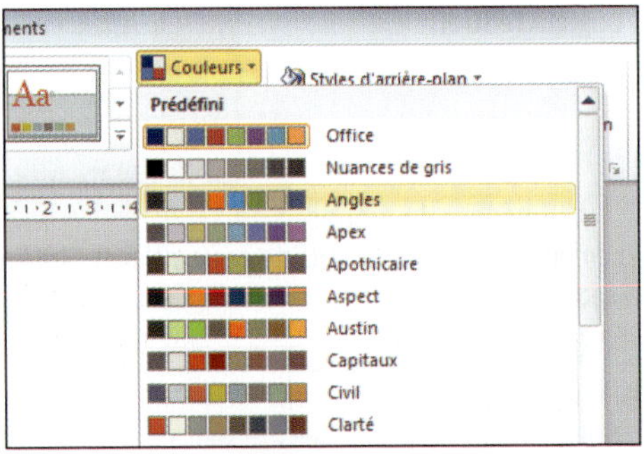

5 Cliquez ensuite sur le bouton **Polices**.

6 Comme précédemment, sélectionnez le jeu de caractères qui vous convient. Pour faciliter votre choix, PowerPoint propose un aperçu des polices de chaque thème dans la galerie.

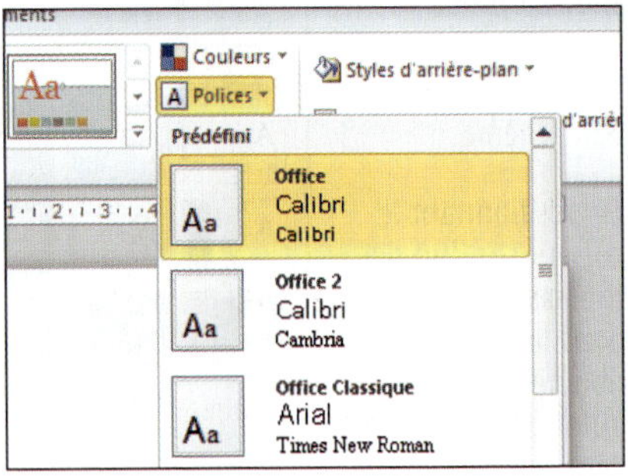

7 Cliquez sur le bouton **Effets**.

8 Dans la galerie qui s'ouvre, choisissez un effet parmi les différentes options proposées.

La modification de ces trois paramètres impacte directement le thème sélectionné.

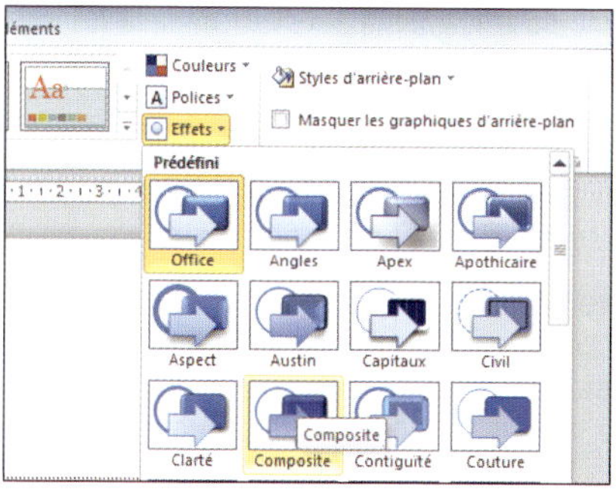

Au sujet des modifications de thème

Tout changement de thème en cours de route entraîne la perte de ces modifications. Pensez-y !

MANIPULER LE TEXTE ET AMÉLIORER LA MISE PAGE

Vous êtes désormais en mesure de créer une nouvelle présentation en jouant sur les thèmes tout en ayant déjà procédé à une succincte mise en page de vos diapositives. Vous savez également déplacer, redimensionner et effectuer une rotation d'un bloc de texte ou d'image. Intéressons-nous à l'insertion de texte et à sa mise en forme.

Insérer, copier et supprimer un bloc de texte

Contrairement à un traitement de texte traditionnel, vous ne pouvez pas saisir directement du texte dans la diapositive. Pour cela, il faut insérer des zones spécifiques appelées plus couramment "blocs de texte".

1 Dans le volet de gauche, cliquez sur la diapositive dans laquelle vous souhaitez ajouter un bloc de texte.

2 Dans le Ruban, sélectionnez l'onglet **Accueil**.

3 À l'intérieur du groupe *Dessin*, cliquez sur le bouton **Formes**.

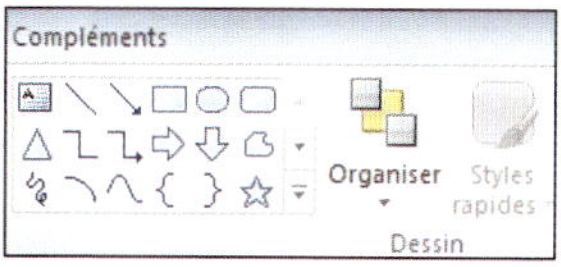

4 Dans la galerie qui s'affiche, à la rubrique *Forme de base*, choisissez *Zone de texte*. Cet outil est facilement reconnaissable à son icône.

5 Tout en maintenant le bouton de la souris enfoncé, tracez un cadre sur la diapositive. La taille importe peu, le bloc de texte sera automatiquement redimensionné en fonction du texte que vous allez ajouter par la suite.

6 Relâchez le bouton de la souris et saisissez le texte de votre choix, comme vous le feriez sous un traitement de texte tel que Word. Les retours à la ligne sont possibles via la touche [↵].

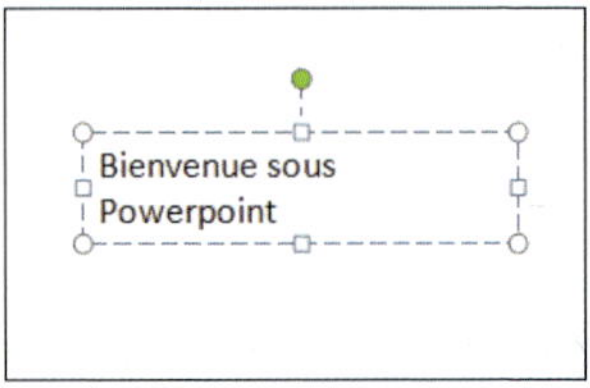

7 Vous pouvez déplacer librement le bloc de texte en plaçant le curseur sur les contours du cadre puis, tout en maintenant le bouton de la souris enfoncé, positionnez le bloc de texte où bon vous semble.

Texte et bloc de texte

Lors de l'utilisation des dispositions prédéfinies d'un thème, les diapositives présentent des espaces réservés au texte. Lorsque vous saisissez plus de texte que la zone réservée ne peut en contenir, PowerPoint 2010 réduit automatiquement la taille de police et l'interligne pour faire tenir votre texte dans le bloc.

De la même manière qu'il est possible de copier du texte, vous pouvez dupliquer une zone de texte.

1 Cliquez sur le bloc de texte que vous souhaitez copier en prenant soin de bien sélectionner sa bordure.

2 Rendez-vous sous l'onglet **Accueil**. Dans le groupe *Presse-papiers*, cliquez sur le bouton **Copier**. Vous pouvez aussi utiliser le raccourci clavier [Ctrl]+[C] pour copier le bloc de texte.

3 Toujours sous l'onglet **Accueil**, dans le groupe *Presse-papiers*, cliquez sur **Coller**. Utilisez le raccourci clavier [Ctrl]+[V] pour effectuer la même opération.

Un bloc de texte tout juste créé et dans lequel vous ne saisissez rien s'efface dès que vous cliquez à côté.

Pour supprimer un bloc de texte (ou n'importe quel autre élément sur une diapositive) :

1. Dans la diapositive, cliquez sur l'élément que vous souhaitez supprimer en prenant soin de sélectionner le contour du cadre.

2. Appuyez sur la touche Suppr de votre clavier pour effacer l'élément sélectionné.

▶ Modifier l'apparence d'un texte

PowerPoint présente les mêmes outils qu'un traitement de texte standard. Vous pouvez ainsi changer l'apparence de votre texte en jouant sur la couleur, en modifiant la taille et la police de caractères, le style (gras, italique, standard), ou encore en appliquant des effets (souligné, exposant, barré...).

1. Cliquez à l'intérieur d'un bloc de texte et saisissez votre texte. Si aucun bloc de texte n'est présent dans la diapositive, créez-en un comme expliqué précédemment.

2. Tout en maintenant le bouton de la souris enfoncé, sélectionnez le texte à mettre en forme.

3. Sous l'onglet **Accueil**, cliquez sur la flèche noire située à côté du type de police de caractères.

4. Dans la liste déroulante, choisissez la police de caractères qui vous convient en cliquant dessus.

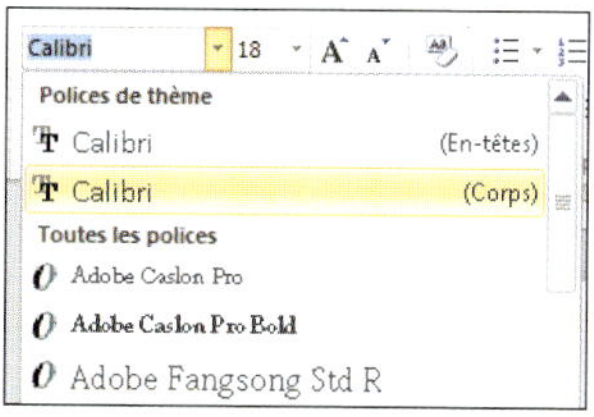

5. À côté de la zone du choix de la police de caractères, cliquez sur la liste déroulante *Taille de la police* et spécifiez une taille.

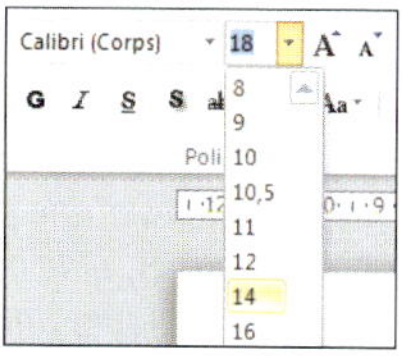

6. Cliquez sur l'un de ces boutons pour mettre votre texte en gras, en italique, pour le surligner, l'ombrer ou encore le barrer. Notez que vous pouvez cumuler ces différentes options.

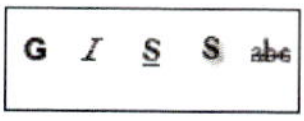

Pour modifier la couleur du texte dans une diapositive :

1. Cliquez sur le bloc de texte concerné puis sélectionnez le texte en question.

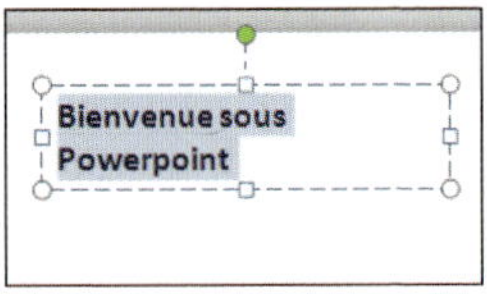

2. Sous l'onglet **Accueil** du Ruban, allez dans le groupe *Police* puis cliquez sur la flèche située à côté du bouton **Couleur de police**.

3. Dans la galerie qui s'ouvre, sélectionnez la couleur de votre choix en cliquant dessus.

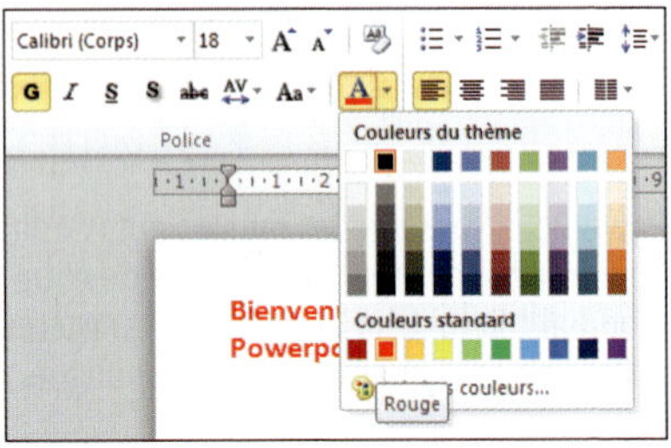

PowerPoint dispose d'une fonction intéressante permettant notamment de changer la casse ou de spécifier si chaque phrase doit commencer par une majuscule ou non.

1. Dans le bloc de texte, sélectionnez le texte concerné en maintenant le bouton de la souris enfoncé.

2. Rendez-vous sous l'onglet **Accueil** du Ruban, puis cliquez sur le bouton **Modifier la casse** représenté par cette icône.

3. Sélectionnez l'un des cinq choix proposés.

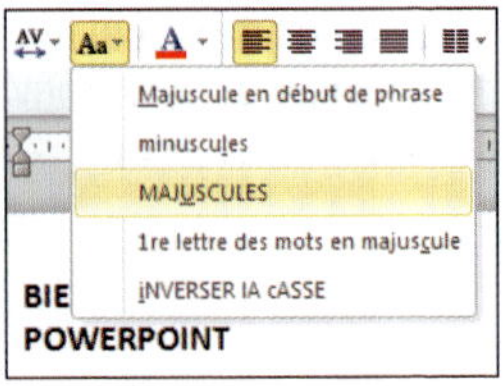

Casse

Dans les métiers de l'imprimerie, la casse désigne un casier contenant l'ensemble des caractères d'une police. On distingue le haut de casse, c'est-à-dire les caractères en majuscules, et le bas de casse, c'est-à-dire les caractères en minuscules. Ces termes techniques ont été repris pour les polices informatiques.

Il est possible d'augmenter ou de réduire la taille de la police en utilisant deux commandes situées dans le groupe *Police* de l'onglet **Accueil**.

1 Sélectionnez le texte à l'aide de la souris.

2 Sous l'onglet **Accueil**, cliquez sur le bouton **Augmenter la taille de police** dans le groupe *Police*.

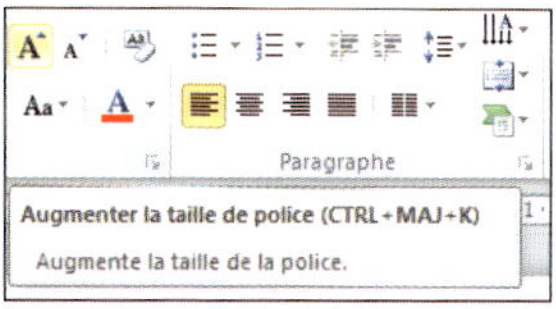

3 A contrario, si vous souhaitez réduire la taille de la police, cliquez sur le bouton éponyme.

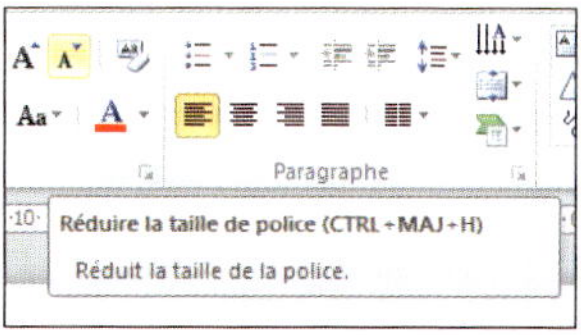

En sélectionnant un bloc de texte par un simple clic et en effectuant l'une des modifications décrites précédemment, vous l'appliquerez à l'intégralité du texte contenu dans le bloc.

PowerPoint dispose d'une option permettant d'effacer la mise en forme d'un texte. Elle est située dans le groupe *Police* de l'onglet **Accueil**.

1 Sélectionnez le bloc de texte concerné en cliquant dessus.

2 Sous l'onglet **Accueil**, dans le groupe *Police*, cliquez sur le bouton **Effacer toute la mise en forme**.

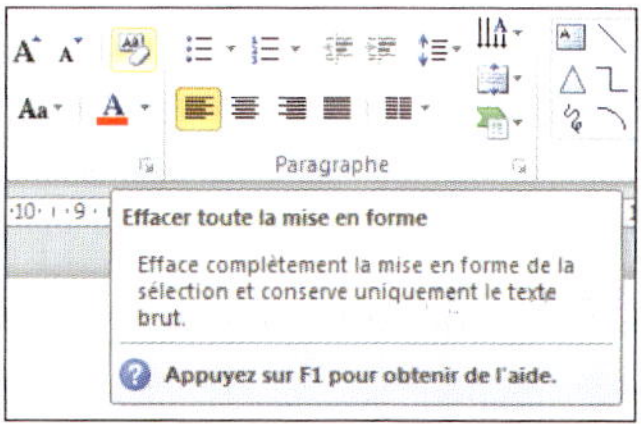

Par défaut, PowerPoint ne présente pas de commande permettant par exemple de mettre en exposant un texte. Pour accéder aux options avancées de ce type, cliquez sur l'icône située en regard du groupe *Police*, ce qui a pour effet d'ouvrir la boîte de dialogue éponyme.

Ajouter des puces et des numéros

Les puces permettent de hiérarchiser vos idées au sein d'une présentation, tout en donnant un certain impact au texte présenté de cette manière. Leur utilisation est d'autant plus nécessaire lorsqu'il s'agit d'organiser une quantité importante d'informations au sein d'une même diapositive. PowerPoint offre la possibilité d'insérer soit des puces, soit des numéros au sein du texte.

1 Dans le volet de gauche, cliquez sur l'onglet **Diapositives** et sélectionnez la diapositive sur laquelle vous voulez insérer du texte à puces ou numéroté.

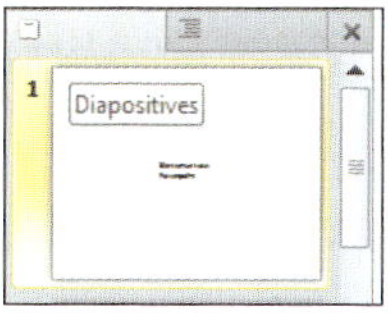

2 Cliquez sur le bloc de texte concerné.

3 Tout en maintenant le bouton de la souris enfoncé, sélectionnez le texte auquel vous souhaitez ajouter des puces ou des numéros.

4 Rendez-vous sous l'onglet **Accueil** du Ruban. Dans le groupe *Paragraphe*, cliquez sur **Puces** ou sur **Numérotation**.

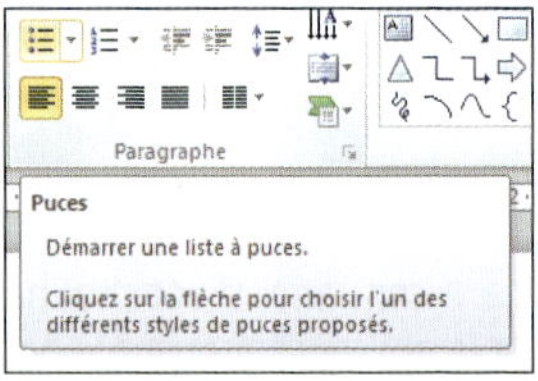

Lorsque vous cliquez sur la flèche en regard du bouton **Puces** ou **Numérotation**, d'autres types de puces et de numérotations sont disponibles. Pour accéder aux options plus avancées :

1 Sous l'onglet **Accueil**, cliquez sur la flèche en regard du bouton **Puces** ou **Numérotation**.

2 Dans la galerie qui s'ouvre, cliquez sur **Puces et numéros.**

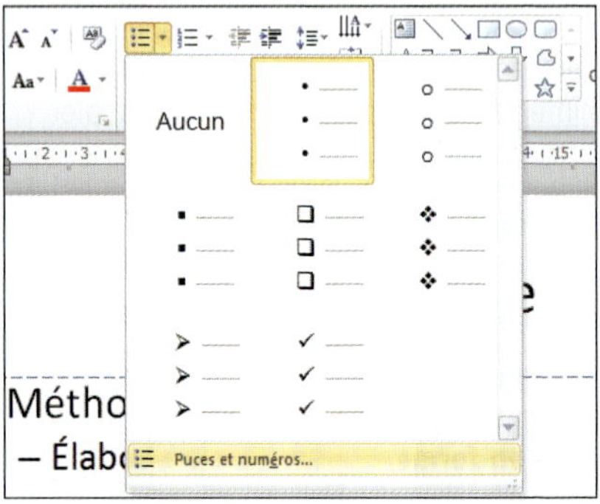

3 La boîte de dialogue **Puces et numéros** s'affiche. Cliquez sur l'onglet **Puces** ou **Numérotée** pour modifier finement les options des puces et des numéros.

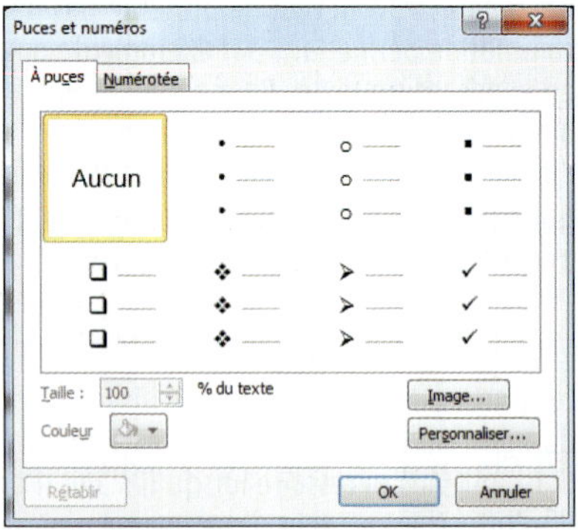

Au sujet des puces et des numéros

Lorsque vous modifiez le texte en changeant par exemple de couleur ou de police de caractères, ces modifications se répercutent automatiquement sur l'aspect des puces et des numéros.

PowerPoint permet d'ajouter des images en guise de puces pour personnaliser les présentations.

1 Dans le volet de gauche, sous l'onglet **Diapositives**, sélectionnez une diapositive en cliquant sur l'une des miniatures.

2 Dans la diapositive, cliquez sur le bloc de texte.

3 Sélectionnez le texte auquel vous voulez ajouter des puces.

4 Sous l'onglet **Accueil** du Ruban, cliquez sur la flèche en regard du bouton **Puces** puis sélectionnez, dans la galerie qui s'affiche, *Puces et numéros*.

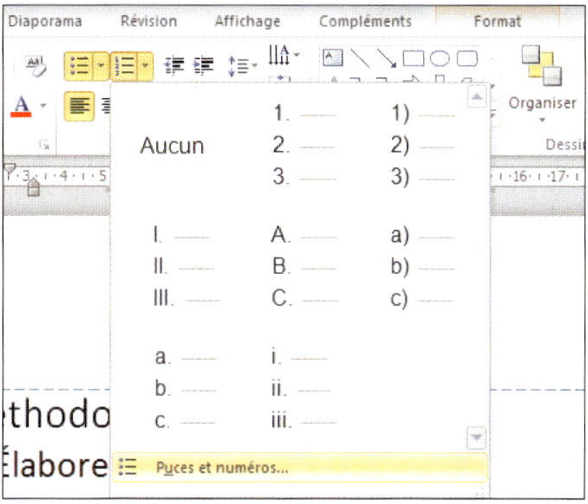

5 Dans la boîte de dialogue **Puces et numéros**, sélectionnez l'onglet **Puces** si besoin, puis cliquez sur le bouton **Images**.

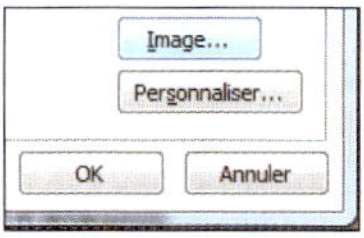

6 Dans la boîte de dialogue **Puce graphique**, choisissez l'une des puces proposées. Vous pouvez descendre dans la liste à l'aide de la souris ou en utilisant l'ascenseur situé à droite.

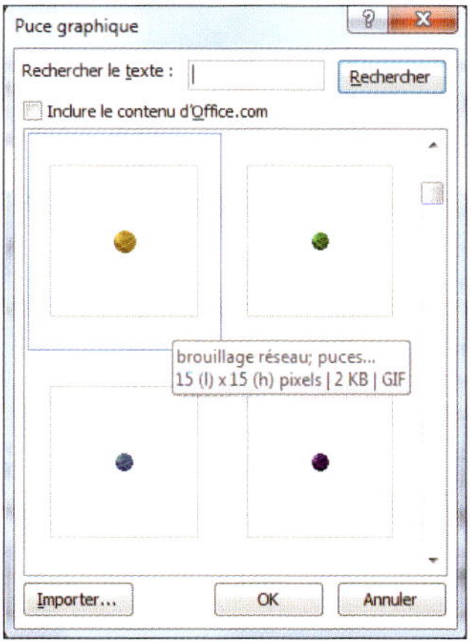

7 Cliquez sur OK une fois votre choix effectué.

Importer des puces

Vous avez la possibilité d'importer votre propre puce grâce au bouton éponyme de la boîte de dialogue ***Puce graphique****.*

▶ Utiliser les commandes de retrait, d'alignement et d'orientation

PowerPoint reprend quelques fonctionnalités communes à nombre de logiciels de traitement de texte, tels que Word ou son concurrent libre Writer intégré à la suite bureautique OpenOffice. Ainsi, vous pouvez effectuer des retraits sur des portions de texte, changer l'orientation et l'alignement d'un paragraphe très simplement.

L'utilisation des retraits permet de mieux organiser le texte dans un paragraphe en mettant en avant ou en "retrait" certaines idées.

1. Cliquez sur le bloc de texte.

2. Sélectionnez le paragraphe que vous souhaitez modifier.

3. Dans le Ruban, rendez-vous sous l'onglet **Accueil** puis cliquez sur le bouton **Augmenter le niveau de liste** situé dans le groupe *Paragraphe* pour effectuer un retrait droit.

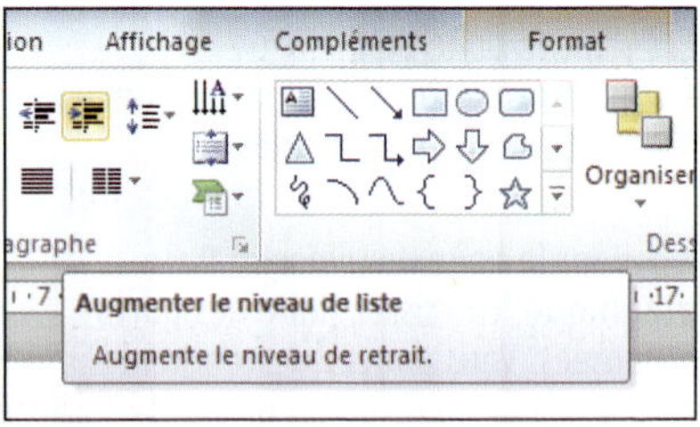

4. Pour opérer un retrait gauche, cliquez sur le bouton **Réduire le niveau de liste** situé dans le groupe *Paragraphe* de l'onglet **Accueil** du Ruban.

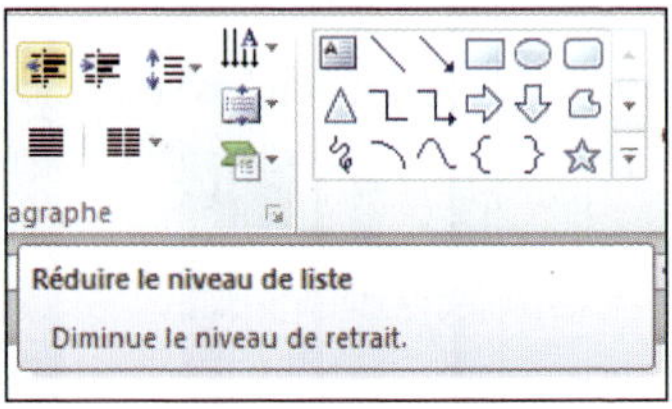

Retrait

Les retraits déterminent la distance qui sépare le paragraphe de la marge de gauche ou de droite.

Les retraits effectués influent directement sur le corps du texte, ce qui distingue PowerPoint des traitements de texte habituels.

Corps

En typographie, le corps désigne la taille de la police, généralement exprimée en points dans les logiciels de traitement de texte et de mise en page.

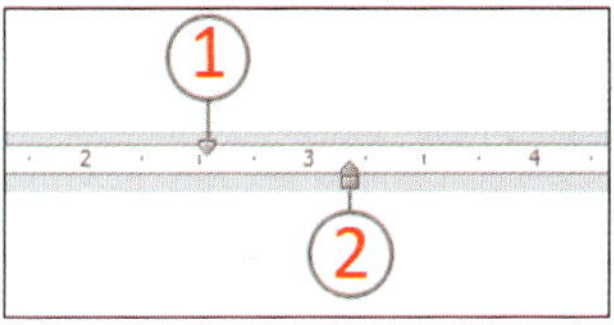

PowerPoint permet d'effectuer des retraits personnalisés sans changer le corps du texte. Pour cela, il faut jouer avec les curseurs de retrait positionnés sur la règle. Ces indicateurs varient selon que le texte sélectionné inclut plusieurs niveaux de puces ou d'éléments numérotés. La règle affiche des marques de retrait pour chaque niveau.

La marque de retrait de première ligne (1) correspond à la position en retrait de la puce ou du numéro.

La marque de retrait à gauche (2) correspond à la position en retrait du texte de la liste.

Pour ajuster le retrait sans changer le corps du texte :

1. Allez sous l'onglet **Affichage** puis cochez la case *Règle* située dans le groupe *Dessin*.

2. Dans la diapositive, sélectionnez un bloc de texte.

3. Tout en maintenant le bouton de la souris enfoncé, sélectionnez le texte qui doit faire l'objet d'un retrait.

4. Pour modifier la position des puces ou des numéros, déplacez la marque de retrait de première ligne.

5 Pour changer la position du texte, déplacez la partie supérieure pointue de la marque de retrait à gauche.

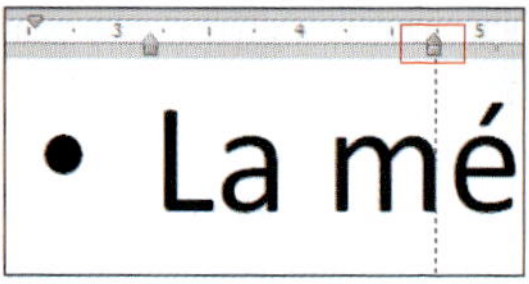

6 Pour déplacer l'ensemble des retraits simultanément et donc conserver le rapport entre la puce et le retrait de texte à gauche, faites glisser la partie rectangulaire située au bas de la marque de retrait à gauche.

La modification de l'alignement d'un texte se réalise plus simplement que celle d'un retrait. Vous pouvez positionner le texte à droite, au centre et à gauche d'une zone de texte.

1 Sélectionnez un bloc de texte.

2 Sélectionnez le texte à aligner.

3 Sous l'onglet **Accueil** du Ruban, dans le groupe *Paragraphe*, cliquez sur l'un des boutons suivants pour aligner le texte à gauche, au centre, à droite ou le justifier.

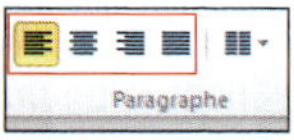

Texte justifié

Un paragraphe est dit "justifié" lorsque les lignes sont alignées à la fois sur les marges de gauche et de droite. Cela permet d'harmoniser le texte et de rendre l'ensemble plus cohérent. Cependant, cette mise en page a ses limites puisque, contrairement à ce que l'on peut penser, elle rend la lecture plus ardue.

PowerPoint permet de répartir le texte sur plusieurs colonnes.

1 Sélectionnez le bloc de texte.

2 Dans le Ruban sous l'onglet **Accueil**, cliquez sur le bouton **Colonnes** situé dans le groupe *Paragraphe*.

3 Sélectionnez le nombre de colonnes voulu.

4 Pour disposer de plus de choix, cliquez sur *Autres colonnes*.

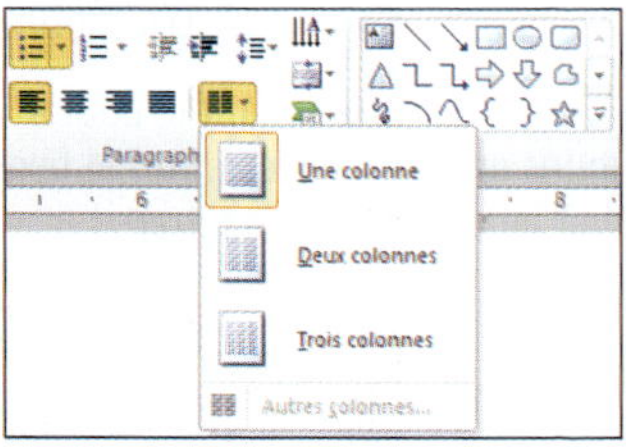

5 Dans la boîte de dialogue qui s'ouvre, saisissez le nombre de colonnes à la ligne *Nombre*.

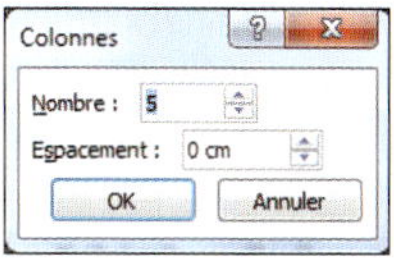

6 Vous pouvez également stipuler un espacement qui servira de marge au sein de chaque colonne. Cela évite d'avoir le texte trop collé à la colonne et permet ainsi de gagner en lisibilité.

7 Cliquez sur le bouton OK.

Sous PowerPoint, le texte peut être aussi aligné verticalement dans un bloc de texte.

1 Cliquez sur le bloc de texte.

2 Sous l'onglet **Accueil**, dans le groupe *Paragraphe*, sélectionnez le bouton **Aligner le texte**.

3 Dans le menu qui s'affiche, choisissez l'alignement vertical voulu.

Le logiciel de présentation de Microsoft intègre également une fonction permettant de modifier l'orientation d'un texte dans un bloc.

1 Dans la diapositive, sélectionnez le bloc de texte concerné.

2 Allez sous l'onglet **Accueil** du Ruban puis, dans le groupe *Paragraphe*, cliquez sur le bouton **Orientation du texte**.

3 Choisissez une orientation parmi les quatre options proposées.

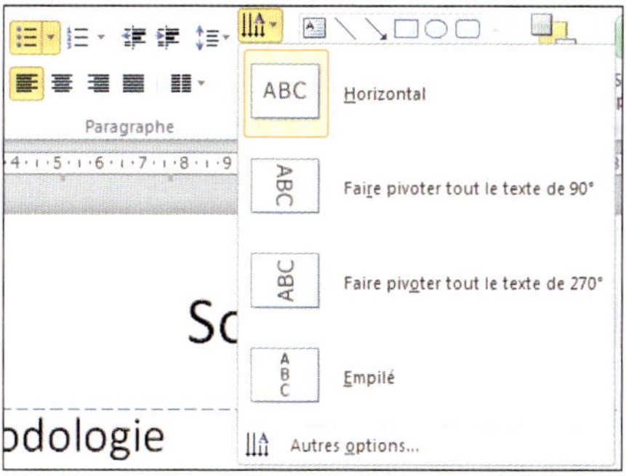

▶ Jouer avec l'interlignage et l'espacement

Les deux vont de pair ! Si l'interlignage correspond à l'espace laissé entre les lignes, l'espacement désigne l'espace entre les caractères. En jouant sur l'un comme sur l'autre, vous pouvez réaliser différents effets typographiques, régler la densité du texte et, par conséquent, accroître ou diminuer sa lisibilité.

Pour modifier l'interlignage d'un texte :

1 Dans la diapositive, sélectionnez le bloc de texte à modifier.

2 Tout en maintenant le bouton de la souris enfoncé, sélectionnez le texte dont vous souhaitez changer l'interlignage.

3 Allez sous l'onglet **Accueil** du Ruban puis, dans le groupe *Paragraphe*, cliquez sur le bouton **Interlignes**.

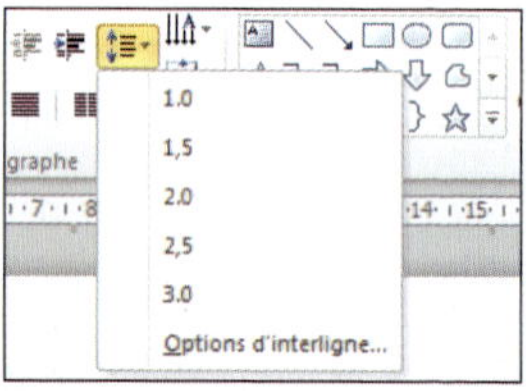

4 Dans le menu qui s'affiche, choisissez l'une des options proposées en cliquant dessus.

5 Si celles-ci ne vous conviennent pas, cliquez sur *Options d'interligne.*

6 Dans la boîte de dialogue **Paragraphe**, sous la rubrique *Espacement*, cliquez sur la liste déroulante *Interligne* et sélectionnez *Multiple.*

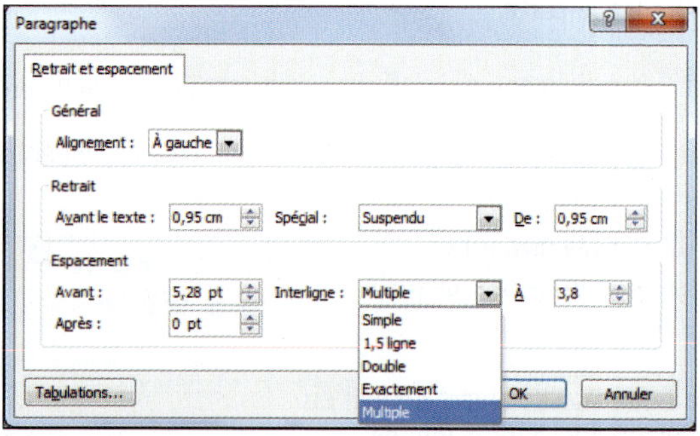

7 À la ligne *À*, choisissez l'interlignage voulu, puis cliquez sur le bouton OK.

Interlignage

L'interlignage désigne l'espace séparant deux lignes. Celui-ci peut être plus ou moins important.

Jouer sur l'espacement, c'est ajouter plus ou moins d'espace au sein de votre texte. Diminuer ou augmenter l'écart entre les caractères influent directement sur la lecture. À vous de trouver le bon équilibre.

1 Cliquez sur le bloc de texte à modifier.

2 À l'aide de la souris, sélectionnez le texte dont vous voulez changer l'espacement.

3 Cliquez sur l'onglet **Accueil** du Ruban. Dans le groupe *Police*, cliquez sur le bouton **Espacement des caractères**.

4 Faites votre choix parmi les cinq options proposées.

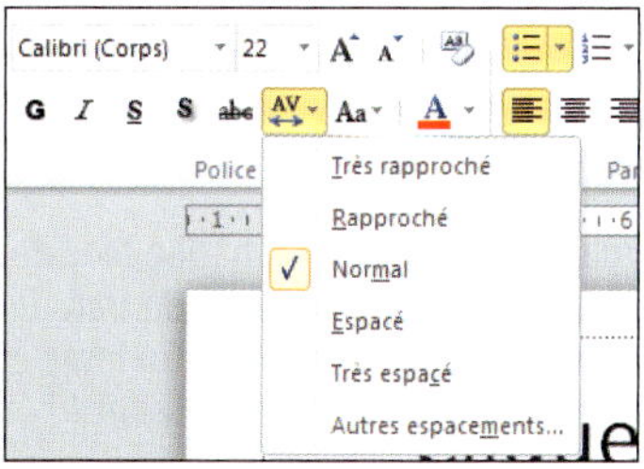

5 Si aucune ne vous convient, cliquez sur *Autres espacements*. La boîte de dialogue **Police** s'ouvre sur l'onglet **Espacement des caractères**.

6 Cliquez sur la liste déroulante *Espacement* et choisissez le type d'espacement désiré entre *Étendu* et *Condensé*.

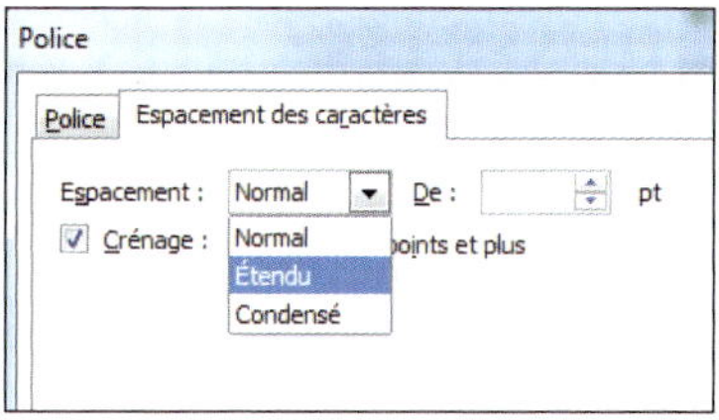

7 À la ligne *De*, saisissez l'espacement souhaité puis cliquez sur OK.

Espacement

L'espacement désigne l'espace entre les différents caractères d'un mot.

Il n'y a pas que le texte qui peut être mis en forme dans PowerPoint. Les blocs peuvent l'être également. Ils jouent un rôle considérable dans une présentation. C'est ce que nous allons voir dans le chapitre suivant.

Chapitre 3

METTRE EN FORME *un bloc et organiser les diapositives*

Vous pouvez modifier chaque bloc de texte en lui accordant une mise en forme particulière. De l'épaisseur de trait de ses bordures jusqu'à la création d'effets d'ombre, PowerPoint offre un large éventail de possibilités pour donner à vos blocs de texte un graphisme saisissant !

UTILISER LES STYLES PRÉDÉFINIS

PowerPoint dispose de styles prédéfinis qui permettent de donner rapidement un aspect particulier à une forme comme un bloc de texte, en modifiant les couleurs, les polices et les effets qui lui sont appliqués. Ces styles s'avèrent ainsi toujours adaptés au thème de votre document.

1 Sélectionnez une forme dans la diapositive.

2 Sous l'onglet **Accueil** du Ruban, cliquez sur le bouton **Styles rapides** situé dans le groupe *Dessin*.

3 Dans la galerie qui s'ouvre, faites votre choix parmi les différents styles proposés.

Pour chaque style rapide, vous pouvez modifier la couleur de remplissage par défaut.

1 Sélectionnez une forme telle qu'un bloc de texte.

2 Rendez-vous sous l'onglet **Accueil** dans le Ruban.

3 Dans le groupe *Dessin*, cliquez sur **Styles rapides**. La galerie s'affiche.

4 Positionnez le curseur sur la rubrique *Autres thèmes de remplissage* et choisissez une couleur de remplissage parmi les options proposées.

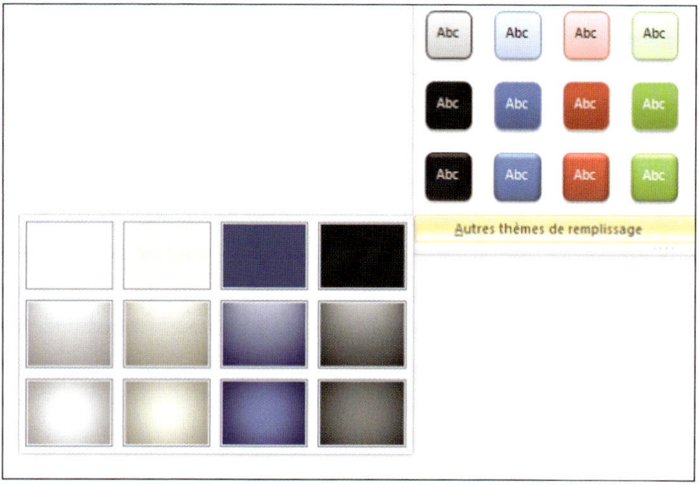

Style

Ces styles sont comme une recette de cuisine. Les couleurs, les polices et les effets du thème sélectionné en sont les ingrédients. En mélangeant ces trois ingrédients, vous obtenez une recette différente !

PowerPoint tend à simplifier la vie des utilisateurs en proposant de nombreuses mises en forme prédéfinies, notamment par le biais des styles et des thèmes préétablis. Pour que votre présentation ne ressemble pas à celle de votre voisin, PowerPoint intègre des fonctions permettant de créer votre propre style. C'est ce que nous allons voir dans ce qui suit.

Ajouter une couleur de remplissage

L'ajout d'une couleur de remplissage dans un bloc de texte (ou dans n'importe quelle autre forme) met en exergue le texte contenu dans celui-ci.

1 Dans la diapositive, sélectionnez votre bloc de texte.

2 Allez sous l'onglet **Accueil** puis, dans le groupe *Dessin*, cliquez sur le bouton **Remplissage de forme** représenté par un pot de peinture.

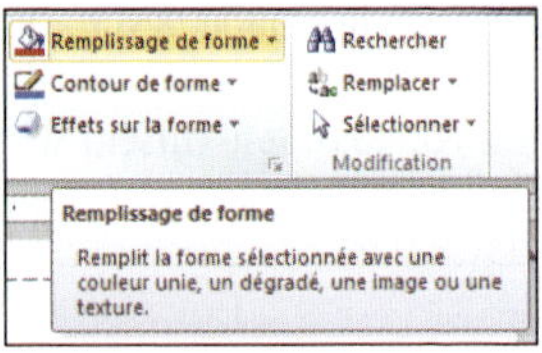

3 Sélectionnez la couleur parmi les différents choix proposés. En survolant les tons à l'aide du curseur, vous pouvez visualiser l'effet produit directement sur l'élément sélectionné.

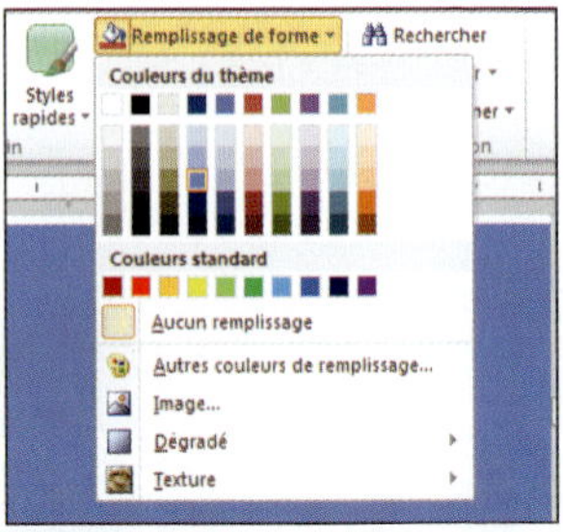

Dans le cas où aucune couleur prédéfinie ne conviendrait, il est possible d'obtenir la teinte désirée.

1 Sélectionnez le bloc de texte.

2 Sous l'onglet **Accueil**, dans le groupe *Dessin*, cliquez sur le bouton **Remplissage de forme**.

3 Dans la galerie qui s'affiche, sélectionnez *Autres couleurs de remplissage*.

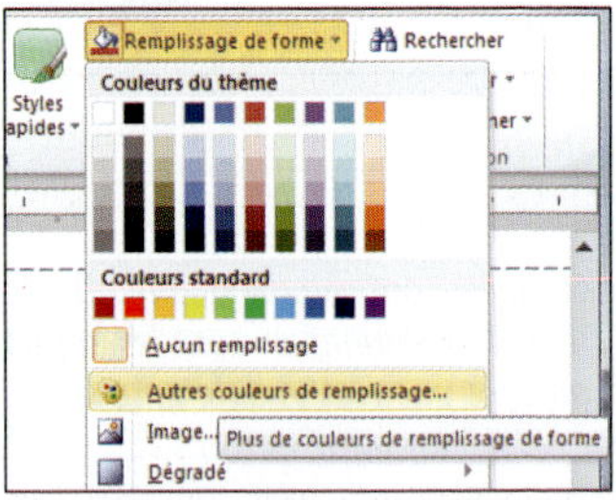

4 La boîte de dialogue **Couleurs** s'ouvre. Cliquez sur l'onglet **Standard** pour avoir l'accès à une gamme plus large de couleurs prédéfinies et sélectionnez votre couleur.

5 Si vous ne trouvez toujours pas votre bonheur, cliquez sur l'onglet **Personnalisées**.

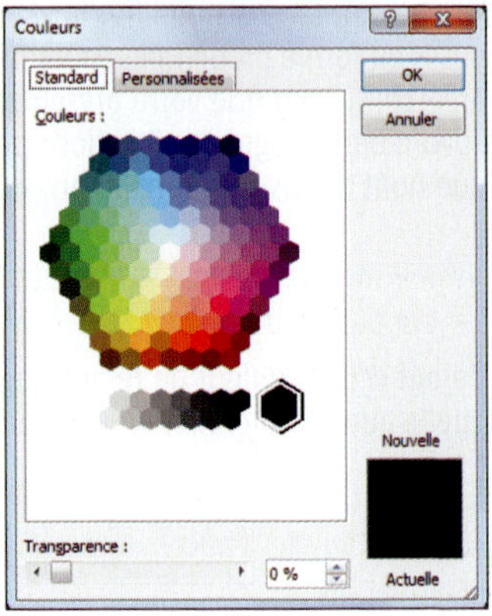

6 Dans la zone *Couleurs*, déplacez le curseur sur la teinte voulue. Vous pouvez également éclaircir la tonalité en déplaçant la flèche noire située juste à côté de la bande verticale colorée.

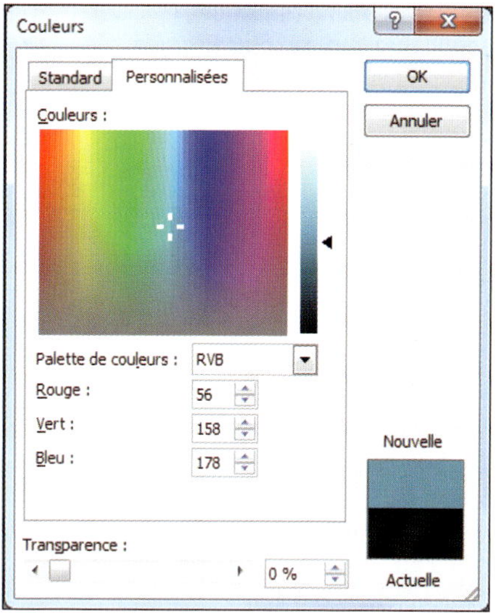

7 Vous pouvez aussi ajuster le niveau de transparence à la ligne éponyme, en déplaçant le curseur vers la droite.

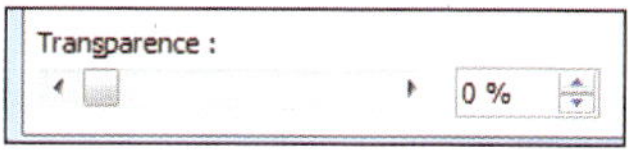

8 Cliquez sur OK une fois les réglages opérés.

Formes

Les formes sont des éléments graphiques prédéfinis (rectangle, cercle, flèche, étoile...) incluant également les blocs de texte et d'image. Elles peuvent être combinées pour créer des dessins variés et s'avèrent modifiables. Elles sont accessibles sous l'onglet **Accueil** *d'un clic sur le bouton* **Formes** *du groupe* Dessin.

Réaliser un effet de dégradé

Ajouter une couleur de fond à une forme, c'est bien, mais créer un effet de dégradé s'avère parfois très utile et esthétique. PowerPoint dispose de nombreux outils permettant de réaliser cela.

1 Cliquez sur l'élément sur lequel vous souhaitez appliquer un dégradé.

2 Sous l'onglet **Accueil** du Ruban, allez dans le groupe *Dessin* et sélectionnez **Remplissage de forme**.

3 Dans le menu contextuel, positionnez le curseur sur *Dégradé*.

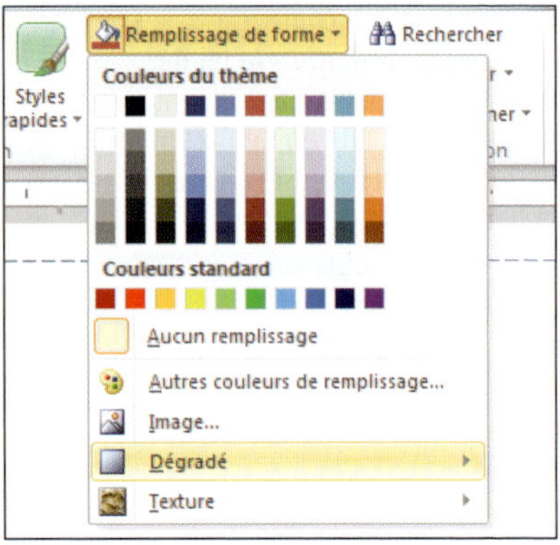

4 Sous la partie *Variations*, choisissez un dégradé parmi les différentes options prédéfinies.

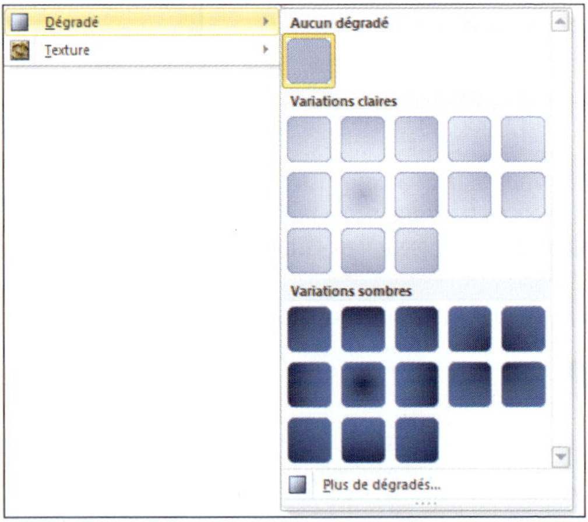

PowerPoint offre la possibilité de créer des dégradés bien plus élaborés que ceux proposés par défaut. Vous pouvez ainsi mélanger autant de couleurs que vous le souhaitez.

1 Cliquez sur la forme à laquelle vous souhaitez appliquer un dégradé, un bloc de texte dans notre cas.

2 Rendez-vous sous l'onglet **Format**. Dans le groupe *Styles de formes*, cliquez sur **Remplissage de forme**. Placez le curseur sur *Dégradé* et choisissez *Plus de dégradés*.

3 Dans la boîte de dialogue **Format de la forme**, sous l'onglet **Remplissage**, cochez la case *Remplissage dégradé*.

4 Cliquez sur la liste déroulante *Type* et sélectionnez l'un des quatre types de dégradés.

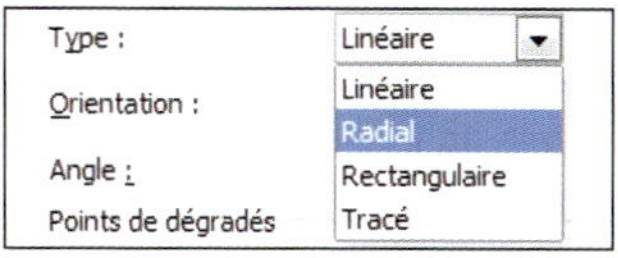

5 Dans la liste déroulante *Orientation*, choisissez la direction de votre dégradé.

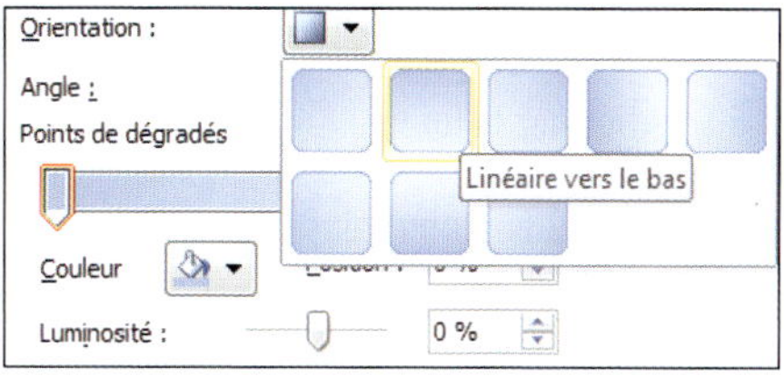

6 Sous la rubrique *Points de dégradés*, cliquez sur l'option *Ajouter un point de dégradé*, représentée par cette icône. Ajoutez autant de point de dégradé que vous souhaitez de couleur.

7 Cliquez sur un point de dégradé. Dans la liste *Couleur*, choisissez une teinte.

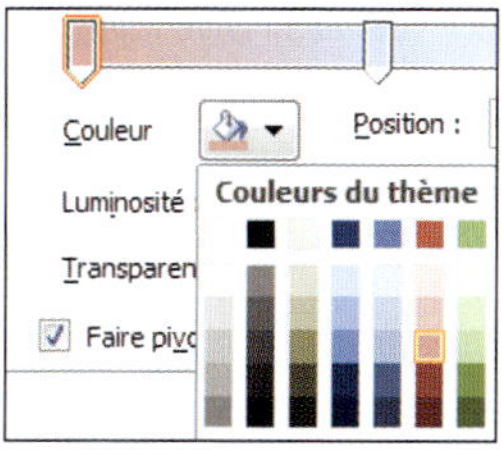

8 Tout en maintenant le bouton de la souris enfoncé, déplacez le point de dégradé sélectionné sur la ligne.

9 Ajustez la luminosité à la ligne éponyme en déplaçant le curseur.

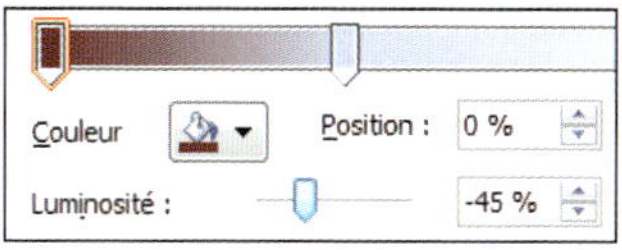

10 À la ligne *Transparence*, déplacez le curseur.

11 Renouvelez les étapes 7 à 10 pour chacun des autres points de dégradés jusqu'à obtenir le résultat souhaité, puis cliquez sur le bouton **Fermer**.

Point de dégradé

Ce terme indique le point de rencontre entre deux couleurs adjacentes dans un dégradé.

► Insérer des motifs

PowerPoint offre un large panel de possibilités quant à la création de formes originales. Les dégradés ne sont qu'une infime partie des ressources dont dispose cette application. L'ajout de motifs à une forme telle qu'un bloc de texte permet, par exemple, d'imiter certains types de matériaux.

1 Sélectionnez la forme.

2 Cliquez du bouton droit sur la forme sélectionnée.

3 Dans le menu contextuel, cliquez sur **Format de la forme**.

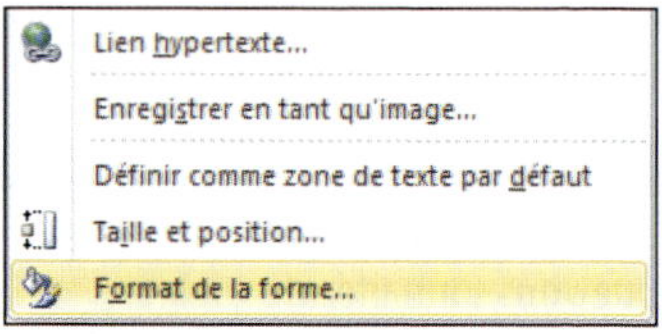

4 Dans la boîte de dialogue qui s'ouvre, rendez-vous sous l'onglet **Remplissage**.

5 Cochez la case *Motif de remplissage*.

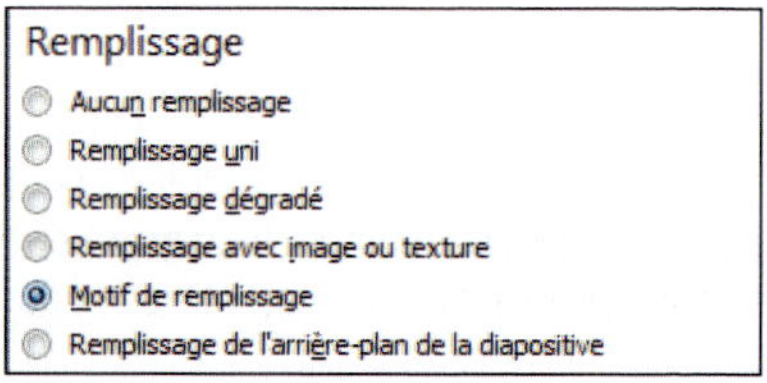

6 Faites votre choix en cliquant sur l'un des motifs proposés.

7 À la ligne *Couleur de premier plan*, cliquez sur la liste déroulante et choisissez une teinte.

8 Cliquez sur la liste déroulante *Couleur d'arrière-plan* et sélectionnez une couleur.

9 Cliquez sur le bouton **Fermer**.

Si la forme, un bloc de texte par exemple, présente déjà un dégradé de couleurs, l'ajout de motifs à celle-ci supprimera cet effet.

► Ajouter des bordures

Les contours d'un bloc permettent de mieux le mettre en évidence par rapport à d'autres éléments présents sur une diapositive. Ils sont particulièrement utiles lorsqu'il s'agit d'apporter une précision sur un point précis dans un encadré.

1. Sélectionnez la forme.

2. Sous l'onglet **Accueil**, dans le groupe *Dessin*, cliquez sur **Contour de la forme**.

3. Dans la galerie qui s'affiche, choisissez une couleur de trait, puis positionnez le curseur sur la rubrique *Épaisseur* et sélectionnez un format de trait parmi les choix indiqués.

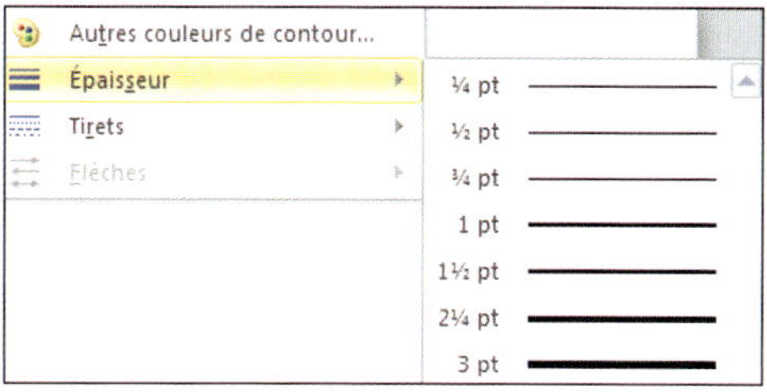

4. Toujours dans la galerie, rendez-vous dans la rubrique *Tirets* et choisissez un style de contour.

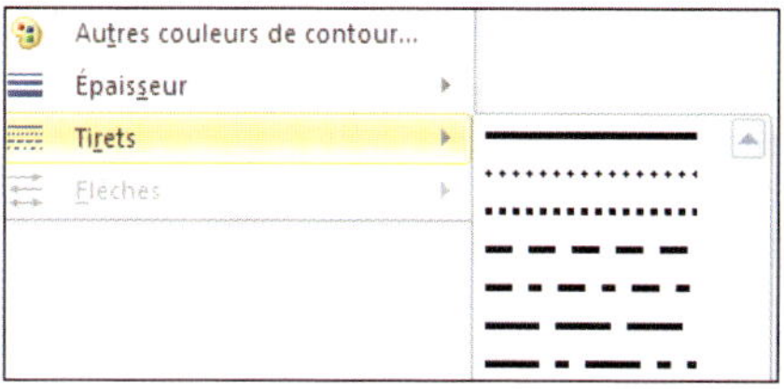

Lors du choix du tiret et de l'épaisseur du contour, vous pouvez accéder aux options avancées en choisissant *Autres traits*, ce qui a pour effet d'ouvrir la boîte de dialogue **Format de la forme**. À partir de là, vous pouvez définir d'autres styles de traits.

Supprimer le contour

Pour effacer le contour d'une forme, sélectionnez l'élément puis rendez-vous sous l'onglet **Accueil**. *Dans le groupe* Dessin, *cliquez sur* **Contour de forme** *et sélectionnez* Sans contour *dans la galerie qui s'affiche.*

Donner du volume

C'était l'une des nouveautés les plus attendues de PowerPoint 2007. L'édition 2010 du logiciel de présentation de Microsoft permet, tout comme la version précédente, de donner du volume à des formes 2D telles qu'un bloc de texte.

1. Cliquez sur une forme telle qu'un bloc de texte.

2. Allez sous l'onglet **Accueil** du Ruban puis, dans le groupe *Dessin*, cliquez sur le bouton **Effets sur la forme**.

3 Positionnez le curseur sur la rubrique *Prédéfini* et sélectionnez l'effet désiré parmi les différents choix proposés.

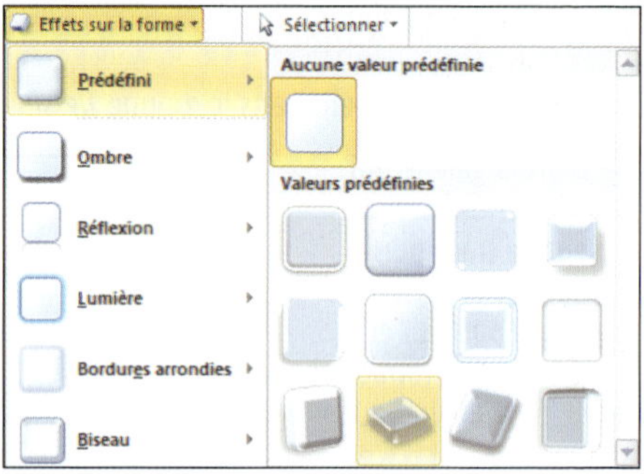

4 Vous pouvez également ajouter des effets de rotation et de biseau à votre forme à partir du bouton **Effets sur la forme**. Survolez à l'aide du curseur la rubrique *Biseau* puis sélectionnez l'effet de biseau de votre choix.

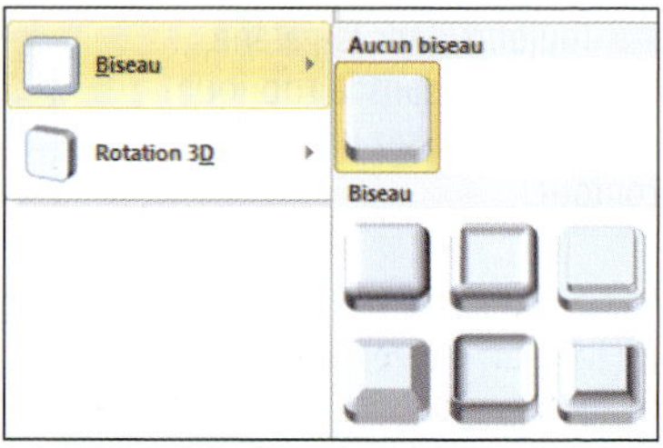

5 Renouvelez l'opération en plaçant cette fois le curseur sur la rubrique *Rotation 3D*.

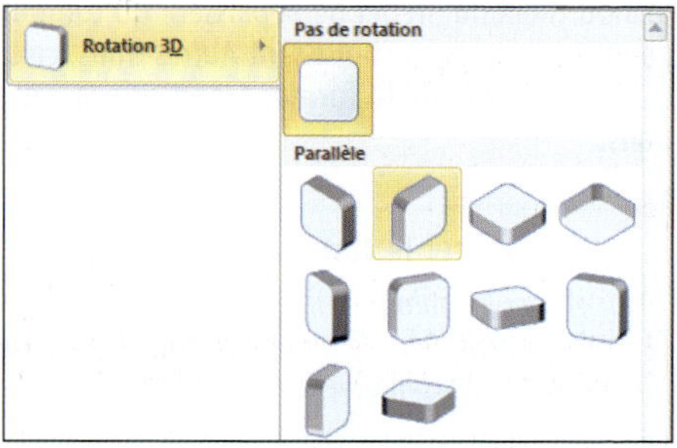

PowerPoint dispose de fonctions avancées de transformation de forme 2D en volume 3D si aucun des modèles proposés ne vous convient. Pour accéder aux options 3D :

1 Sélectionnez une forme dans la diapositive.

2 Cliquez sur l'onglet **Accueil** du Ruban puis, dans le groupe *Dessin*, cliquez sur **Effets sur la forme**.

3 Dans la galerie qui s'affiche, positionnez le curseur sur la rubrique *Prédéfini* de manière à faire apparaître les différents choix possibles.

4 Cliquez sur *Options 3D*. La boîte de dialogue **Format de la forme** s'ouvre sur l'onglet **Format 3D**. À partir de là, vous pouvez concevoir une forme 3D personnalisée en jouant avec les multiples paramètres que PowerPoint met à votre disposition.

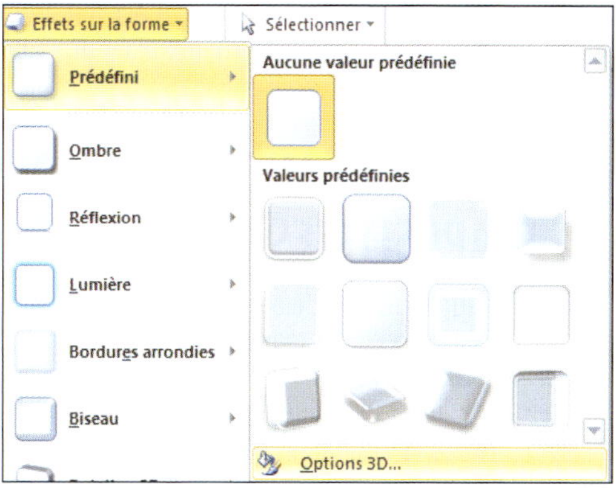

▶ De l'ombre à la réflexion

PowerPoint 2010 apporte quelques nouvelles fonctionnalités concernant la mise en forme d'un élément dans une diapositive. C'est notamment le cas en ce qui concerne les options de réflexion. Pour ajouter cet effet ainsi que des ombres portées sur un bloc de texte :

1 Dans la diapositive, sélectionnez un bloc de texte ou une autre forme.

2 Allez sous l'onglet **Accueil** du Ruban. Sélectionnez dans le groupe *Dessin* le bouton **Effets de la forme**.

3 Dans la galerie qui s'affiche, positionnez le curseur sur la rubrique *Ombre* puis choisissez une ombre portée parmi les différents choix indiqués. Vous pouvez accéder aux options avancées en cliquant sur *Options d'ombre*.

4 Toujours dans la galerie *Effets sur la forme*, placez le curseur sur la rubrique *Réflexion*. Sélectionnez le type de réflexion désiré parmi les effets prédéfinis. En cliquant sur *Options de réflexion*, vous accédez aux fonctions avancées de réflexion.

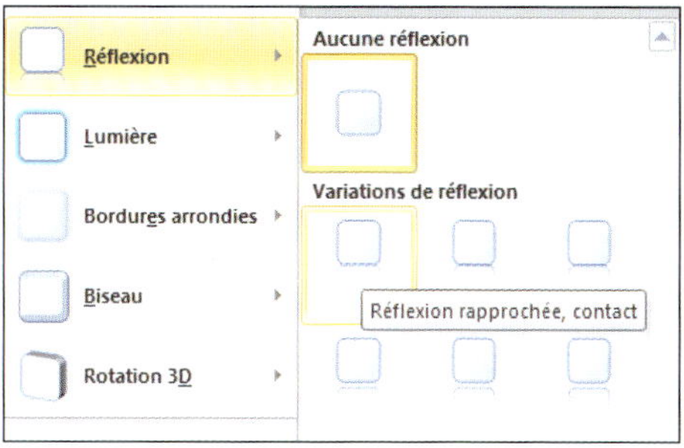

Le bouton **Effets de la forme** de l'onglet **Accueil** propose d'autres fonctions telles la possibilité d'ajouter des effets lumineux ou des bordures arrondies à une forme. Pour chacune de ses options, PowerPoint propose différents modèles prédéfinis.

ORGANISER ET METTRE EN FORME LES DIAPOSITIVES

PowerPoint applique, par défaut, une mise en page prédéfinie sur les diapositives dans le but de simplifier la réalisation de la présentation. Dès l'ouverture du logiciel, vous disposez déjà de l'ébauche d'un document que vous pouvez modifier à votre convenance. Bien que les fonctions de mise en page soient plus réduites pour les diapositives que pour les formes, il ne faut surtout pas les négliger.

▶ Changer la disposition et l'orientation d'une diapositive

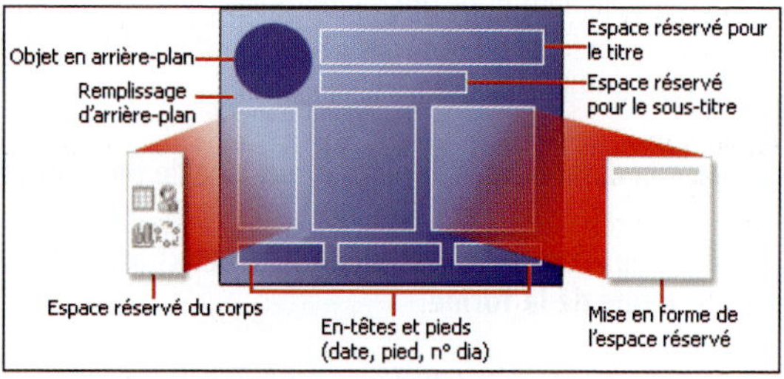

PowerPoint dispose par défaut de neuf mises en page possibles pour chaque diapositive. Celles-ci se composent d'une mise en forme préétablie comprenant les différents espaces dédiés au texte et aux graphiques. Voici la structure d'une mise en page standard d'une diapositive : objet d'arrière-plan (1), remplissage d'arrière-plan (2), espace réservé du corps (3), en-tête et pied de page (4), espace réservé pour le titre (5), espace réservé pour le sous-titre (6), mise en forme de l'espace réservé (7).

Chaque mise en page contient le thème (couleurs, polices, effets visuels et arrière-plan) d'une diapositive. Pour accéder aux mises en page standard :

1. Dans le volet de gauche, sous l'onglet **Diapositives**, sélectionnez la diapositive dont vous souhaitez changer la mise en page.

2. Rendez-vous sous l'onglet **Accueil** du Ruban. Cliquez sur le bouton **Disposition**.

3 Dans la galerie qui s'ouvre, choisissez une mise en page parmi les neuf options proposées.

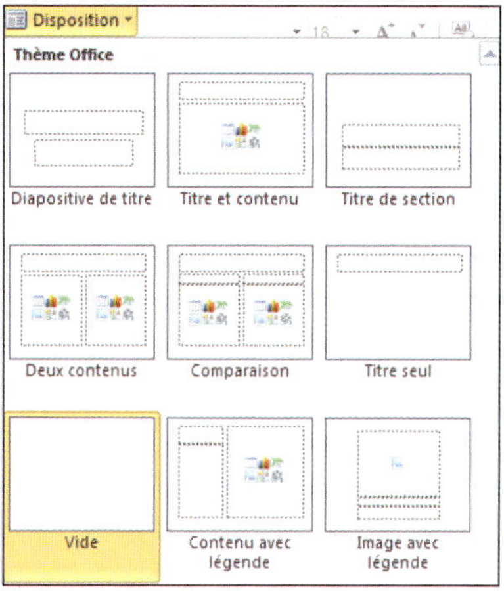

Lorsque vous créez une nouvelle présentation, c'est la mise en page par défaut dénommée "diapositive de titre" qui s'affiche. Si les mises en page standard existantes ne vous satisfont pas, vous pouvez concevoir votre propre agencement.

Nous reviendrons sur ce point au chapitre *Le coin des passionnés*.

PowerPoint utilise nativement l'orientation Paysage, contrairement à Word, qui privilégie l'affichage en mode Portrait. Une présentation peut se voir attribuer un seul type d'orientation.

1 Rendez-vous sous l'onglet **Création**.

2 Dans le groupe *Mise en page*, cliquez sur le bouton **Orientations des diapositives**.

3 Sélectionnez le type d'affichage désiré.

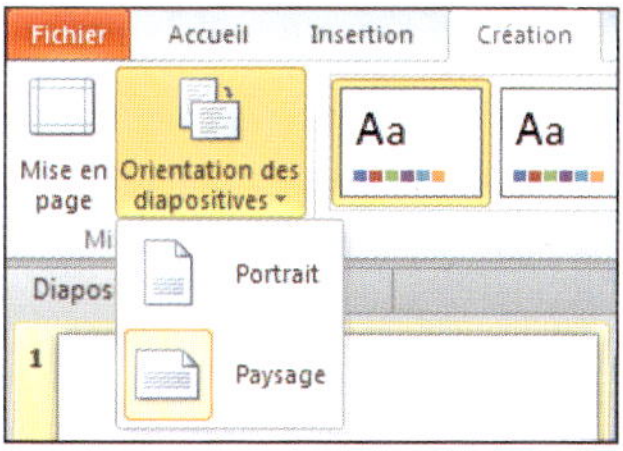

► Numéroter les diapositives et les pages de commentaires

Lorsque vous diffusez votre présentation sur un support autre qu'un écran, sous la forme d'un document papier par exemple, il peut être utile de numéroter les diapositives. Par défaut, le numéro de page s'affiche en bas à droite de la diapositive.

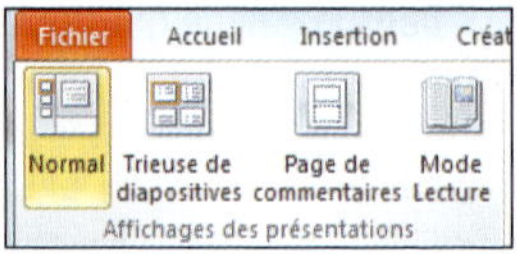

1 Rendez-vous sous l'onglet **Affichage**. Dans le groupe *Affichage des présentations*, cliquez sur **Normal**.

2 Dans le volet de gauche, sous l'onglet **Diapositives**, cliquez sur la première miniature de votre présentation.

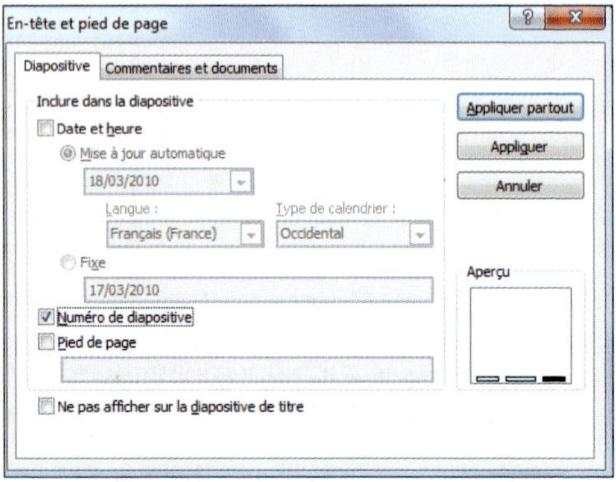

3 Rendez-vous sous l'onglet **Insertion** puis, dans le groupe *Texte*, cliquez sur le bouton **Numéro de diapositive**. Dans la boîte de dialogue qui s'affiche, allez sous l'onglet **Diapositive**, cochez la case *Numéro de diapositive*.

4 Dans la même boîte de dialogue, rendez-vous sous l'onglet **Commentaires et documents**, puis cochez la case *Numéro de page* pour numéroter les pages de commentaires.

5 Pour ajouter des numéros à toutes les diapositives ou pages de commentaires de votre présentation, cliquez sur le bouton **Appliquer tout**. Si vous cliquez sur **Appliquer**, l'insertion de numéro ne se fera que sur la diapositive sélectionnée.

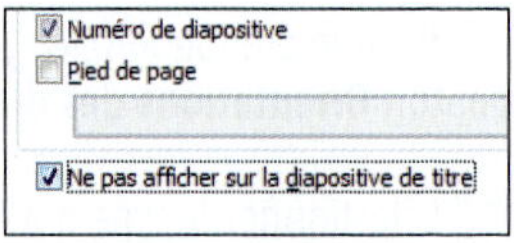

6 Vous pouvez choisir de ne pas commencer la numérotation dès la première diapositive. Pour cela, cochez la case *Ne pas afficher sur la diapositive de titre*.

PowerPoint permet de changer l'ordre de numérotation de la diapositive.

1 Dans le Ruban, rendez-vous sous l'onglet **Création**. Dans le groupe *Mise en page*, cliquez sur le bouton **Mise en page**.

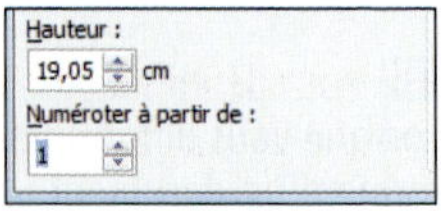

2 À l'intérieur de la boîte de dialogue **Mise en page**, saisissez le numéro qui doit figurer sur la première diapositive ou page de commentaires dans la zone *Numéroter à partir*. Cliquez sur le bouton OK.

À propos de la numérotation

Lorsque vous changez l'ordre de numérotation, la valeur indiquée sert de base à la numérotation des slides suivants.

Ajouter la date et l'heure

De la même façon que vous venez d'insérer des numéros de bas de page, vous avez la possibilité d'indiquer la date et l'heure sur une diapositive.

1. Allez sous l'onglet **Insertion**. Dans le groupe *Texte*, cliquez sur **En-tête et pied de page**.

2. Dans la boîte de dialogue **En-tête et pied de page**, cliquez sur l'onglet **Diapositive** puis cochez la case *Date et heure*.

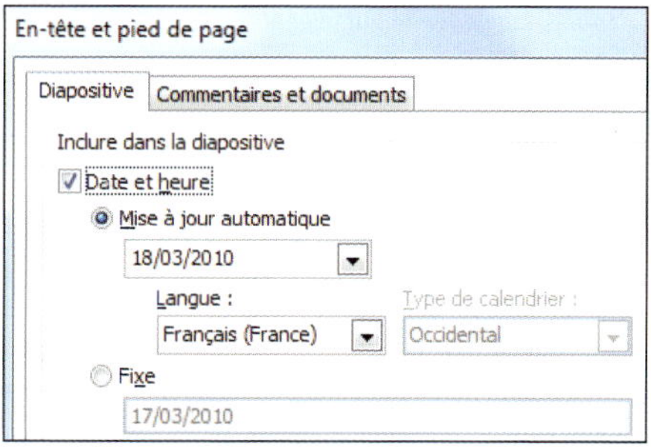

3. Si vous souhaitez que la date et l'heure se mettent à jour automatiquement, cochez la case *Mise à jour automatique*.

4. Cliquez sur la liste déroulante où est inscrite la date du jour si vous voulez choisir une autre date.

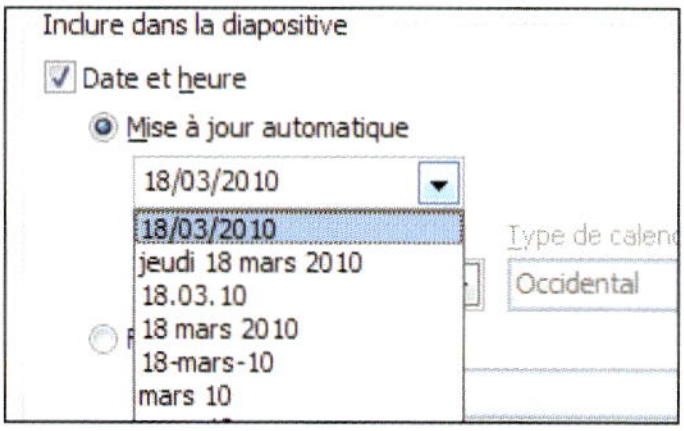

5. Vous pouvez changer la langue d'affichage de l'heure en cliquant sur la liste déroulante *Langue*.

6. Pour définir la date et l'heure en fonction d'une date spécifique, cochez la case *Fixe*.

7 Dans la boîte de dialogue **En-tête et pied de page**, cliquez sur l'onglet **Commentaires et documents**, puis recommencez les étapes 2 à 6 pour afficher la date et l'heure sur les pages de commentaires.

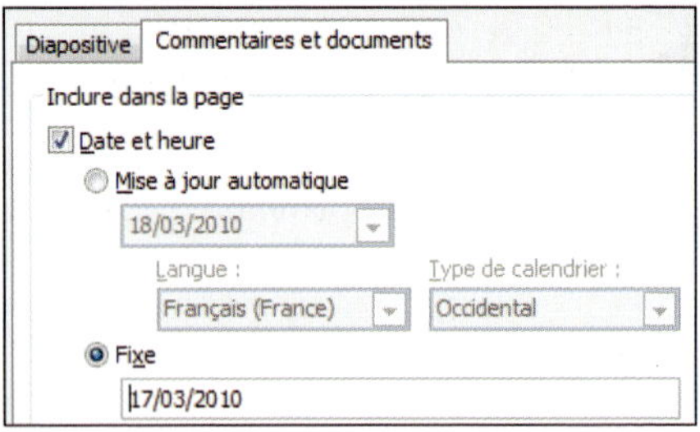

8 Pour appliquer les modifications à l'ensemble des diapositives, cliquez sur le bouton **Appliquer partout**.

Date et suivi des modifications

En définissant une date fixe, vous pouvez suivre plus facilement les dernières modifications d'une présentation.

Ajouter des en-têtes et des pieds de page

L'ajout de pied de page s'effectue de la même manière que l'insertion d'une date ou d'un numéro de page, à ceci près que vous devez saisir le texte voulu dans la zone réservée. Pour créer un pied de page :

1 Rendez-vous sous l'onglet **Affichage** puis, dans le groupe *Affichage des présentations*, cliquez sur le bouton **Normal**.

2 Dans le volet de gauche, sous l'onglet **Diapositives**, sélectionnez la miniature à laquelle vous souhaitez ajouter le pied de page.

3 Allez sous l'onglet **Insertion** puis, dans le groupe *Texte*, cliquez sur le bouton **En-tête et pied de page**.

4 Dans la fenêtre qui s'ouvre, cliquez sur l'onglet **Diapositive** puis cochez la case *Pied de page.*

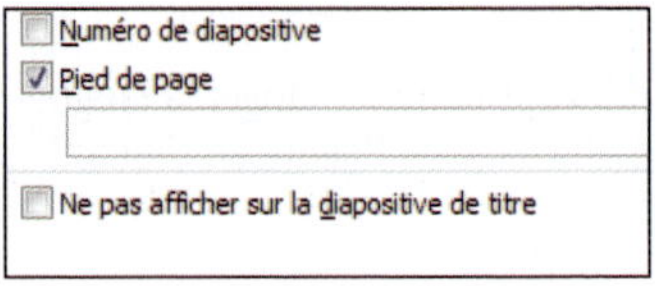

5 Cochez la case *Ne pas afficher sur la diapositive de titre* si le texte du pied de page ne doit pas figurer sur la diapositive de titre.

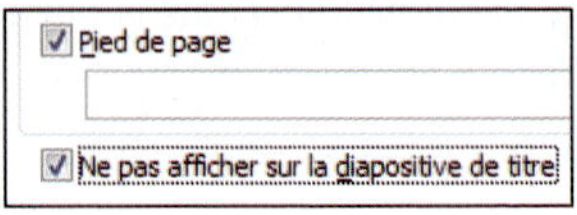

6 Cliquez sur **Appliquer** pour ajouter le pied de page uniquement à la diapositive sélectionnée ou sur **Appliquer tout** pour insérer des pieds de page sur l'ensemble de vos diapositives.

7 Une zone de texte dénommée *Pied de page* apparaît alors en bas de la diapositive. Cliquez dedans et saisissez le texte désiré. Si vous avez choisi d'appliquer les pieds de page sur toutes les diapositives de votre présentation, le texte saisi s'affichera de manière identique sur l'ensemble des slides.

En-tête et pied de page

L'en-tête et le pied de page désignent une zone commune à toutes les diapositives, contenant généralement du texte et parfois des images, située respectivement en haut et en bas de page. On retrouve par exemple dans l'en-tête le logo d'une société, et son nom dans le pied de page, ainsi que ses coordonnées. Sous PowerPoint, il est impossible de mettre des images dans l'en-tête et le pied de page.

Par défaut, les en-têtes sous PowerPoint sont uniquement réservés aux pages de commentaires et vous ne pourrez pas en insérer dans les diapositives. Pour ajouter des en-têtes sur les pages de commentaires :

1 Cliquez sur l'onglet **Affichage** du Ruban. Dans le groupe *Affichage des présentations*, sélectionnez le mode **Page de commentaires**.

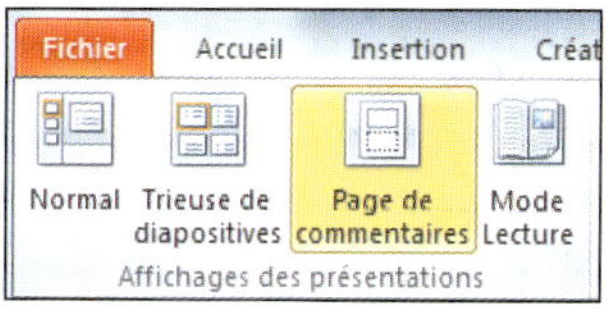

2 Rendez-vous sous l'onglet **Insertion** puis cliquez sur le bouton **En-tête et pied de page** dans le groupe *Texte*.

3 Dans la boîte de dialogue **En-tête et pied de page**, cliquez sur l'onglet **Commentaires et documents**. Cochez la case *En-tête* puis saisissez, dans la zone inférieure, le texte voulu.

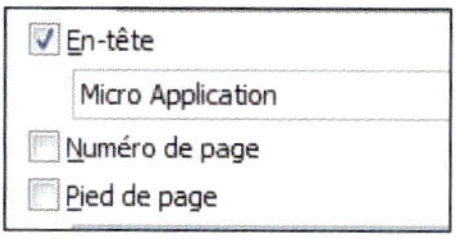

4 Cliquez sur le bouton **Appliquer partout**. L'en-tête apparaît alors dans le coin supérieur gauche de la page de commentaires.

5 Pour mettre le texte en forme et le modifier si nécessaire, cliquez sur le bloc de texte de l'en-tête.

Libre à vous de personnaliser vos diapositives. Et pour concevoir une présentation aux couleurs du thème principal ou encore de votre entreprise, rien ne vaut l'ajout d'une image en arrière-plan !

▸ Personnaliser l'arrière-plan

L'insertion d'un fond ou d'une image en arrière-plan donne une certaine valeur ajoutée à une présentation, pour peu que l'opération ne se fasse pas au détriment de la lisibilité. Il est possible de mettre en fond une couleur unie ou un dégradé ainsi qu'une photo.

Pour utiliser une couleur comme arrière-plan d'une diapositive :

1 Dans le volet de gauche, sous l'onglet **Diapositives**, cliquez sur la miniature à laquelle vous souhaitez ajouter une couleur d'arrière-plan.

2 Rendez-vous sous l'onglet **Création** du Ruban puis, dans le groupe *Arrière-plan*, cliquez sur le bouton **Styles d'arrière-plan**.

3 Dans la galerie qui s'affiche, choisissez un style d'arrière-plan prédéfini.

4 Si aucun style ne vous convient, cliquez sur *Mise en forme de l'arrière-plan*.

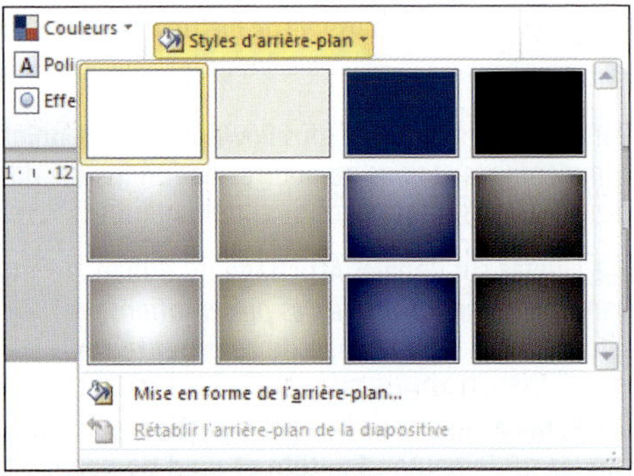

5 Dans la fenêtre qui s'ouvre, cliquez sur l'onglet **Remplissage** puis cochez la case *Remplissage uni*.

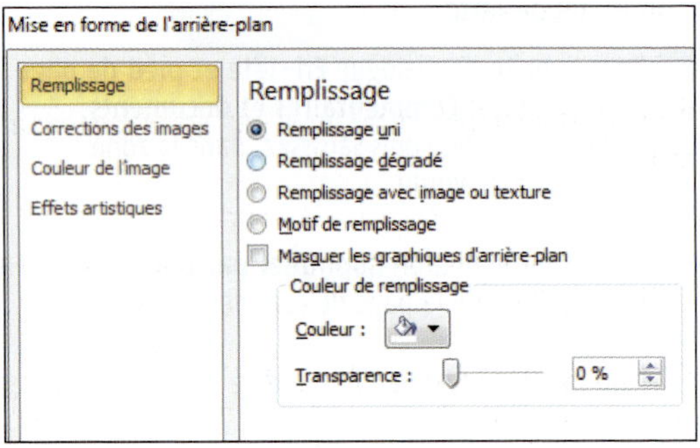

6 Cliquez sur la liste déroulante *Couleur* puis sélectionnez une teinte parmi les différents choix proposés.

7 Pour modifier la transparence de l'arrière-plan, déplacez le curseur de la ligne *Transparence*.

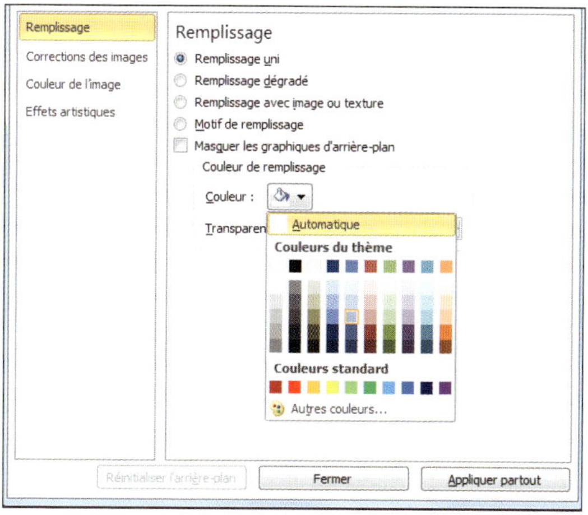

8 Pour appliquer l'arrière-plan à la diapositive sélectionnée, cliquez sur **Fermer**. Pour appliquer la couleur d'arrière-plan à toutes les diapositives de votre présentation, cliquez sur le bouton **Appliquer partout**. Le bouton **Réinitialiser l'arrière-plan** permet de revenir à l'arrière-plan par défaut.

Vous pouvez concevoir un arrière-plan dégradé en cochant *Remplissage dégradé*.

Pour la suite de la procédure, reportez-vous à la section *Réaliser un effet de dégradé* de ce chapitre.

Sélectionner plusieurs diapositives

Pour sélectionner plusieurs diapositives, allez dans le volet de gauche sous l'onglet ***Diapositives*** *puis, tout en maintenant la touche* Ctrl *enfoncée, sélectionnez les miniatures désirées.*

Pour l'insertion d'une image en arrière-plan, la procédure est sensiblement la même.

1 Cliquez sur la diapositive sur laquelle vous souhaitez ajouter une image d'arrière-plan.

2 Rendez-vous sous l'onglet **Création**. Dans le groupe *Arrière-plan*, sélectionnez le bouton **Styles d'arrière-plan** puis cliquez sur *Mise en forme de l'arrière-plan*.

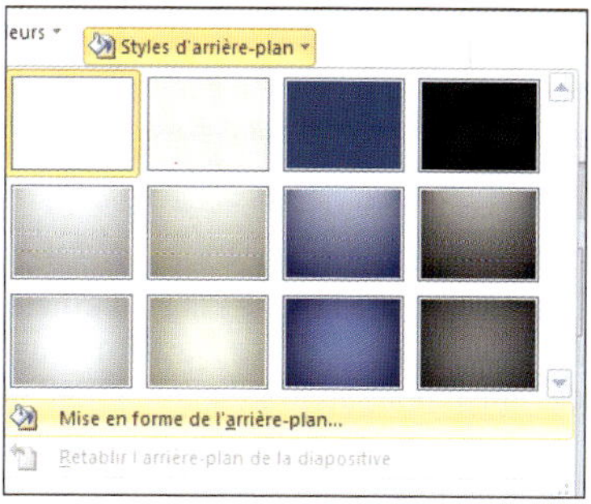

3 Dans la boîte de dialogue qui s'ouvre, cliquez sur **Remplissage** dans la colonne de gauche. Cochez la case *Remplissage avec image ou texture.*

4 Pour insérer une image depuis un fichier, sous la rubrique *Insérer à partir de*, cliquez sur le bouton **Fichier**. Dans la boîte de dialogue qui s'ouvre, recherchez l'image souhaitée, puis sélectionnez-la et cliquez sur **Ouvrir**.

5 Pour ajouter une capture d'écran (réalisée via la touche Impr écran de votre clavier ou en copiant une image sous un logiciel d'édition d'image tel que Paint), cliquez sur *Presse-papiers*.

6 Vous pouvez également insérer des cliparts en cliquant sur le bouton éponyme. Dans la boîte de dialogue **Sélectionner une image**, choisissez un clipart parmi les différentes options proposées. Vous avez la possibilité d'ajouter d'autres cliparts en cliquant sur le bouton **Importer**. Cliquez sur le bouton OK.

7 Ajustez la transparence de l'image en déplaçant le curseur de la fonction éponyme. Cliquez ensuite sur **Fermer** pour appliquer l'arrière-plan uniquement à la diapositive sélectionnée ou sur **Appliquer partout** pour l'appliquer à l'ensemble des diapositives de la présentation.

Clipart

Les cliparts sont des petits dessins d'illustration que vous pouvez redimensionner à l'infini sans perte de qualité.

Lors de l'insertion d'une image d'arrière-plan, PowerPoint l'adapte à la taille de la diapositive. Vous pouvez ajuster manuellement l'image pour éviter, par exemple, des aberrations au niveau des proportions.

1 Sélectionnez la diapositive concernée.

2 Sous l'onglet **Création**, dans le groupe *Arrière-plan*, cliquez sur **Styles d'arrière-plan** puis sélectionnez *Mise en forme de l'arrière-plan*.

3 Sous la rubrique *Options d'étirements*, au niveau de l'option *Décalages*, redimensionnez l'arrière-plan en jouant sur la hauteur via les paramètres *Haut* et *Bas*, et sur la largeur via *Gauche* et *Droite*. Cliquez sur **Fermer** ou **Appliquer partout** une fois les réglages effectués.

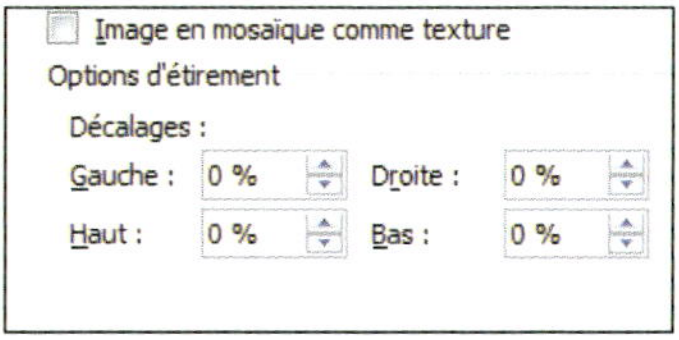

Afficher un arrière-plan en mosaïque

Pour afficher une image sous la forme d'une mosaïque, ouvrez la boîte de dialogue ***Mise en forme de l'arrière-plan****. Pour ce faire, rendez-vous sous l'onglet* ***Création****, puis cliquez sur* ***Style d'arrière-plan*** *et sélectionnez* Mise en forme de l'arrière-plan. *Cliquez sur l'onglet* ***Remplissage****. Cochez la case* Image en mosaïque comme texture. *Cliquez sur* ***Fermer*** *ou* ***Appliquer partout****.*

Il est possible d'ajouter des textures et des motifs de remplissage en guise d'arrière-plan. Le prochain chapitre couvrira notamment l'insertion de graphiques et d'images.

Chapitre 4

AJOUTER des éléments graphiques

Une image vaut mieux qu'un long discours. Cet adage bien connu prend souvent tout son sens lorsqu'il s'agit de présenter des informations complexes. De la conception d'organigramme en passant par l'insertion d'illustrations jusqu'à la création de tableaux, ce chapitre est dédié aux éléments graphiques courants qui, bientôt, peupleront vos présentations. Cerise sur le gâteau, vous apprendrez à dessiner avec PowerPoint.

INSÉRER DES IMAGES

Pour cette édition, Microsoft a consacré une partie de ses efforts à la gestion des images. Vous pouvez ainsi importer n'importe quelle illustration directement dans sa présentation mais aussi la retravailler et l'habiller sans passer par un logiciel tiers. Vous allez ajouter une image dans votre présentation.

1 Rendez-vous sous l'onglet **Affichage** puis sélectionnez **Normal** dans le groupe *Affichage des présentations*.

2 Dans le volet gauche, sous l'onglet **Diapositives**, cliquez sur une miniature à laquelle vous souhaitez ajouter une image.

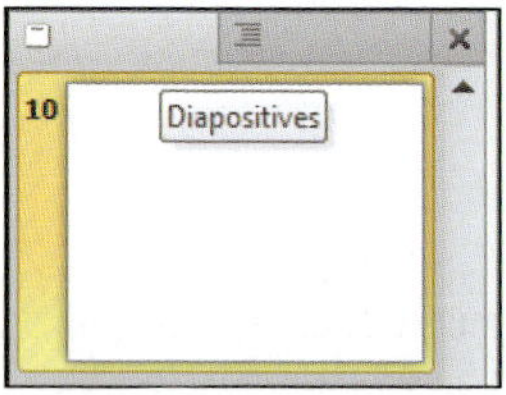

3 Sous l'onglet **Insertion** dans le groupe *Images*, cliquez sur le bouton **Image**.

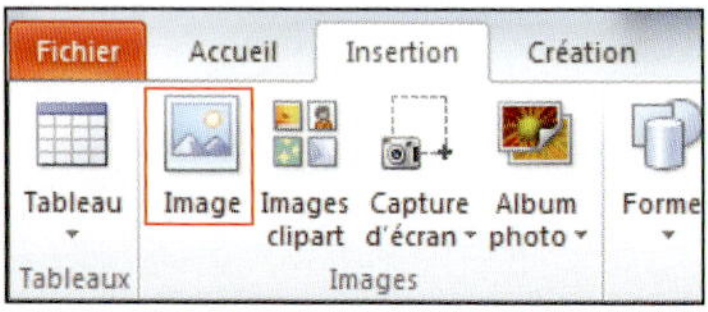

4 La boîte de dialogue s'ouvre sur le dossier *Mes images*. Sélectionnez la photo de votre choix. Si elle ne se situe pas dans ce répertoire, utilisez le navigateur situé dans la colonne de gauche pour vous rendre dans le dossier où se trouve votre image.

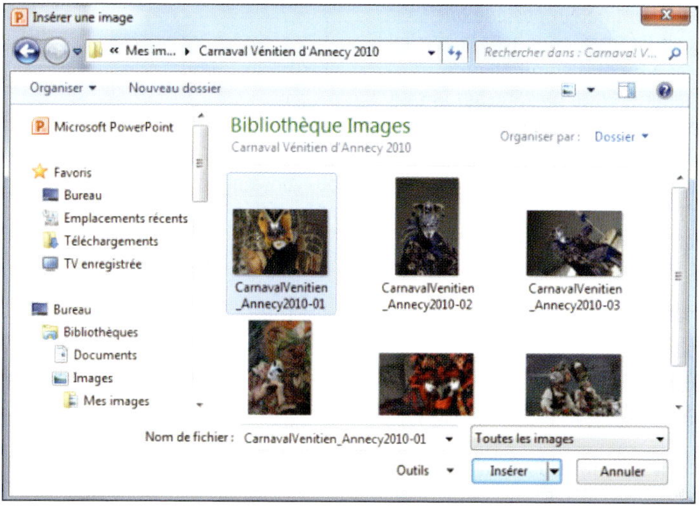

5 Cliquez sur le bouton **Insérer** une fois votre photo sélectionnée.

PowerPoint dispose d'une bibliothèque d'illustrations dénommées "cliparts" qu'il est possible d'insérer dans une présentation.

1 Allez sous l'onglet **Insertion** puis cliquez sur **Images clipart** dans le groupe *Images*.

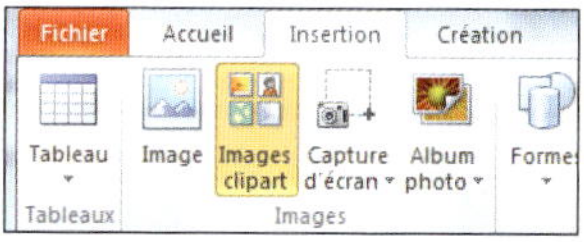

2 Dans le volet qui s'ouvre à droite, saisissez un mot-clé, par exemple `voiture`, dans la zone de recherche. Cliquez sur OK.

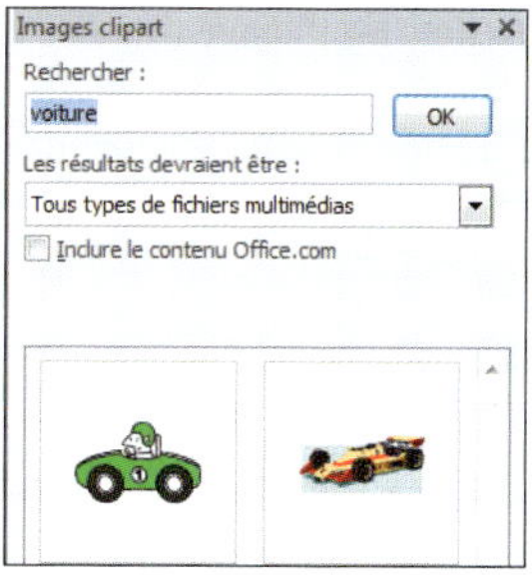

3 Pour affiner votre recherche, cliquez sur la liste déroulante à la rubrique *Les résultats devraient être*. Décochez ou cochez les types d'éléments à exclure ou à inclure dans votre recherche.

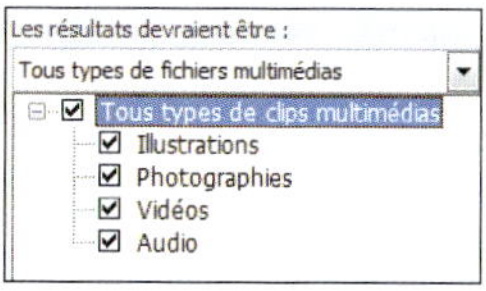

4 Si votre ordinateur possède une connexion Internet, vous avez la possibilité d'accéder à un plus grand nombre d'illustrations. En ce sens, cochez la case *Inclure le contenu Office.com*.

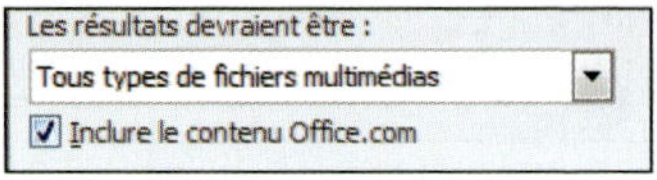

5 Sélectionnez, dans le volet, le clipart qui vous convient en cliquant dessus. Utilisez l'ascenseur de droite pour naviguer dans les différents dessins. L'image est automatiquement insérée dans la diapositive.

Afficher l'ensemble des cliparts

Pour visualiser l'ensemble des cliparts de la bibliothèque, cliquez dans la zone de recherche du volet ***Images clipart*** *puis appuyez sur la touche* [↵] *de votre clavier.*

Si vous utilisez une disposition déjà existante, vous pouvez insérer directement une image dans l'espace réservé en cliquant sur cette icône. Il suffit ensuite de rechercher la photo voulue et de cliquer sur OK.

Si l'image que vous venez d'insérer ne vous convient pas, une fonction de PowerPoint permet d'en changer très simplement.

1 Cliquez du bouton droit sur l'image à remplacer.

2 Dans le menu contextuel, cliquez sur **Modifier l'image**.

3 Dans la boîte de dialogue qui s'ouvre, recherchez l'image désirée, sélectionnez-la puis cliquez sur le bouton **Ouvrir**. La taille du bloc s'adapte automatiquement à la dimension de la photo.

▸ Réduire la taille et recadrer une image

Lors de l'insertion d'une photo, celle-ci occupe une place plus ou moins importante sur votre diapositive. Vous devrez modifier sa taille si elle masque les autres éléments de votre slide. Le redimensionnement s'effectue de la même manière qu'il s'agisse d'une photo ou d'un bloc normal.

1 Sélectionnez l'image en cliquant dessus.

2 Cliquez sur l'un des points blancs situés sur les angles supérieurs de l'image.

3 Tout en maintenant enfoncé le bouton de la souris, déplacez le point blanc jusqu'à obtenir la dimension souhaitée.

Compresser une image

La tendance actuelle est à l'augmentation des données informatiques. En dix ans, les appareils photo numériques sont passés d'une résolution d'image de 1,5 mégapixel à plus de 20 mégapixels. De ce fait, il n'est pas rare de voir des photos pesant plus de 5 mégaoctets chacune. Vu qu'une présentation PowerPoint se compose de plusieurs images, vous pouvez alléger le poids de votre fichier en adaptant la résolution des photos.

1 Dans la diapositive, cliquez sur l'image dont vous souhaitez réduire la résolution.

2 Rendez-vous sous l'onglet **Format** du Ruban. Dans le groupe *Ajuster*, cliquez sur le bouton **Compresser les images**.

3 La boîte de dialogue **Compresser les images** s'affiche. Cochez la case *Appliquer à l'image sélectionnée uniquement* pour modifier seulement la résolution de l'image sélectionnée, et non celle de l'ensemble des illustrations contenues dans la présentation. Sinon, décochez cette option !

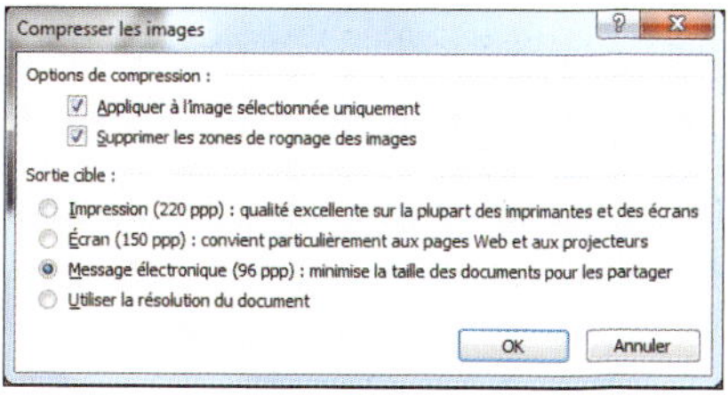

4 Sous la rubrique *Sortie cible*, cochez l'un des modes de résolution.

Résolution d'image

Les images numériques se composent de milliers de petits points appelés "pixels". La résolution d'image (appelée aussi "définition d'image") indique donc le nombre de pixels composant une photo. Cette résolution est le rapport entre la hauteur et la largeur de l'image.

L'option *Utiliser la résolution du document* se réfère à la résolution telle qu'elle est définie dans les préférences de PowerPoint, sous l'onglet **Fichier**. Par défaut, elle est fixée à 220 ppp (points par pouce), ce qui est largement suffisant pour une bonne qualité d'impression. Pour modifier la définition par défaut :

1 Cliquez sur l'onglet **Fichier** pour activer le mode Backstage, puis sélectionnez **Options** dans la colonne de gauche.

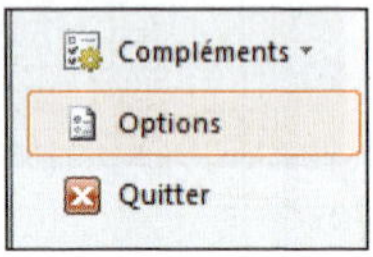

2 Dans la boîte de dialogue **Options PowerPoint**, cliquez sur l'onglet **Options avancées**.

3 À la rubrique *Taille et qualité de l'image*, saisissez la valeur souhaitée à la ligne *Définir la sortie cible par défaut sur*. Cliquez sur le bouton OK.

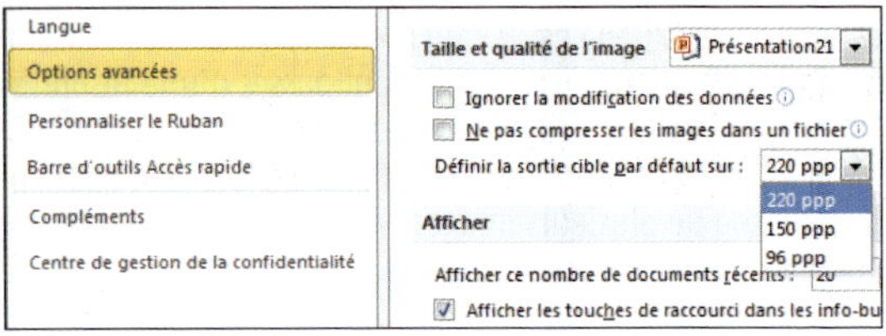

Points par pouce (ppp) ou dots per inch en anglais (dpi)

Unité de mesure utilisée pour indiquer la résolution d'une image numérique. Plus la valeur est grande, meilleure est la qualité de l'image.

Rogner une photo

Inutile de retailler votre image par l'intermédiaire d'un logiciel de retouche spécialisé, PowerPoint intègre de nombreux outils permettant d'effectuer cette opération. Pour recadrer simplement l'image :

1 Sélectionnez l'image à recadrer.

2 Sous l'onglet **Format**, dans le groupe *Taille*, cliquez sur **Rogner**.

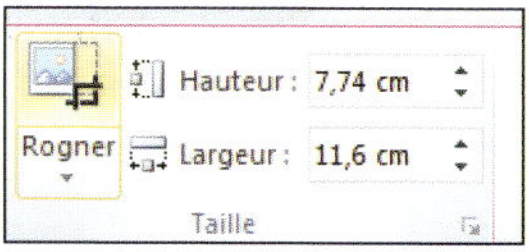

3 Faites glisser l'une des poignées de rognage pour délimiter la zone à recadrer.

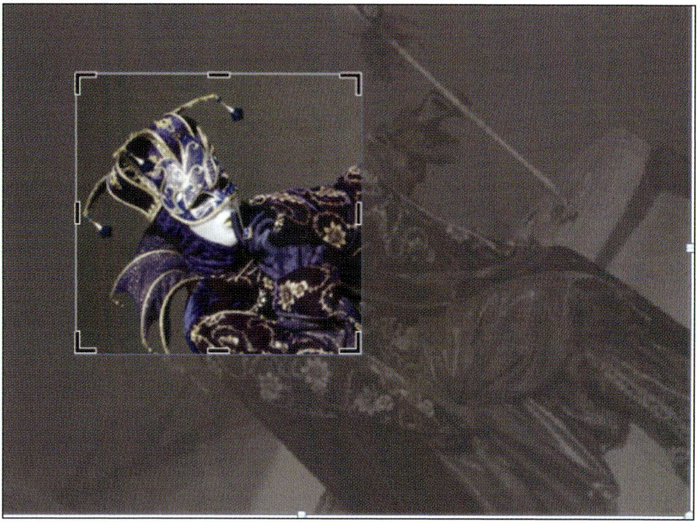

4 Vous pouvez positionner l'image dans la section à recadrer en cliquant sur la photo puis, tout en maintenant le bouton de la souris enfoncé, déplacez-la où vous voulez.

5 Cliquez en dehors du cadre de rognage ou appuyez sur la touche Echap pour confirmer le recadrage.

Recadrer simultanément deux côtés opposés

Pour rogner la même quantité de chaque côté d'une image, maintenez enfoncée la touche Ctrl *puis déplacez la poignée de rognage d'un coin vers l'intérieur ou l'extérieur.*

PowerPoint dispose de quelques modes de rognage prédéfinis. Vous pouvez ainsi adapter la taille de l'image en choisissant différentes proportions courantes.

1 Cliquez sur la photo à recadrer.

2 Dans le Ruban, rendez-vous sous l'onglet **Format.** Dans le groupe *Taille*, cliquez sur la flèche située en dessous du bouton **Rogner**.

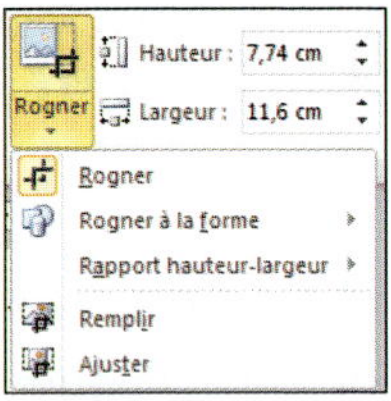

3 Dans le menu qui s'affiche, positionnez le curseur sur **Rapport hauteur-largeur**. Sélectionnez alors la proportion qui vous convient.

4 Cliquez sur une zone vierge de la diapositive ou appuyez sur la touche [Echap] lorsque vous avez terminé.

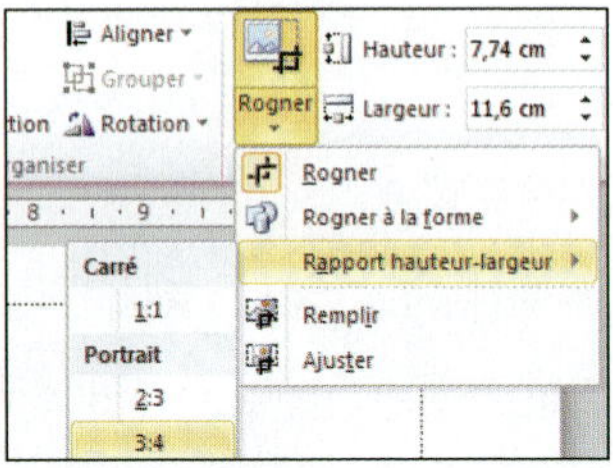

Depuis l'édition 2007, vous pouvez ajuster une image à la forme pour créer des effets plus ou moins surprenants.

1 Sélectionnez l'image en cliquant dessus.

2 Rendez-vous sous l'onglet **Format** puis, dans le groupe *Taille*, cliquez sur la flèche située en dessous du bouton **Rogner**.

3 Dans le menu contextuel, placez le curseur sur **Rogner à la forme** et choisissez un style de forme à appliquer comme cadre de rognage.

4 Appuyez sur la touche [Echap] de votre clavier pour valider l'opération.

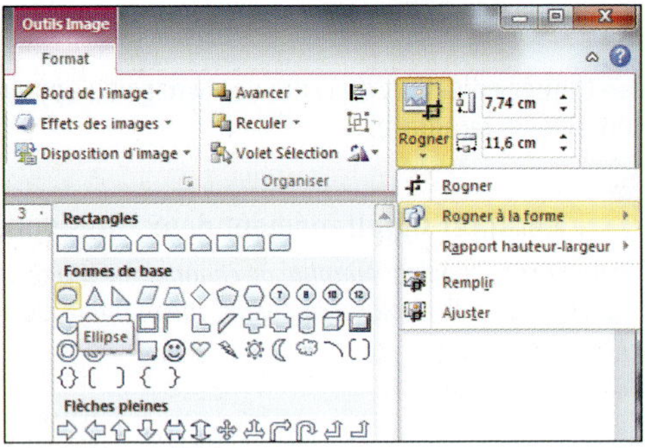

Les options **Ajuster** et **Remplir** permettent respectivement d'adapter la taille de l'image par rapport au bloc ou, au contraire, de redimensionner l'image de manière à ce qu'elle occupe l'intégralité de la zone de recadrage.

Revenir à l'image d'origine

PowerPoint garde en mémoire la photo d'origine. À tout moment, vous pouvez revenir à cet état. Cliquez sur l'image puis, sous l'onglet ***Format*** *dans le groupe* Ajuster, *cliquez sur* ***Rétablir l'image****.*

▸ Retoucher les images et appliquer des effets

La version précédente de PowerPoint a largement simplifié le traitement des images puisqu'elle intègre des outils puissants de correction et des effets qui n'ont rien à envier aux logiciels de retouche photo grand public.

Que ce soit pour régler la netteté ou ajuster le contraste et la luminosité d'une image, vous n'avez qu'à cliquer sur un seul et même bouton.

1. Sélectionnez l'image en cliquant dessus.

2. Allez sous l'onglet **Format**. Dans le groupe *Ajuster*, cliquez sur le bouton **Corrections**.

3. Dans la galerie qui s'ouvre, sélectionnez le style de correction désiré parmi les différents choix proposés. En positionnant le curseur sur l'un d'entre eux, vous affichez ses spécificités ainsi qu'un aperçu en temps réel de son application sur la photo sélectionnée.

La modification de la saturation, l'ajout de nuances plus ou moins chaleureuses et la recolorisation s'opèrent via le bouton **Couleur**.

1. Cliquez sur l'image à modifier.

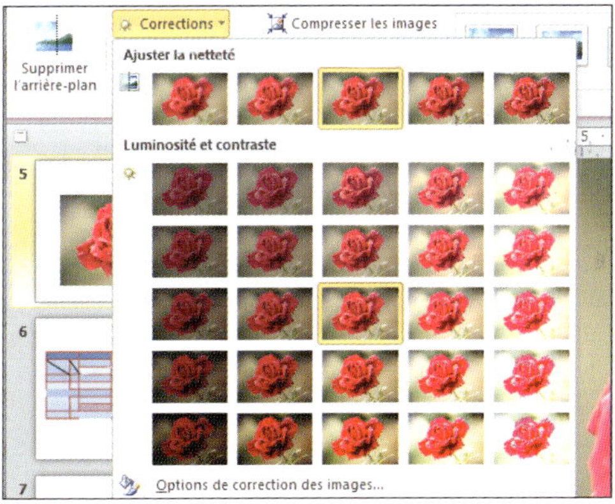

2. Sous l'onglet **Format**, dans le groupe *Ajuster*, cliquez sur **Couleur**. Dans la galerie qui s'affiche, choisissez un type de correction chromatique.

3. Appuyez sur la touche [Echap] de votre clavier lorsque vous avez terminé.

Le bouton **Effets Artistiques** recense quelques effets prédéfinis qui donneront un certain cachet à l'illustration sélectionnée.

► Mettre en forme une image

PowerPoint intègre plusieurs outils permettant de personnaliser le contour d'une image, de la modification de l'épaisseur du cadre jusqu'à l'ajout d'effets d'ombre et de réflexion. Il dispose également de styles prédéfinis que vous pouvez appliquer à vos illustrations.

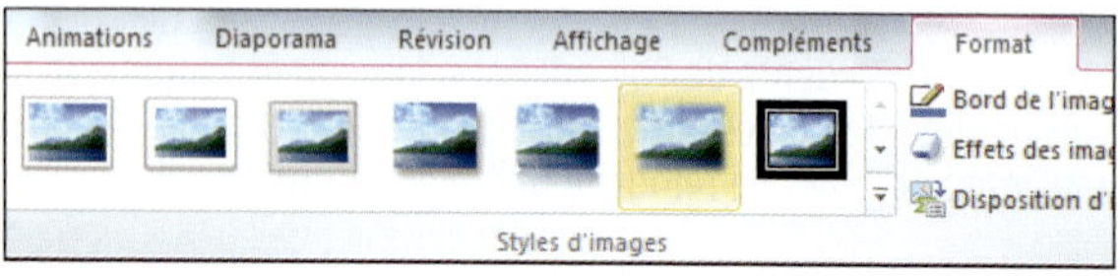

1 Sélectionnez l'image. Rendez-vous sous l'onglet **Format**. Dans le groupe *Styles d'images*, cliquez sur l'un des modèles prédéfinis. Lorsque vous cliquez sur l'une des miniatures, le style est automatiquement appliqué à l'image.

2 Pour visualiser l'ensemble des modèles, cliquez sur cette icône.

La modification de la bordure de l'image s'effectue par le biais de l'outil **Bord de l'image**.

1 Cliquez sur l'image. Allez sous l'onglet **Format** puis, dans le groupe *Styles d'images*, sélectionnez **Bord de l'image**.

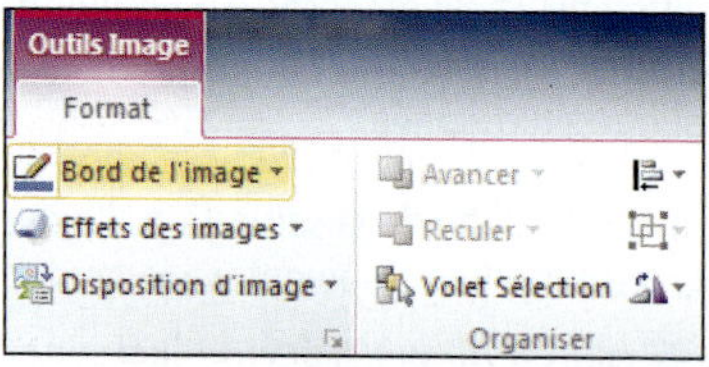

2 Dans le menu qui s'affiche, indiquez une couleur de contour en sélectionnant une teinte dans la palette prédéfinie. Vous pouvez utiliser une couleur personnalisée en cliquant sur *Autres couleurs de contour*.

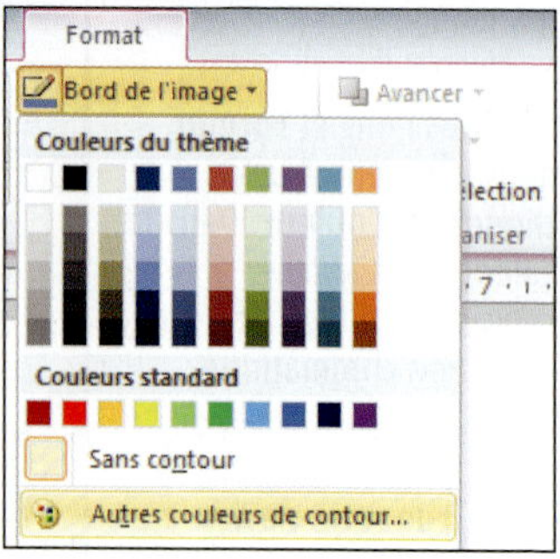

3 Toujours dans ce menu, placez le curseur sur *Épaisseur* et choisissez une épaisseur de trait.

4 Positionnez votre curseur sur *Tirets* puis sélectionnez un type de trait.

Supprimer un contour

Pour effacer une bordure d'un bloc d'image ou d'une forme, allez sous l'onglet ***Accueil*** *puis, dans le groupe* Dessin, *cliquez sur* ***Contour de forme*** *et sélectionnez* Sans contour.

L'ajout d'effets d'ombre et de réflexion se réalise par le biais du bouton **Effets des images** situé sous l'onglet **Format**. Il fonctionne de la même manière que l'outil **Effets sur la forme**.

À ce sujet, reportez-vous à la section *Utiliser les styles prédéfinis/De l'ombre à la réflexion* du chapitre *Mettre en forme un bloc et organiser les diapositives.*

Supprimer l'arrière-plan d'une photo

C'est l'une des innovations de l'édition 2010 de PowerPoint. Il est désormais possible d'effacer le fond d'une photo directement depuis l'application, sans avoir à passer par un logiciel spécialisé. La fonction est assez performante tant que le sujet au premier plan ne présente pas trop de détails et qu'il se distingue nettement du fond.

1. Cliquez sur l'image pour la sélectionner.

2. Sous l'onglet **Format**, dans le groupe *Ajuster*, cliquez sur le bouton **Supprimer l'arrière-plan**.

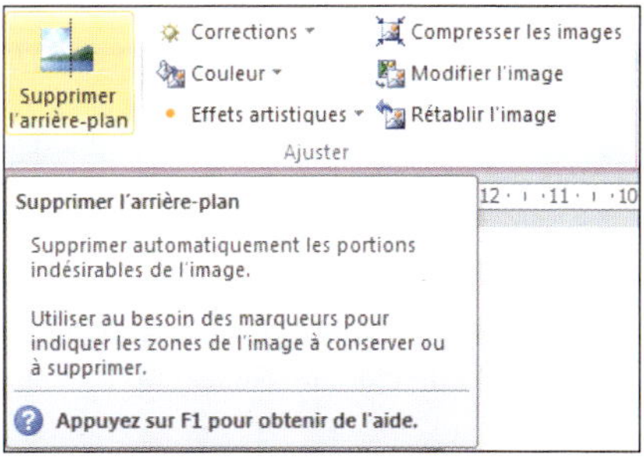

3. Cliquez sur l'une des poignées de ligne de sélection représentées par des petits points blancs, puis faites-la glisser pour adapter le cadre à la zone à conserver. Toutes les zones s'affichant en rose sont supprimées.

4. Pour indiquer les parties de l'image à conserver, cliquez sur **Marquer les zones à conserver**. Tracez à l'aide de la souris des lignes sur les zones en question.

5 Dans le cas contraire, utilisez l'outil **Marquer les zones à supprimer** de la même manière que précédemment, mais cette fois, tracez des traits sur les parties de l'image à effacer.

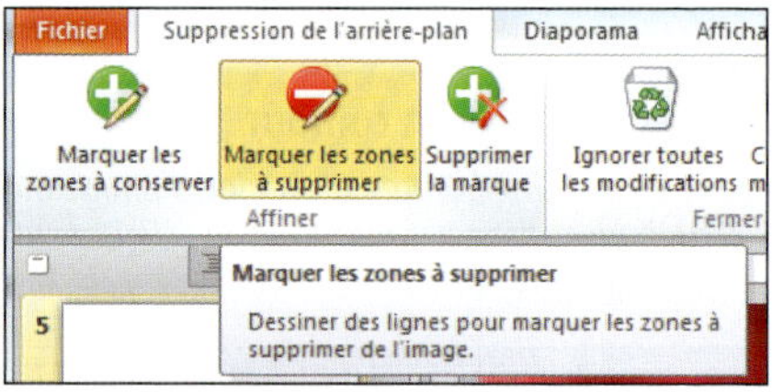

6 Pour supprimer une marque, sélectionnez **Supprimer la marque** puis cliquez sur le signe plus (+) ou moins (-) de la marque à ôter.

7 Une fois l'opération terminée, cliquez sur **Conserver les modifications** dans le groupe *Fermer*.

Au sujet de la suppression de l'arrière-plan

Bien que performant, cet outil de suppression de l'arrière-plan n'est pas une fonction miracle. Privilégiez les photos dont le sujet se détache bien du fond. Le résultat n'est pas probant également lorsqu'il s'agit d'effacer l'arrière-plan d'une image représentant une personne avec des cheveux ébouriffés.

AJOUTER DES TABLEAUX

Il n'est pas rare d'utiliser des tableaux dans une présentation pour organiser des données qu'elles soient chiffrées ou non. PowerPoint inclut des commandes puissantes permettant non seulement d'intégrer un tableau depuis d'autres logiciels, comme Word ou Excel, mais aussi d'en réaliser.

Pour concevoir un tableau :

1 Sélectionnez la diapositive dans laquelle vous voulez insérer un tableau.

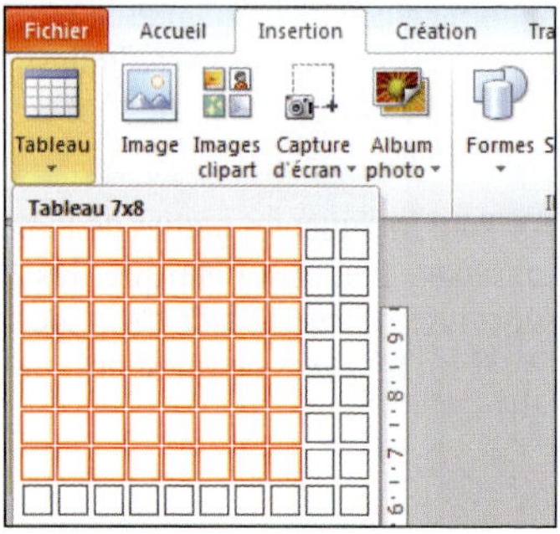

2 Rendez-vous sous l'onglet **Insertion**. Dans le groupe *Tableau*, cliquez sur le bouton éponyme.

3 Tout en maintenant le bouton gauche de la souris enfoncé, déplacez le curseur sur les carrés blancs jusqu'à obtenir le nombre de colonnes et de lignes voulu. Relâchez le bouton de la souris.

4 Vous pouvez également utiliser l'option **Insérer un tableau**, ce qui a pour effet d'ouvrir une boîte de dialogue. Dans celle-ci, indiquez le nombre de colonnes et de lignes dans les zones réservées, puis cliquez sur OK.

Insérer un tableau à partir de Word ou d'Excel

L'une des façons les plus simples d'insérer un tableau issu d'un document Word ou Excel est encore d'effectuer un copier-coller. Sélectionnez le tableau puis appuyez sur Ctrl+C *pour le copier. Retournez dans PowerPoint, sélectionnez la diapositive dans laquelle vous souhaitez insérer le tableau et appuyez sur* Ctrl+V *pour le coller.*

Insérer des lignes et des colonnes

Lorsque vous insérez un tableau, vous pouvez lui ajouter une ligne voire une colonne.

1 Sélectionnez votre tableau. Cliquez du bouton droit sur la cellule à partir de laquelle vous souhaitez insérer votre nouvelle ligne ou colonne.

2 Dans le menu contextuel, positionnez le curseur sur **Insérer** et cliquez sur l'option désirée parmi les quatre choix proposés.

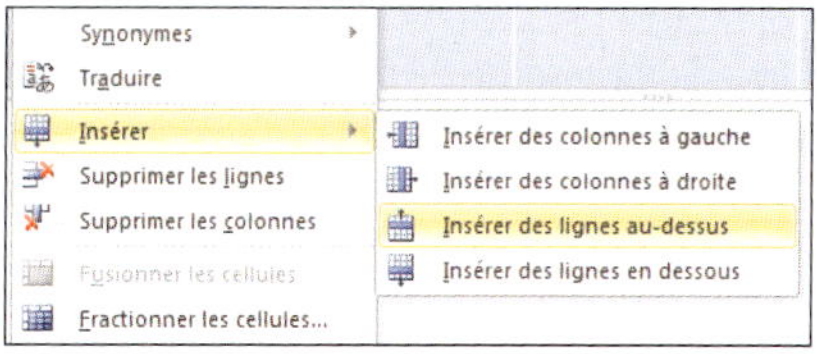

Vous pouvez aussi insérer une ligne ou une colonne en vous rendant sous l'onglet **Disposition** puis en cliquant sur l'un des quatre boutons situés dans le groupe *Lignes et colonnes*.

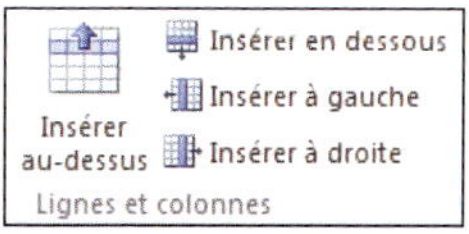

Ajouter plusieurs lignes ou colonnes

Afin d'insérer plusieurs lignes ou colonnes simultanément, faites glisser le curseur sur le tableau pour sélectionner le nombre de lignes ou de colonnes voulu. Cliquez du bouton droit sur votre sélection puis cliquez sur **Insérer** *et sur l'un des quatre choix proposés.*

La suppression d'une ligne ou d'une colonne s'opère de façon quasi identique.

1 Dans le tableau, cliquez sur une cellule de la ligne ou de la colonne à effacer. Vous pouvez sélectionner plusieurs lignes ou colonnes. Pour cela, cliquez sur une cellule et, tout en maintenant le bouton de la souris enfoncé, sélectionnez les zones à supprimer.

2 Cliquez du bouton droit sur les cellules à supprimer.

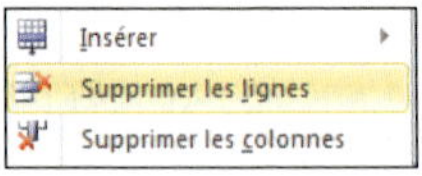

3 Dans le menu contextuel, cliquez soit sur **Supprimer les lignes**, soit sur **Supprimer les colonnes**. Vous pouvez également accéder à ces deux options sous l'onglet **Disposition** dans le groupe *Tableau*, en cliquant sur **Supprimer**.

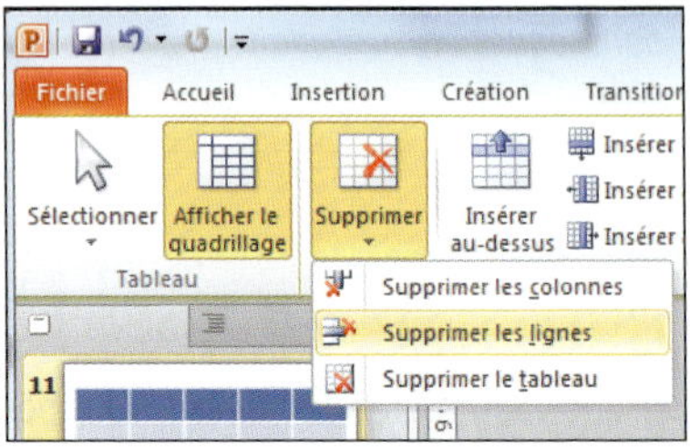

▶ Redimensionner, fusionner et fractionner des cellules

PowerPoint dispose de quelques outils permettant de manipuler les cellules d'un tableau. Il est ainsi possible de regrouper plusieurs cellules en une seule, mais aussi de les scinder ou encore de les supprimer.

Avant d'apprendre à réaliser ces quelques opérations, voyons comment redimensionner une cellule :

1 Cliquez sur la cellule à "retailler".

2 Sous l'onglet **Disposition**, dans le groupe *Taille des cellules*, saisissez une largeur de cellule dans la zone éponyme.

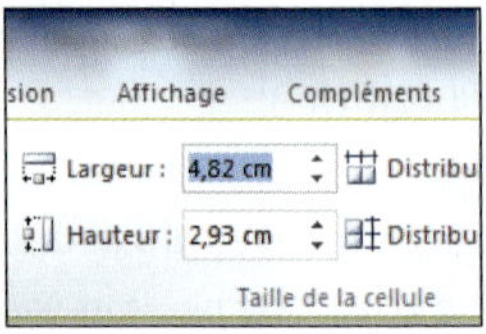

3 Toujours sous l'onglet **Disposition**, modifiez la hauteur à la ligne éponyme.

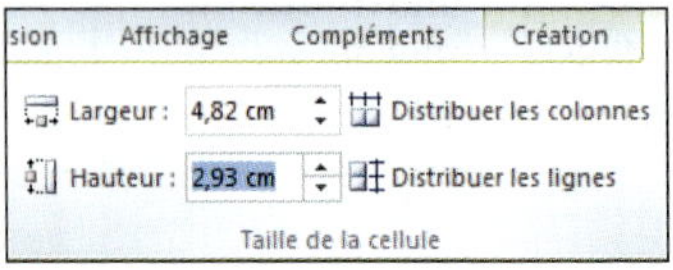

Vous pouvez aussi uniformiser la largeur et la hauteur des cellules d'un tableau en cliquant sur les boutons **Distribuer les colonnes** et **Distribuer les lignes** situés sous l'onglet **Disposition** dans le groupe *Taille de la cellule*.

Pour fractionner, c'est-à-dire couper, une cellule en deux ou bien la fusionner avec une autre :

1 Cliquez sur la cellule à fractionner. Rendez-vous sous l'onglet **Disposition** puis, dans le groupe *Fusionner*, cliquez sur le bouton **Fractionner**. La cellule est alors scindée en deux parties égales.

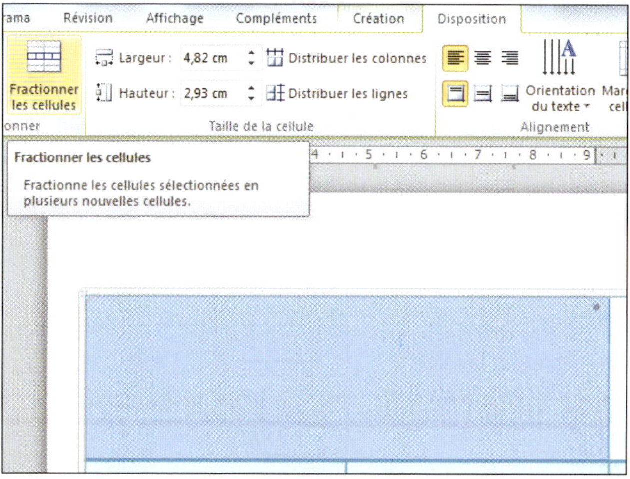

2 Pour fusionner des cellules, sélectionnez-en au moins deux.

3 Sous l'onglet **Disposition**, dans le groupe *Fusionner*, cliquez sur le bouton **Fusionner les cellules**.

Lorsqu'il est impossible d'opérer la fusion, le bouton **Fusionner les cellules** est grisé et donc inaccessible.

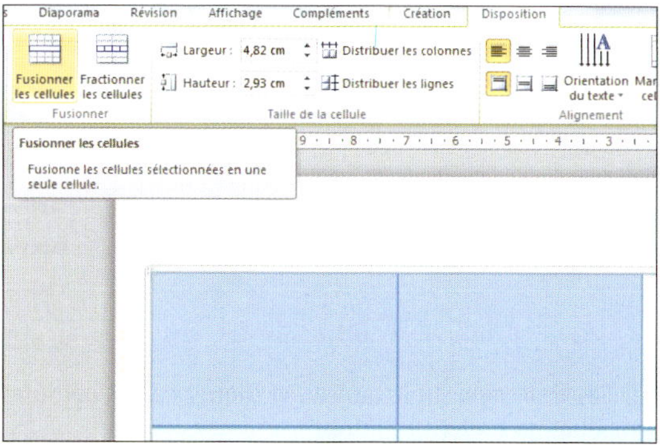

► Mettre en forme un tableau

Depuis sa version précédente, PowerPoint dispose de nombreux styles applicables à différents éléments graphiques. Les tableaux ne font pas exception à la règle et disposent de mises en page prédéfinies.

1 Sélectionnez votre tableau. Rendez-vous sous l'onglet **Création**. Dans le groupe *Styles de tableau*, sélectionnez une mise en forme qui vous convient. Utilisez les flèches pour naviguer dans la galerie ou cliquez sur cette icône pour afficher l'ensemble des styles disponibles.

2 Chaque style dispose de quelques options de mise en page. Toujours sous l'onglet **Création**, allez dans le groupe *Options de style de tableau* et cochez ou décochez l'une des six options proposées.

La mise en forme s'effectue de la même façon qu'il s'agisse d'un tableau ou d'une forme quelconque telle qu'un bloc de texte ou d'image. Vous retrouverez les options de trame de fond pour modifier la couleur de remplissage d'une cellule, et les options de biseau, de réflexion et d'ombre sous le bouton **Effets**. Ces outils se situent sous l'onglet **Création** dans le groupe *Styles de tableau*.

Pour modifier les bordures d'une cellule d'un tableau :

1 Sélectionnez la cellule concernée. Sous l'onglet **Création**, cliquez sur la liste déroulante *Style du stylo* dans le groupe *Traçage des bordures*. Choisissez un type de trait.

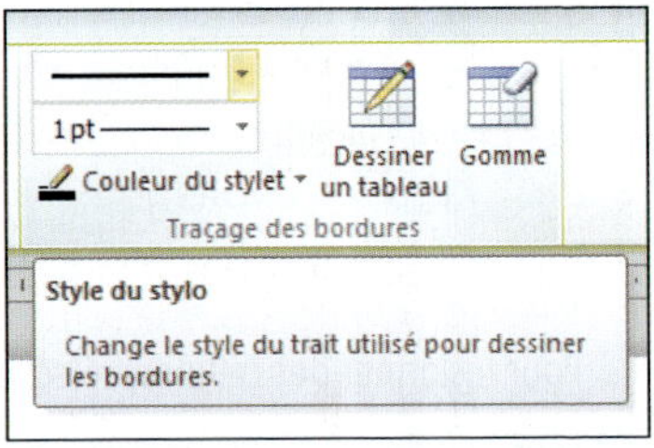

2 Toujours sous cet onglet, cliquez sur la liste déroulante *Épaisseur du stylo* et sélectionnez la taille de la future bordure.

3 Cliquez sur **Couleur du stylet** sous l'onglet **Création**, puis indiquez une teinte pour votre trait.

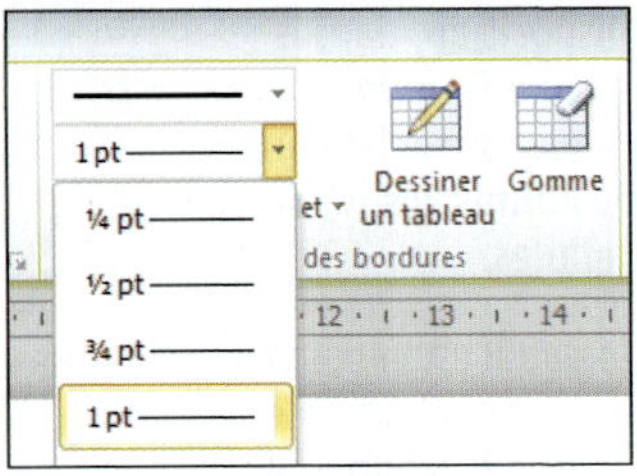

4 Passez le stylo sur le tableau et cliquez sur les bordures à modifier pour appliquer un nouveau contour.

De l'utilisation du stylet

Avec le stylet, vous pouvez entièrement concevoir un tableau, pour peu que le bouton ***Dessiner un tableau*** *soit sélectionné.*

INSÉRER DES GRAPHIQUES

Pour présenter des données chiffrées, rien ne vaut un bon graphique. Plus visuel qu'un tableau, les graphiques permettent par exemple d'identifier en un clin d'œil les écarts entre des périodes similaires.

PowerPoint interagit avec Excel. L'insertion d'un graphique ouvre systématiquement une feuille Excel sur laquelle vous pourrez modifier à loisir les données.

1 Sélectionnez la diapositive où insérer le graphique. Rendez-vous sous l'onglet **Insertion** puis cliquez sur **Graphique** dans le groupe *Illustrations*.

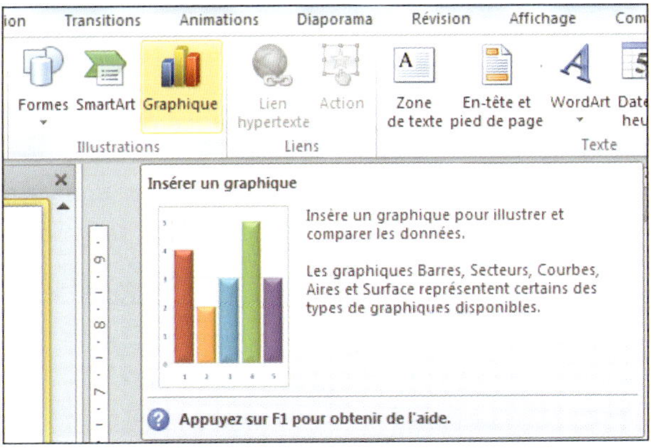

2 Dans la boîte de dialogue **Insérer un graphique**, choisissez un type de graphique. Aidez-vous de la molette de la souris pour naviguer parmi les différents modèles proposés ou utilisez l'ascenseur à droite. Pour accéder rapidement à un type de graphique, cliquez sur les onglets situés dans la colonne de gauche. Cliquez sur OK lorsque vous avez terminé.

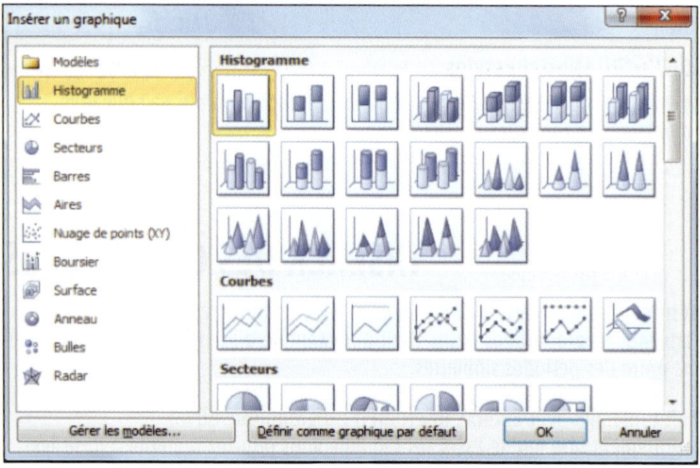

Lorsque vous positionnez le curseur sur un type de graphique, une info-bulle en indique le nom.

3 Dès que vous confirmez votre choix par OK, une feuille Excel contenant les données relatives au graphique s'ouvre. Modifiez les valeurs dans la feuille Excel et quittez cette application via **Fichier/Quitter**.

Vous pouvez changer les données relatives au graphique sélectionné à tout moment en cliquant sur ledit graphique puis en allant sous l'onglet **Création**. Dans le groupe *Données*, cliquez sur **Modifier les données**. Pour changer la plage de données d'un graphique, faites glisser le coin inférieur droit de la plage sous Excel.

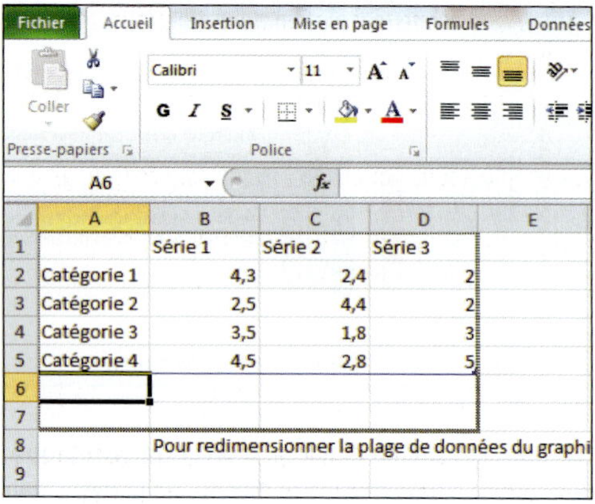

4 Vous pouvez modifier le type de graphique en allant sous l'onglet **Création** puis en cliquant sur **Modifier le type de graphique** dans le groupe *Type*. Sélectionnez un autre modèle dans la boîte de dialogue qui s'affiche, puis cliquez sur OK.

▶ Mettre en forme un graphique

PowerPoint intègre différents outils permettant non seulement de modifier le style du graphique mais aussi sa disposition.

1 Sélectionnez le graphique en cliquant dessus.

2 Rendez-vous sous l'onglet **Création** puis, dans le groupe *Style du graphique*, cliquez sur **Styles rapides**. Dans la galerie qui s'affiche, sélectionnez un modèle parmi les options proposées.

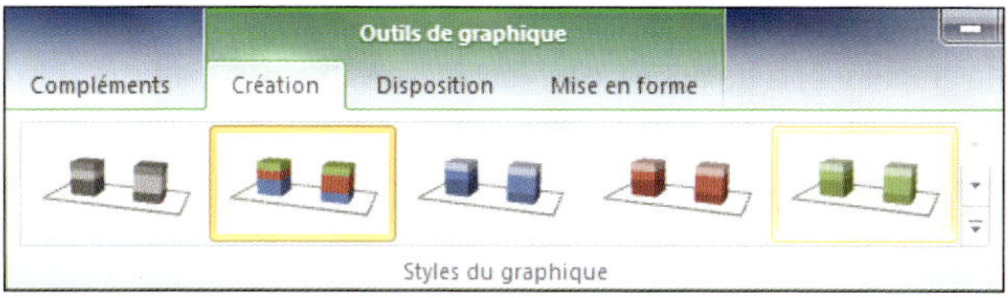

3 Vous pouvez changer l'agencement des différents éléments du graphique, par exemple modifier l'emplacement du titre, des légendes et des étiquettes.

Étiquette

Les étiquettes désignent des petits blocs de texte juxtaposés à certaines parties du graphique permettant notamment d'indiquer le pourcentage d'une série de données.

4 Toujours sous l'onglet **Création**, dans le groupe *Disposition du graphique*, cliquez sur **Disposition rapide** et sélectionnez une mise en page parmi les différents choix proposés.

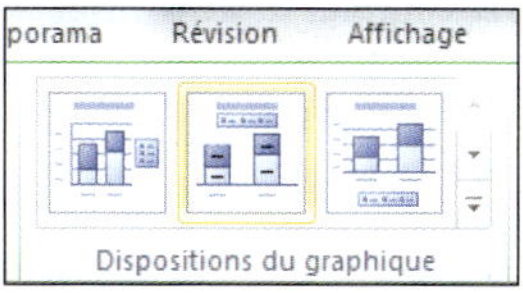

Ajouter des étiquettes de données et des légendes

Les dispositions prédéfinies permettent de définir l'emplacement des titres, légendes et autres étiquettes. Mais libre à vous de modifier l'agencement de chacun de ces éléments à partir de l'onglet **Disposition**.

1 Sélectionnez le graphique puis allez sous l'onglet **Disposition**. Dans le groupe *Étiquettes*, cliquez sur **Titre du graphique**. Dans la galerie, choisissez l'option qui vous convient.

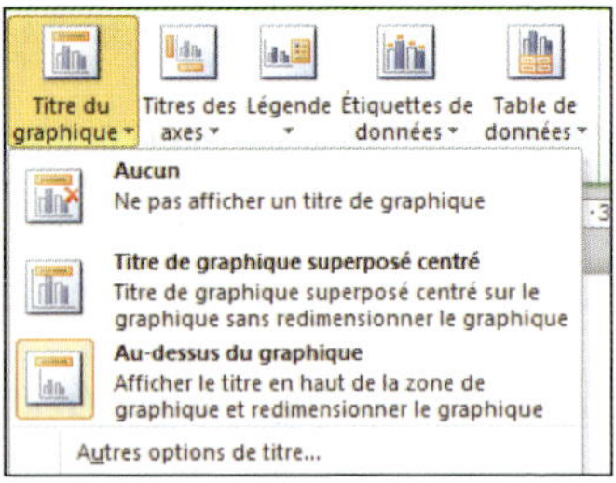

2 Cliquez sur **Titres des axes** pour changer l'agencement des titres sur les axes. Suivant le type de graphique, cette option peut être inaccessible. Elle s'affiche alors en grisé.

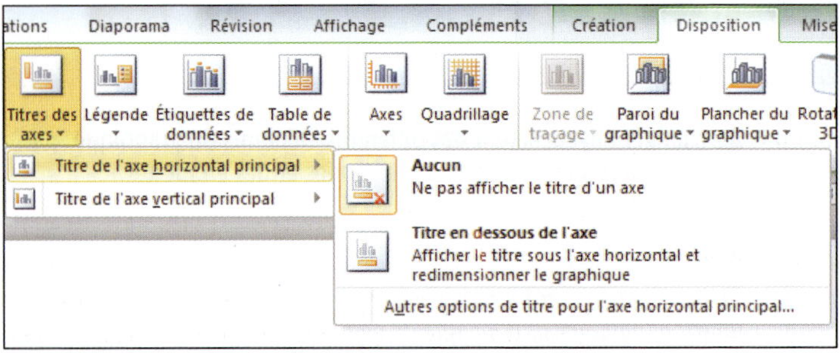

3 Toujours sous l'onglet **Disposition**, dans le groupe *Étiquettes*, cliquez sur **Légende** et sélectionnez le style de légende souhaité. Cliquez sur les boutons **Étiquettes de données** et **Table des données** (si celui-ci est disponible) pour modifier l'agencement des étiquettes et du tableau de données.

Revenir à l'état antérieur

Vous pouvez revenir à l'état d'origine du graphique en cliquant sur ***Rétablir le style d'origine*** *situé dans le groupe* Sélection active *de l'onglet* ***Disposition***.

Afficher/masquer les axes et le quadrillage

Suivant le modèle de graphique choisi, les options de mise en page de l'onglet **Disposition** varient. Sur certains types de graphiques, comme les histogrammes, vous pouvez modifier l'affichage du quadrillage et des axes.

1. Cliquez sur votre graphique.

2. Rendez-vous sous l'onglet **Disposition**. Dans le groupe *Axes*, cliquez sur le bouton **Axes**. Dans le menu qui s'ouvre, positionnez le curseur sur l'axe à modifier, par exemple *Axe principal*, et sélectionnez la disposition voulue.

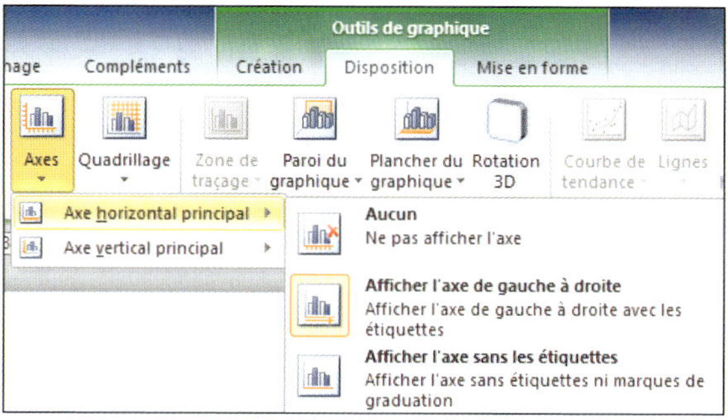

3. De la même manière que précédemment, cliquez sur le bouton **Quadrillage** situé dans le groupe *Axes* de l'onglet **Disposition**. Dans le menu qui s'ouvre, placez le curseur par exemple sur *Quadrillage horizontal principal* et sélectionnez un type d'affichage parmi les options prédéfinies.

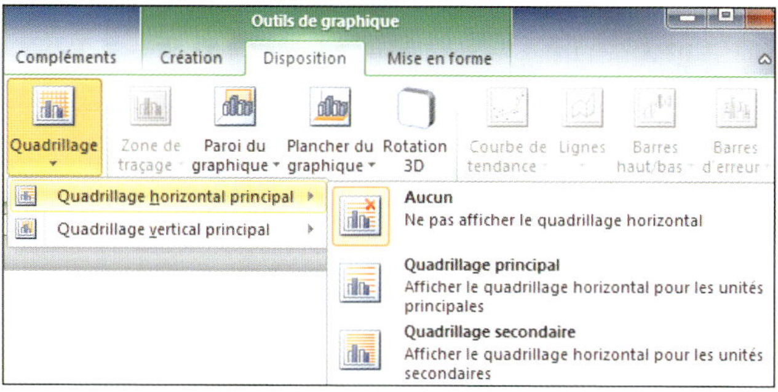

Les options classiques de mise en forme sont accessibles via l'onglet **Mise en forme**.

Référez-vous à ce sujet au chapitre *Mettre en forme un bloc et organiser les diapositives*.

Changer la couleur d'un graphique et de son arrière-plan

Les éléments composant un graphique tels que les secteurs d'un camembert ou encore les barres des histogrammes ont d'une couleur par défaut. Vous pouvez la modifier à l'aide des styles prédéfinis, comme nous l'avons vu précédemment, mais rien ne vous empêche de leur adjoindre une couleur personnalisée.

1. Sélectionnez votre graphique. Cliquez sur l'un des éléments à modifier, dans notre cas, un secteur d'un camembert 3D.

2. Rendez-vous sous l'onglet **Mise en forme**. Dans le groupe *Styles de formes*, cliquez sur **Remplissage de forme** et sélectionnez la couleur désirée. Vous pouvez également ajouter un dégradé ou encore une texture via ce bouton en allant dans les options correspondantes.

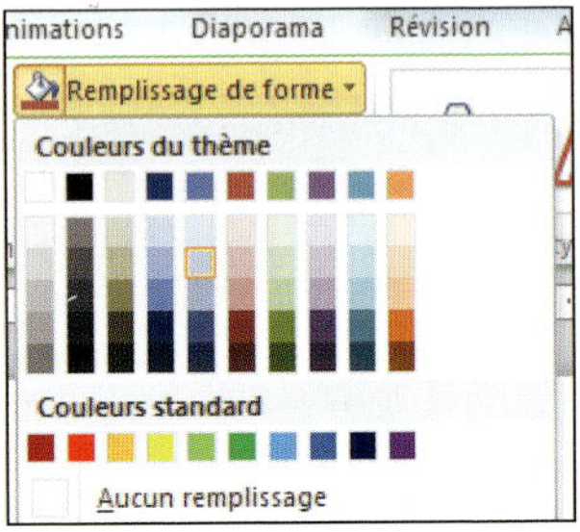

3. La procédure est la même lorsqu'il s'agit de changer l'arrière-plan d'un graphique. Cliquez sur une zone vierge de votre graphique puis rendez-vous sous l'onglet **Mise en forme**. Dans le groupe *Styles de formes*, cliquez sur **Remplissage de la forme** et choisissez la couleur d'arrière-plan.

Pour réaliser des dégradés ou ajouter une image dans une forme ou un graphique, reportez-vous au chapitre *Mettre en forme un bloc et organiser les diapositives.*

CRÉER UN ORGANIGRAMME

Un organigramme permet notamment de représenter la structure de direction au sein d'une société ou d'organiser plusieurs types de données pour en faciliter leur compréhension. Sous PowerPoint (et sous les autres logiciels de la suite Office), un organigramme est plus généralement connu sous le nom de SmartArt. Sa création s'opère sous l'onglet **Insertion** dans le groupe *Illustrations*.

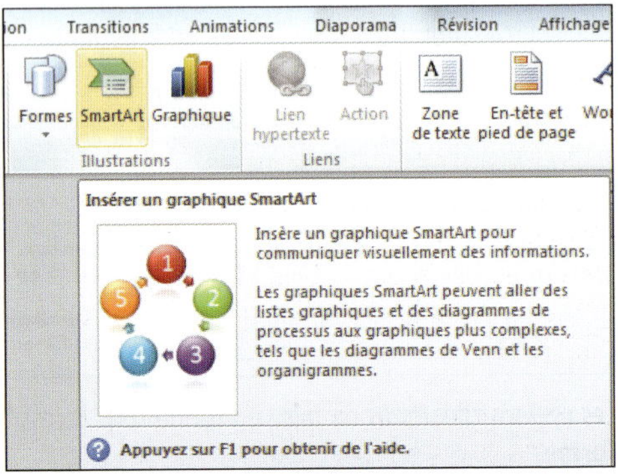

1 Rendez-vous sous l'onglet **Insertion**. Dans le groupe *Illustrations*, cliquez sur **SmartArt**. Dans la boîte de dialogue qui s'affiche, sélectionnez une catégorie dans la colonne de gauche, comme *Hiérarchie*, puis choisissez un type d'agencement. Cliquez sur OK.

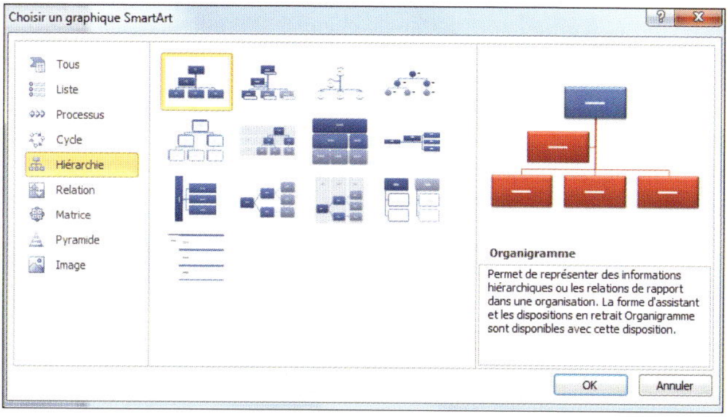

2 Saisissez le texte en cliquant sur les zones dédiées. Vous pouvez modifier la disposition de plusieurs manières. Soit vous cliquez sur **Disposition** situé sous l'onglet **Création** dans le groupe *Créer un graphique*. Dans ce cas, vous aurez le choix entre une mise en page standard, centrée sur deux colonnes ou en retrait à droite ou à gauche. Soit vous modifiez le modèle d'organigramme en cliquant sur **Modifier la disposition** dans le groupe *Dispositions* de l'onglet **Création**. Sélectionnez ensuite le modèle qui vous convient et cliquez sur OK.

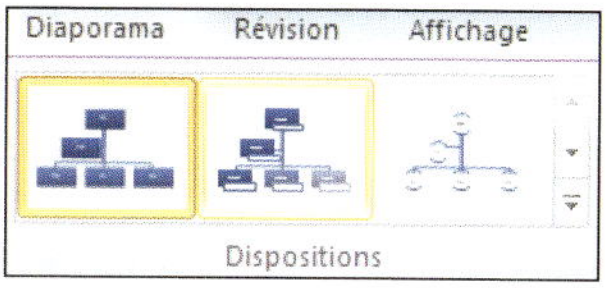

3 Pour ajouter une forme à votre organigramme, cliquez sur la boîte à laquelle vous souhaitez rattacher votre futur élément.

4 Sous l'onglet **Création**, allez dans le groupe *Créer un graphique* puis cliquez sur la flèche sous **Ajouter une forme**. Indiquez si vous souhaitez insérer la boîte avant, après ou au-dessus de celle sélectionnée.

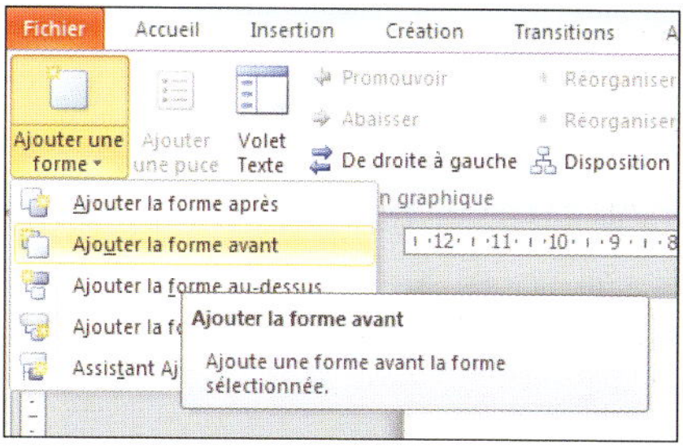

Les commandes **Promouvoir**, **Abaisser**, **Réorganiser vers le haut**, **Réorganiser vers le bas** et **De droite à gauche** permettent de déplacer les boîtes au sein de l'organigramme.

▶ Modifier le style et les couleurs d'un organigramme

PowerPoint intègre différents styles prédéfinis permettant de mettre en forme un organigramme. En outre, il offre la possibilité de changer ses couleurs pour mieux hiérarchiser les données.

1 Sélectionnez l'organigramme à modifier. Allez sous l'onglet **Création** puis dans le groupe *Styles SmartArt*, sélectionnez le style qui vous convient. Cliquez sur les flèches pour naviguer dans les différents modèles proposés. Pour avoir une vue d'ensemble, cliquez sur cette icône.

2 Sous ce même onglet, cliquez sur **Modifier les couleurs** puis sélectionnez un modèle parmi les différentes options proposées.

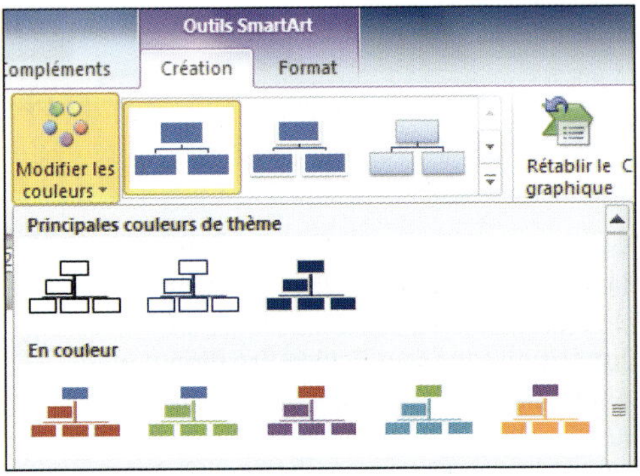

Au lieu d'utiliser les styles prédéfinis, vous pouvez réaliser votre propre mise en forme en cliquant sur l'organigramme puis en allant sous l'onglet **Format**. Sélectionnez l'élément à modifier et utilisez les outils disponibles sous cet onglet.

Redimensionner une boîte

Pour augmenter ou réduire la taille d'une boîte d'un organigramme, sélectionnez-la puis, sous l'onglet ***Format*** *dans le groupe* Formes, *cliquez sur* ***Plus grand*** *ou sur* ***Plus petit****.*

▶ Changer le style de trait

Pour établir des rapports hiérarchiques entre les différents éléments d'un organigramme, vous pouvez modifier le style du trait qui relie une boîte à une autre.

1 Dans l'organigramme, cliquez du bouton droit sur le trait à modifier. Dans le menu contextuel, sélectionnez **Format de la forme**.

2 Dans la boîte de dialogue **Format de la forme**, cliquez sur l'onglet **Style de trait**.

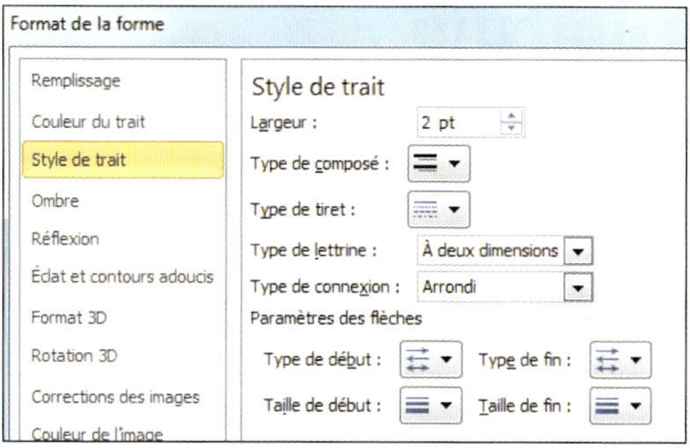

3 Modifiez la largeur du trait dans la zone éponyme. Cliquez ensuite sur *Type de composé* pour spécifier le type de la ligne (simple, double, triple…). Allez dans *Type de tiret* pour changer si besoin les caractéristiques du trait (plein, pointillés, tirets…).

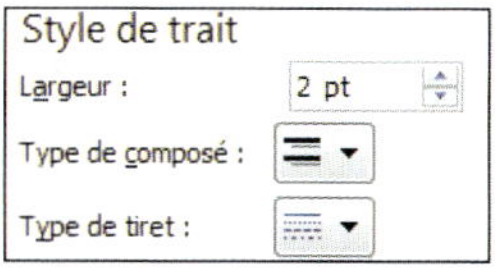

4 Pour ajouter des flèches, allez dans la rubrique *Paramètres des flèches*. Cliquez sur l'une des deux listes déroulantes *Type de début* ou *Type de fin* (ou les deux) suivant le sens de la flèche et sélectionnez un type de flèche. Dans les listes déroulantes *Taille de début* et *Taille de fin*, indiquez l'épaisseur désirée de votre flèche. Cliquez sur **Fermer** une fois l'opération terminée.

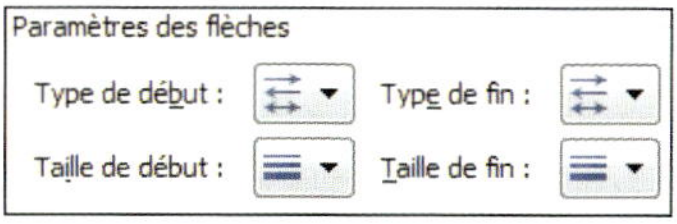

Vous maîtrisez désormais les bases pour créer une présentation PowerPoint classique. Vous verrez dans le chapitre suivant comment l'enrichir en ajoutant des éléments multimédias tels que du son et de la vidéo !

Chapitre 5

ENRICHIR *une présentation*

PowerPoint dispose de plusieurs fonctionnalités destinées à rendre une présentation plus dynamique et attrayante. Le logiciel dispose d'effets de transition permettant de rythmer l'apparition des différentes diapositives. Vous pouvez également ajouter de la musique et des effets audio à votre présentation ainsi que des vidéos. L'une des principales nouveautés de cette version réside dans le fait qu'il est désormais possible de retravailler les films directement sous l'application.

AJOUTER DU SON

L'ajout d'un clip audio ou simplement d'effets sonores à quelques éléments des diapositives dynamise l'ensemble de la présentation et tend à attirer l'attention de l'auditoire sur un fait particulier. Pour insérer une musique dans votre présentation :

1. Cliquez sur la diapositive à laquelle vous souhaitez ajouter un morceau.

2. Sous l'onglet **Insertion**, dans le groupe *Média*, cliquez sur la flèche en dessous du bouton **Audio** puis sélectionnez **Audio à partir du fichier**.

3. Recherchez sur votre disque dur la musique à insérer. Une fois que vous l'avez trouvée, double-cliquez sur le fichier pour l'ouvrir. Une icône s'affiche alors sur votre présentation. Lorsque vous cliquez dessus, une barre de lecture apparaît. Cliquez sur la flèche pour lire le fichier, et sur les deux barres parallèles pour l'arrêter. Vous pouvez modifier le niveau sonore en cliquant sur cette icône.

4. PowerPoint possède certains effets sonores qu'il est possible d'ajouter à une présentation. Ils sont accessibles par le biais de ce même bouton **Audio**. Allez sous l'onglet **Insertion** et, dans le groupe *Média*, cliquez sur **Audio**. Dans le menu contextuel, sélectionnez **Audio clipart**.

5 Le volet **Images clipart** s'ouvre à droite. Les sons disponibles s'affichent. Par défaut, vous avez le choix entre deux clips audio : *Applaudissements* et *Téléphone*. Double-cliquez sur l'un des deux pour l'insérer dans votre diapositive.

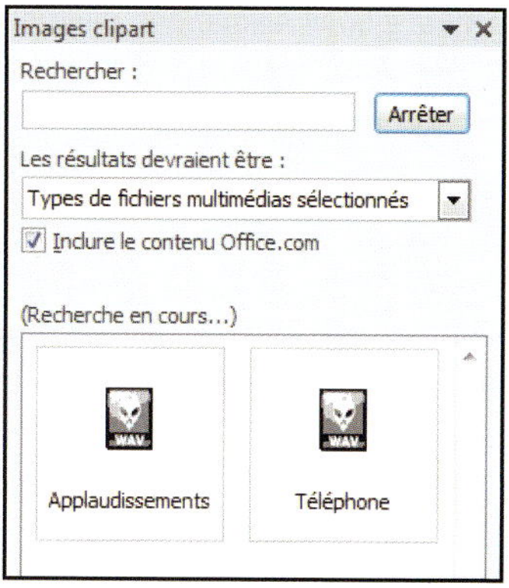

Prévisualiser un clip audio

Lorsque vous insérez un son à partir du volet ***Images clipart****, il est possible de prévisualiser le son avant son insertion. Cliquez du bouton droit sur le clip audio et sélectionnez* ***Aperçu et propriétés****.*

▶ Lier un son à une diapositive et à une forme

PowerPoint intègre plusieurs effets sonores classiques qu'il est possible d'ajouter à une diapositive.

1 Cliquez sur la diapositive à laquelle vous souhaitez ajouter un effet sonore.

2 Rendez-vous sous l'onglet **Transition**. Dans le groupe *Minutage*, cliquez sur la liste déroulante *Son* et choisissez dans la liste un son. Ce dernier sera lu dès l'ouverture de la diapositive.

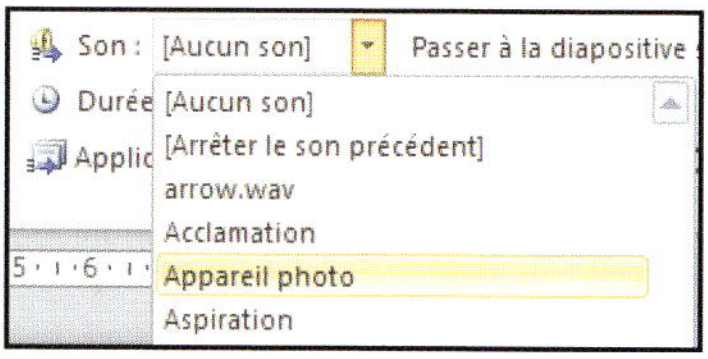

3 Vous pouvez l'appliquer à l'ensemble des diapositives en cliquant sur **Appliquer partout**.

L'opération se complique lorsqu'il s'agit de lire un son en même temps que l'affichage d'une forme telle qu'une image.

1 Cliquez sur la diapositive à laquelle vous souhaitez ajouter un son. Cliquez sur l'élément, dans notre cas une image, et rendez-vous sous l'onglet **Animation**.

Dans le groupe *Animations*, sélectionnez un effet d'animation parmi les différents choix proposés dans la galerie, par exemple *Estomper*.

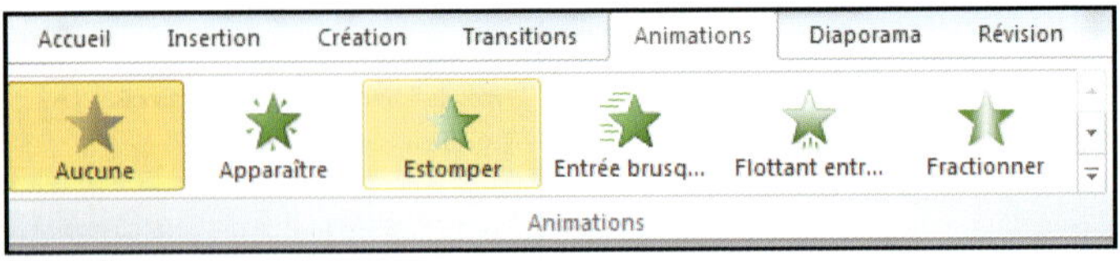

2 Rendez-vous ensuite sous l'onglet **Insertion**. Dans le groupe *Média*, cliquez sur la flèche du bouton **Audio** et sélectionnez **Audio à partir du fichier**. Recherchez la musique souhaitée et insérez-la comme vu précédemment.

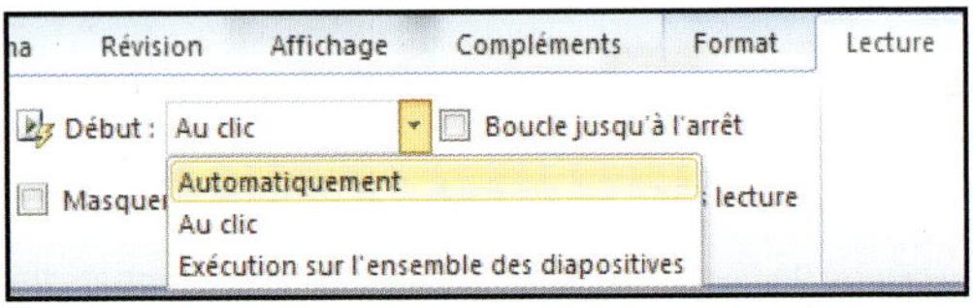

3 Cliquez sur l'icône en forme de haut-parleur puis allez sous l'onglet **Lecture**. Dans le groupe *Options audio*, ouvrez la liste déroulante *Début* et sélectionnez *Automatiquement*. Cochez la case *Masquer lors de l'affichage* pour cacher l'icône du clip audio pendant la lecture du diaporama.

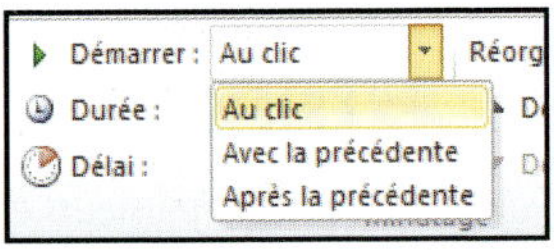

4 Le clip audio toujours sélectionné, rendez-vous sous l'onglet **Animations**. Dans le groupe *Minutage*, cliquez sur la liste déroulante *Démarrer* et spécifiez s'il faut lancer la lecture au clic sur l'image, en même temps que l'animation précédente ou après.

Changer l'ordre d'apparition des animations

Pour avoir un meilleur aperçu de l'ordre d'apparition des animations, cliquez sur ***Volet Animation*** *situé sous l'onglet* ***Animation*** *dans le groupe* Animation avancée. *Vous pouvez changer l'ordre d'apparition des différents éléments de la diapositive en cliquant sur leur intitulé et en les faisant glisser vers le haut ou le bas du volet.*

▸ Intégrer un son à une présentation

Bien que lisant la plupart des fichiers audio, PowerPoint ne les intègre pas physiquement dans le fichier. Il crée juste un lien entre eux. Ainsi, lorsque vous créez une présentation incorporant des fichiers audio dans certains types de formats, pensez à les copier dans le même emplacement que votre fichier. Et si vous souhaitez envoyer votre présentation à quelqu'un par e-mail, n'oubliez pas de joindre les fichiers audio correspondants, sans quoi le destinataire aura une présentation sans le son !

Mais comment faire pour inclure un fichier audio dans un seul et même fichier ? Voici la réponse...

Ajouter et paramétrer le son

Contrairement aux précédentes versions de PowerPoint, il est possible d'inclure un fichier MP3 dans une présentation sans avoir besoin de le convertir en Wave.

1. Sélectionnez la première diapositive de votre présentation puis rendez-vous sous l'onglet **Insertion**. Dans le groupe *Média*, cliquez sur la flèche située en dessous du bouton **Audio** et choisissez **Audio à partir du fichier**. Recherchez votre morceau MP3 ou Wave et double-cliquez dessus pour l'ouvrir.

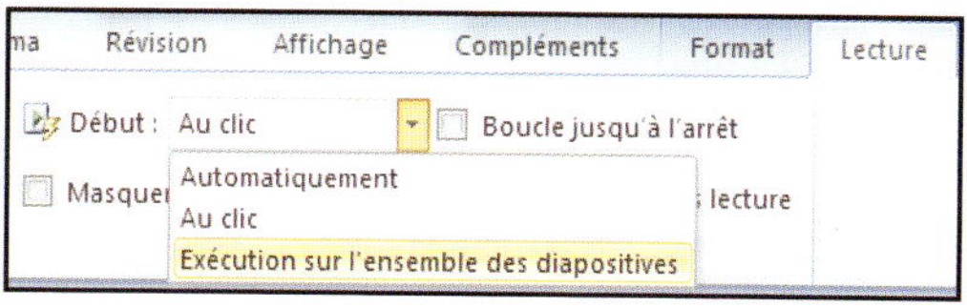

2. Rendez-vous sous l'onglet **Lecture**. Cliquez sur la liste déroulante *Début* située dans le groupe *Options audio* et sélectionnez *Exécution sur l'ensemble des diapositives*. Cochez également la case *Masquer lors de l'affichage*.

Lors de l'enregistrement de votre présentation sous la forme d'un diaporama, le ou les morceaux sélectionnés seront incorporés au sein d'un seul et même fichier.

Attention à la taille du fichier

Veillez à ce que les fichiers audio utilisés ne soient pas trop lourds au risque d'avoir un diaporama volumineux (la plupart des messageries électroniques, telles que Yahoo! Mail, Gmail, Hotmail, refusent d'envoyer un e-mail pesant plus de 10 mégaoctets).

INSÉRER ET GÉRER LES OBJETS VIDÉO

Les vidéos représentent une facette intéressante de PowerPoint. Venus tardivement compléter le lot de fonctions du logiciel de présentation de Microsoft, les outils de traitement des films offrent de nouvelles fonctionnalités. Il devient possible de couper directement une séquence depuis PowerPoint sans passer par un logiciel de montage vidéo spécifique. De plus, vous bénéficiez désormais de fonctions permettant de retravailler l'image et d'ajouter différents effets sur un clip inséré dans une présentation.

Pour insérer une vidéo depuis un fichier existant sur votre disque dur :

1. Sélectionnez la diapositive dans laquelle vous souhaitez insérer une vidéo.

2. Rendez-vous sous l'onglet **Insertion** puis, dans le groupe *Média*, cliquez sur **Vidéo**. Dans la boîte de dialogue qui s'ouvre, recherchez le film à ajouter puis cliquez sur **Insérer**.

3. PowerPoint dispose de vidéos cliparts installées par défaut. Pour les utiliser, allez sous l'onglet **Insertion** puis dans le groupe *Média*. Cliquez sur la flèche située en dessous de **Vidéo**. Dans le menu contextuel, sélectionnez **Vidéo clipart**.

4. Le volet **Images clipart** s'ouvre alors directement à la page des vidéos cliparts disponibles. Double-cliquez sur l'une d'entre elles pour l'ajouter à votre diapositive.

▸ Ajouter une vidéo en ligne

La montée en puissance des sites de vidéo en streaming, tels que YouTube ou encore DailyMotion, a incité Microsoft a développé une nouvelle fonctionnalité permettant, depuis PowerPoint, d'inclure des clips vidéo en ligne dans une présentation.

1. Sélectionnez la diapositive sur laquelle vous voulez insérer la vidéo en ligne.

2. Sous l'onglet **Insertion**, dans le groupe *Média*, cliquez sur la flèche située en dessous du bouton **Audio** et sélectionnez **Vidéo à partir d'un site vidéo en ligne** dans le menu contextuel.

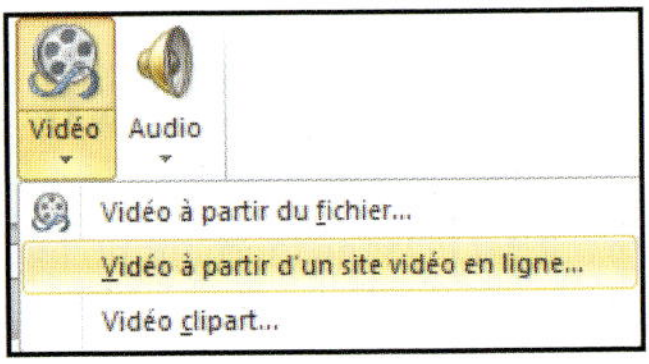

3 Dans votre navigateur Internet (comme Internet Explorer, Firefox, Opera, Chrome...), rendez-vous sur un site de vidéo en ligne tel que YouTube (www.youtube.com). Recherchez sur ce site le clip vidéo à insérer.

4 Une fois le clip sélectionné, dans l'encart gris à côté de la vidéo, repérez la rubrique *Intégrer la vidéo sur un site*. Sélectionnez l'intégralité du code en cliquant simplement dessus. Copiez le code via le raccourci Ctrl+C.

5 Retournez sous PowerPoint et cliquez dans la boîte de dialogue **Insérer une vidéo à partir d'un site Web**. Collez le code de la vidéo à insérer en utilisant le raccourci clavier Ctrl+V puis cliquez sur le bouton **Insertion**.

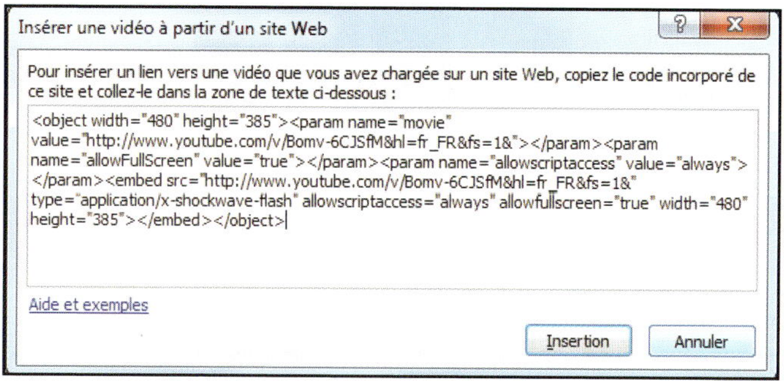

La plupart des sites de streaming proposent d'insérer une vidéo dans la page web de votre choix. Sous YouTube, vous trouverez le code sous la rubrique *Intégrer la vidéo sur un site* tandis que sur DailyMotion (www.dailymotion.com), cette même option se situe sous la ligne *Embed code*.

Diffusion en streaming

Technologie permettant de charger la vidéo et l'audio en ligne continuellement au lieu d'attendre la fin du téléchargement complet des données pour les visualiser et les écouter. Cette technique est utilisée par de nombreux sites de streaming, tels que YouTube ou encore DailyMotion.

Dans le cadre d'une diffusion de la présentation, veillez à ce que l'ordinateur sur lequel elle est exécutée dispose d'une connexion Internet. L'avantage d'utiliser un média en ligne réside dans le fait que vous n'avez pas besoin de joindre le fichier vidéo à votre présentation si vous souhaitez la publier.

► Appliquer des effets à une vidéo

Le logiciel de présentation de Microsoft permet d'appliquer différents effets à une vidéo. De la correction de l'image en passant par la recolorisation intégrale d'un film et les options de mise en page atypiques, PowerPoint offre de multiples possibilités de création originale. Pour ajouter différents effets à une vidéo :

1. Sélectionnez sur la diapositive la vidéo à laquelle vous voulez ajouter un effet.

2. Sous l'onglet **Format**, dans le groupe *Ajuster*, cliquez sur **Corrections**. Dans la galerie qui s'affiche, choisissez l'option de correction qui vous convient. En pointant le curseur sur l'un des modèles prédéfinis, non seulement vous avez un aperçu en temps réel de l'effet généré sur votre vidéo, mais en plus, une info-bulle vous indique ses paramètres.

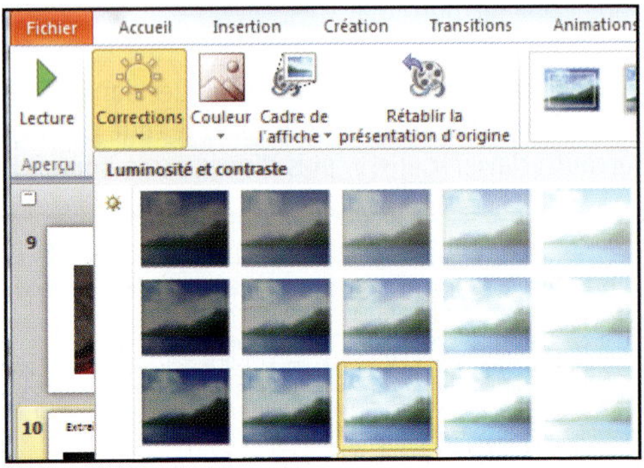

3. Pour recoloriser une vidéo, cliquez sur le bouton **Couleur** situé sous l'onglet **Format** dans le groupe *Ajuster*. Sélectionnez une teinte pour l'appliquer à votre vidéo.

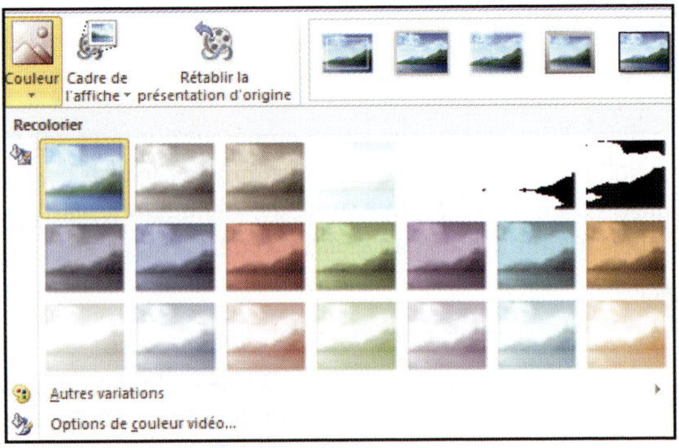

4. Toujours sous le même onglet mais dans le groupe *Styles de vidéo*, cliquez sur le bouton **Styles de vidéo** et choisissez l'un des modèles de mise en forme préétablis.

PowerPoint offre la possibilité de changer le type de cadre de la vidéo. Pour accéder à cette fonction, sélectionnez votre vidéo puis rendez-vous sous l'onglet **Format**. Dans le groupe *Styles de vidéo*, cliquez sur **Forme de la vidéo**. Cliquez sur l'une des formes pour changer instantanément l'aspect de la vidéo.

Info-bulle

Bulle d'informations apparaissant notamment lors du survol d'une fonctionnalité d'un logiciel.

Couper une vidéo

C'est l'une des grandes nouveautés de cette édition. Les clips vidéo insérés dans une présentation peuvent être découpés directement depuis l'application. Imaginez que vous venez de filmer une scène avec votre caméra ou appareil photo. Vous souhaitez n'en montrer qu'une partie. L'outil de découpage intégré à PowerPoint vous facilitera la vie puisque vous pourrez effectuer cette opération depuis le logiciel.

1. Sélectionnez la vidéo à découper dans votre diapositive. Allez sous l'onglet **Lecture** puis, dans le groupe *Édition*, cliquez sur **Découper la vidéo**.

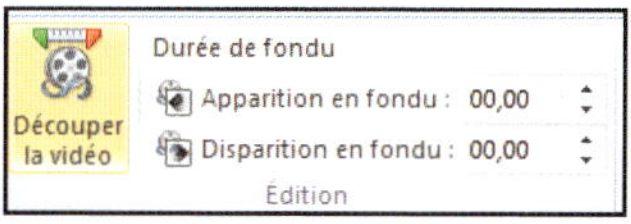

2. Dans la boîte de dialogue qui s'affiche, faites glisser la marque verte jusqu'à l'endroit où vous souhaitez débuter la lecture de la séquence vidéo. Pour ce faire, placez le curseur sur la marque verte jusqu'à voir apparaître la flèche à deux pointes, puis déplacez-la à la position de départ souhaitée.

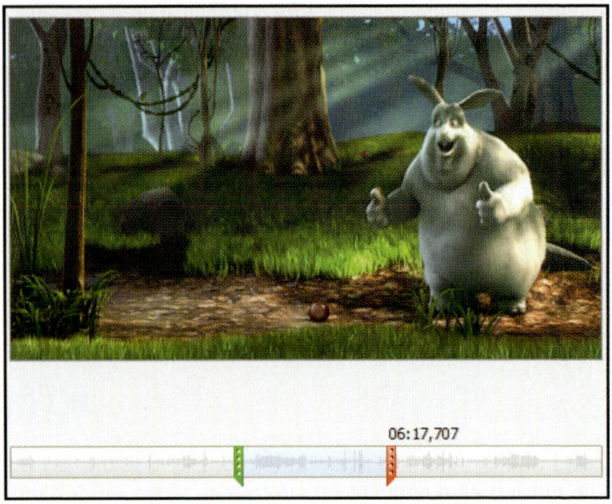

3 Effectuez la même opération en déplaçant la marque rouge jusqu'au point de fin voulu pour la séquence.

4 Afin de vérifier que les dialogues ne sont pas coupés, cliquez sur la flèche de lecture pour lire la séquence. Modifiez les marques verte et rouge si besoin. Cliquez sur OK pour terminer l'opération.

Découper finement une vidéo

Pour assurer un découpage de la vidéo optimal, cliquez sur l'une des marques et utilisez les flèches de direction droite ou gauche pour "caler" au mieux la séquence. Utilisez ensuite les flèches situées aux lignes Heure de début *et* Heure de fin *pour terminer les réglages.*

▸ Définir l'affiche d'une vidéo

Le début de certains clips vidéo insérés n'est pas révélateur de leur contenu. PowerPoint permet de changer cette image au profit d'une autre plus révélatrice de l'ensemble du film.

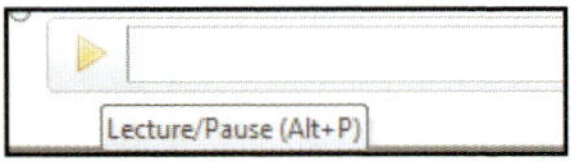

1 Sélectionnez la vidéo dans votre diapositive. Cliquez sur le bouton **Lecture**. Lisez la vidéo jusqu'à l'image que vous souhaitez mettre en avant. Cliquez sur **Pause** à ce moment-là.

2 Rendez-vous sous l'onglet **Format**. Dans le groupe *Ajuster*, cliquez sur **Cadre de l'affiche**. Dans le menu contextuel, cliquez sur **Cadre actuel**.

Vous pouvez insérer une image extérieure en cliquant sur **Image du fichier**. Cela peut être utile par exemple pour insérer un titre à la séquence proposée.

► Lire des vidéos dans une présentation

Une fois les vidéos incorporées, il faut définir leurs modes d'exécution lors de la visualisation de la présentation. Pour cela, vous devez paramétrer pour chacune d'entre elles leurs conditions de lecture.

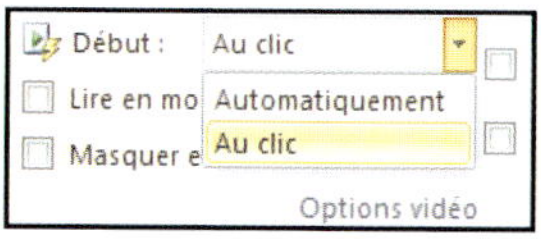

1 Sélectionnez votre vidéo dans la diapositive. Rendez-vous ensuite sous l'onglet **Lecture** puis, dans le groupe *Options vidéo*, cliquez sur la liste déroulante *Début*. Indiquez si la vidéo doit démarrer suite à un clic sur son cadre ou automatiquement dès que la diapositive où elle se trouve s'affiche.

2 Toujours sous l'onglet **Lecture**, cochez la case *Lire en mode Plein écran* si vous souhaitez que le film soit lu en plein écran.

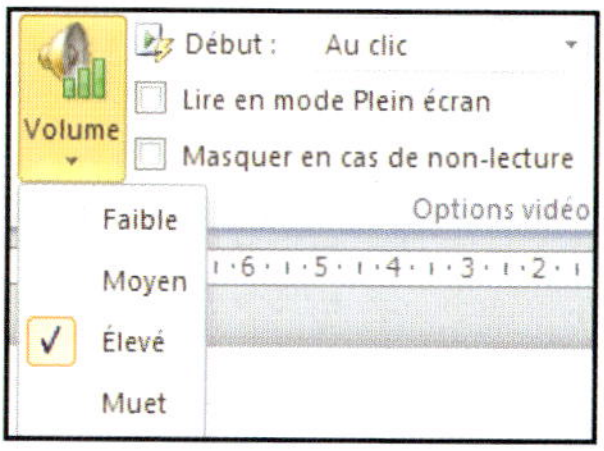

3 Vous pouvez également définir le niveau sonore d'une vidéo en cliquant sur *Volume* sous l'onglet **Lecture**. Sélectionnez une option parmi les quatre choix proposés (*Faible*, *Moyen*, *Élevé*, *Muet*).

APPLIQUER DES TRANSITIONS ET DES ANIMATIONS

Les transitions, tout comme les animations, sont des effets graphiques destinés à dynamiser une présentation. Les transitions marquent le passage d'une diapositive à une autre tandis que les animations sont des effets visuels applicables uniquement sur les éléments d'une diapositive.

► Ajouter une transition

Les transitions rythment l'apparition des diapositives et tendent à rompre l'inertie d'une présentation classique par des effets visuels. Pour en ajouter :

1 Dans le volet de gauche, sous l'onglet **Diapositives**, sélectionnez la miniature de diapositive sur laquelle vous souhaitez appliquer une transition.

2 Rendez-vous sous l'onglet **Transitions**. Dans le groupe *Accès à cette diapositive*, cliquez sur l'effet de transition désiré parmi les différents choix proposés.

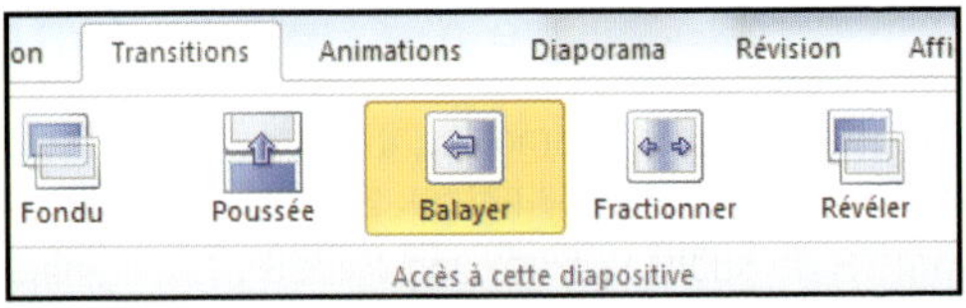

3 Certains types de transitions peuvent être configurés. C'est par exemple le cas de l'effet *Balayer*. Toujours sous l'onglet **Transitions**, cliquez sur **Options d'effets** situé dans le groupe *Accès à cette diapositive*. Sélectionnez l'orientation voulue parmi les quatre choix proposés.

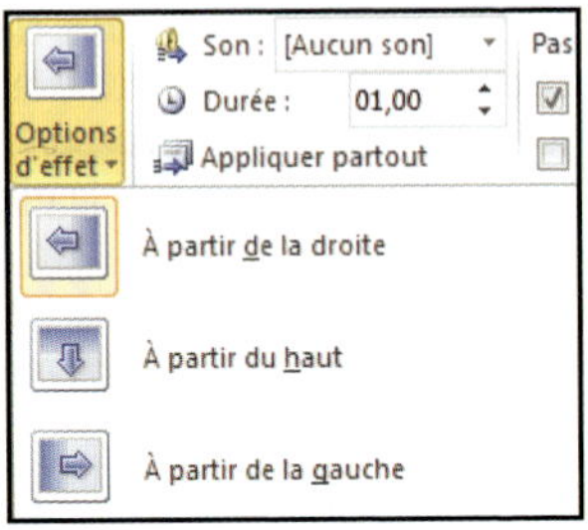

Minuter une transition

Vous pouvez définir le minutage précisément de manière que les transitions s'effectuent en un certain laps de temps. De plus, il est possible d'indiquer le temps au-delà duquel PowerPoint passera automatiquement à la diapositive suivante.

1 Sélectionnez la diapositive sur laquelle vous venez d'appliquer un effet de transition vers la suivante.

2 Pour définir la durée de la transition, allez sous l'onglet **Transitions**, puis dans le groupe *Minutage*, indiquez une durée dans la zone éponyme. Vous pouvez appliquer cette même durée à toutes les diapositives de votre présentation en cliquant sur **Appliquer partout**.

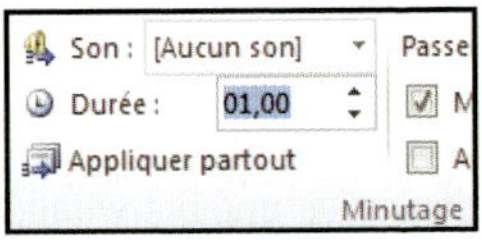

3 Si vous souhaitez complètement automatiser le passage d'une diapositive à une autre, rendez-vous sous l'onglet **Transitions**, puis dans le groupe *Minutage* sous la rubrique *Passer à la diapositive suivante*, cochez la case *Après* et indiquez la durée voulue dans la zone dédiée. Décochez la case *Manuellement*.

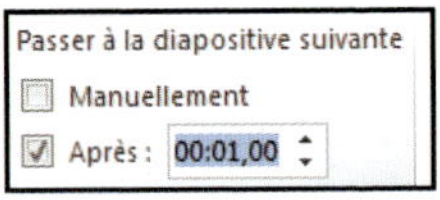

Pour ajouter un son aux transitions entre diapositives, référez-vous à la section *Ajouter du son* de ce chapitre.

▶ Réaliser des animations

L'ajout d'animation à un élément d'une diapositive offre l'avantage de focaliser l'attention sur un point précis de la présentation et, donc, de susciter d'autant plus l'intérêt du public. Il existe cinq types d'effets d'animation adaptés à la plupart des cas : *Média*, *Ouverture*, *Accentuation*, *Quitter* et *Trajectoires*. Pour ajouter une animation à un élément d'une diapositive :

1 Sélectionnez l'objet que vous souhaitez animer.

2 Sous l'onglet **Animations**, dans le groupe *Animations*, sélectionnez un type d'animation. Cliquez sur cette icône pour visualiser l'ensemble des modèles disponibles.

3 Certains effets présentent différentes options de configuration. Sous l'onglet **Animation**, cliquez sur **Options d'effet** situé dans le groupe *Animations*. Sélectionnez un type d'effet parmi ceux proposés.

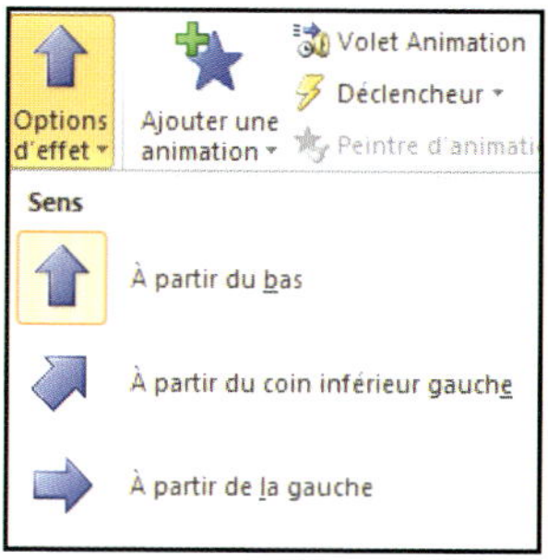

4 Vous pouvez insérer plusieurs animations sur un même élément en cliquant sur le bouton **Ajouter une animation**. Dans la galerie qui s'affiche, cliquez sur l'un des effets prédéfinis.

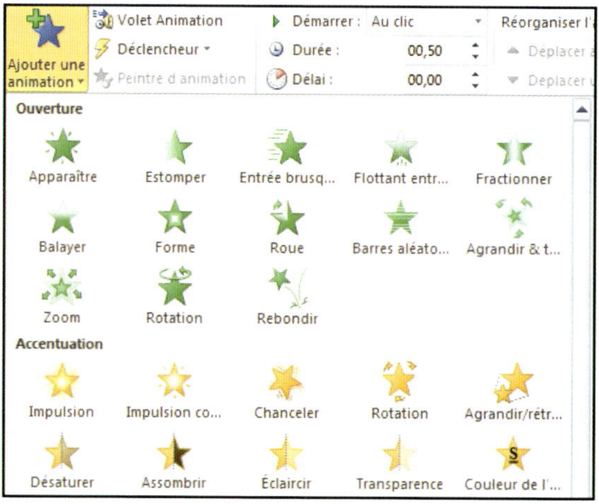

Minuter une animation et ajouter des déclencheurs

PowerPoint permet de minuter précisément une animation tant au niveau du délai que de sa durée d'exécution. Vous pouvez également lui adjoindre des déclencheurs.

> **Déclencheur**
>
> *Un déclencheur permet de lancer l'animation suite à une action que vous avez au préalable définie. Par exemple, si vous voulez lancer un son après l'affichage d'un graphique, indiquez comme élément déclencheur le graphique et stipulez qu'il faut démarrer l'animation après l'affichage de ce dernier.*

Un exemple vaut mieux qu'un long discours. Vous allez d'abord faire apparaître le titre de la diapositive puis une image.

1. Cliquez sur le titre de votre diapositive.
2. Sous l'onglet **Animations**, sélectionnez un effet visuel tel qu'*Estomper*. Dans le groupe *Minutage* de ce même onglet, indiquez la durée de l'animation dans la zone correspondante, ainsi que le délai si vous souhaitez retarder l'exécution de l'animation.

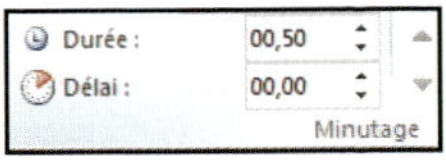

3. Cliquez sur la liste déroulante *Démarrer* puis sélectionnez *Au clic*.
4. Sélectionnez maintenant l'autre élément, tel qu'une image. Allez sous l'onglet **Animations** et appliquez-lui un effet, par exemple *Entrée brusque*. Modifiez au besoin les options de cet effet via le bouton **Options d'effet**.

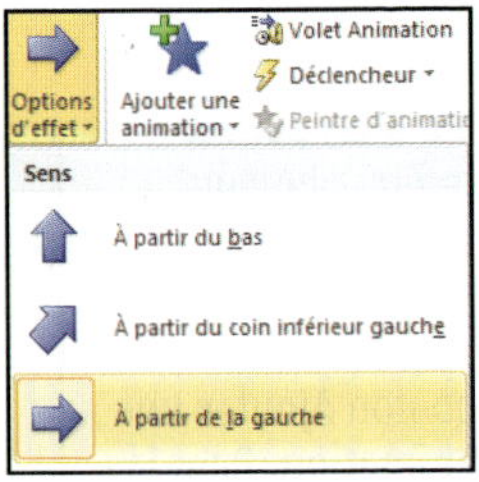

5. Sous l'onglet **Animation**, dans le groupe *Minutage*, cliquez sur la liste déroulante *Démarrer* et sélectionnez *Après la précédente*, ce qui aura pour effet de lancer l'animation directement après la fin de la précédente.

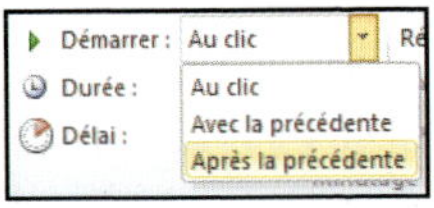

6. Spécifiez une durée et un délai d'animation pour cette image, comme indiqué à l'étape 2.

Vous maîtrisez désormais les différentes fonctions permettant de créer une présentation complète. Les prochains chapitres s'articuleront autour des fonctions de diffusion et d'impression d'une présentation.

Chapitre 6

IMPRIMER, ENREGISTRER *et exporter une présentation*

Lorsque la présentation est à votre goût, il est temps de la diffuser aux personnes concernées. PowerPoint permet de la diffuser sous la forme d'un diaporama ou encore de l'imprimer. À ce sujet, le module d'impression de PowerPoint a été entièrement revu. Vous verrez entre autres dans ce chapitre comment enregistrer une présentation et l'exporter, notamment sur un CD.

IMPRIMER UN DIAPORAMA

Il est parfois utile d'imprimer une présentation pour la distribuer aux participants par la suite. La version 2010 de PowerPoint a largement modifié le module d'impression. Autrefois accessibles par le biais d'une boîte de dialogue plus ou moins complète, toutes les options d'impression sont désormais regroupées en mode Backstage sous la rubrique *Imprimer*.

Pour imprimer un document :

1. Allumer votre imprimante. Sous PowerPoint, rendez-vous sous l'onglet **Fichier** pour activer le mode Backstage.

2. Cliquez sur **Imprimer** situé dans la colonne de gauche.

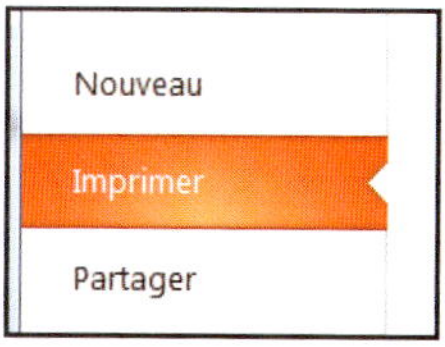

3. Sous la rubrique *Imprimante*, cliquez sur la liste déroulante et sélectionnez votre imprimante parmi les différents choix proposés.

4. Cliquez ensuite sur le bouton **Imprimer**.

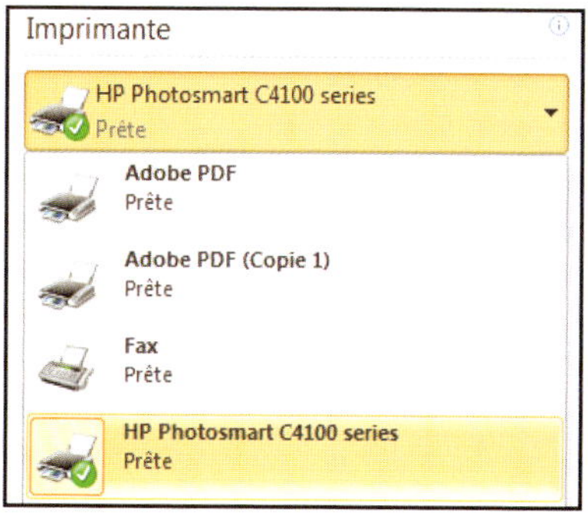

▸ Préparer la présentation pour l'impression

Suivant le type de support (papier normal, transparent...) sur lequel vous souhaitez imprimer votre présentation, vous pouvez configurer PowerPoint pour que l'impression soit optimale. Le logiciel permet d'adapter la taille des diapositives suivant le type de média utilisé pour sa diffusion.

1 Rendez-vous sous l'onglet **Création** puis, dans le groupe *Mise en page*, cliquez sur le bouton éponyme.

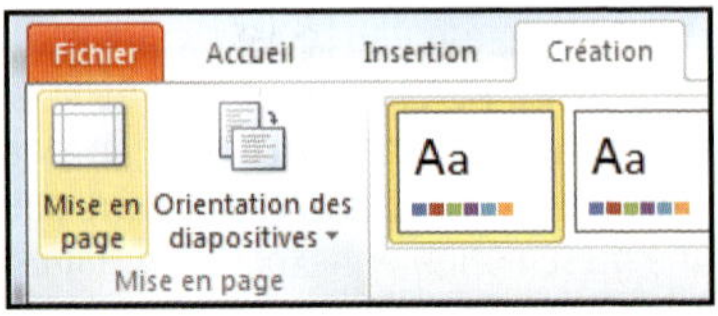

2 Dans la boîte de dialogue qui s'ouvre, cliquez sur la liste déroulante *Diapositives dimensionnées pour*. Sélectionnez le format de diffusion, par exemple *Format A4 (210* × 297 mm).

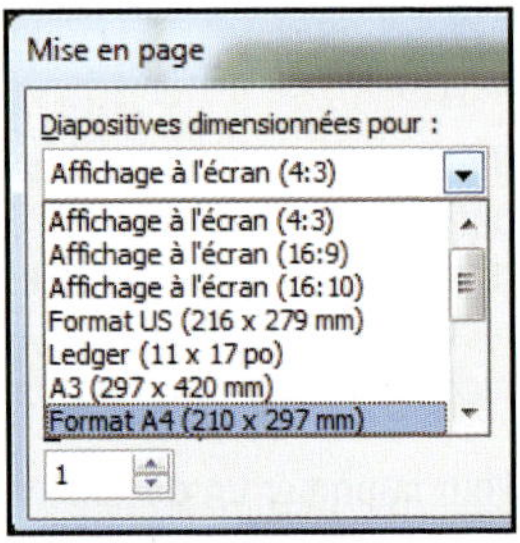

3 Toujours dans la boîte de dialogue **Mise en page**, vous pouvez spécifier un type d'orientation pour l'affichage des diapositives et des commentaires. À la rubrique *Orientation*, sous *Diapositives*, cochez l'une des deux cases *Portrait* ou *Paysage*. Définissez l'orientation de la page désirée pour les commentaires de la même manière.

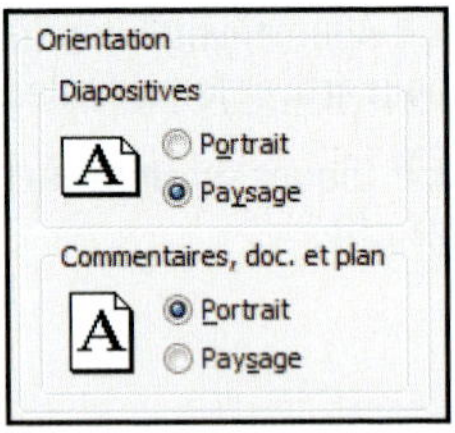

4 Cliquez sur le bouton OK.

Il est possible d'adapter la taille des diapositives à n'importe quel type de support en modifiant les valeurs inscrites dans les zones *Largeur* et *Hauteur* de la boîte de dialogue **Mise en page**.

▸ Définir les options d'impression

PowerPoint permet d'imprimer en noir et blanc ainsi qu'en couleur tout ou partie d'une présentation. Vous pouvez indiquer également le niveau de qualité de l'impression, le nombre de copies voulu et accéder aux paramètres avancés de votre imprimante.

1 Cliquez sur l'onglet **Fichier** pour activer le mode Backstage de PowerPoint. Dans la colonne de gauche, sélectionnez **Imprimer**. Le volet droit de la fenêtre permet de visualiser l'aperçu de votre présentation avant impression. Vous pouvez afficher les différentes diapositives en utilisant l'ascenseur de droite ou en vous aidant de la molette de la souris.

2 Sous la rubrique *Imprimer*, à la ligne *Copie*, saisissez le nombre de copies souhaité.

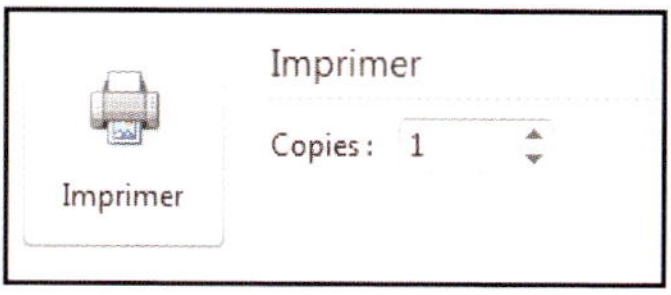

3 Dans *Imprimante*, cliquez sur la liste déroulante et choisissez votre imprimante. Notez que si elle n'est pas allumée, PowerPoint indiquera la mention "Hors connexion" sous le nom de l'imprimante sélectionnée.

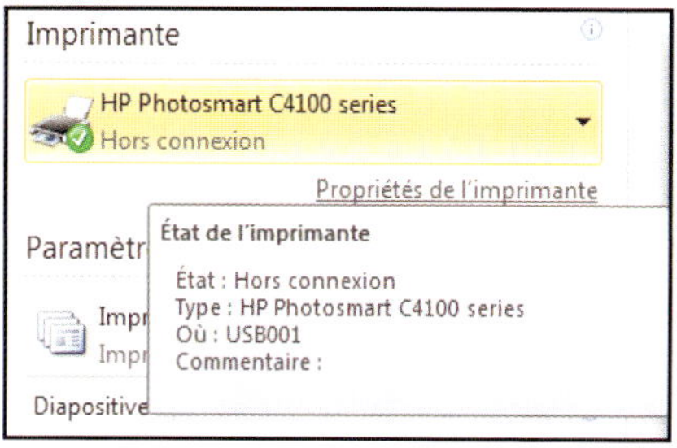

4 Sous la rubrique *Paramètres*, cliquez sur la liste déroulante *Imprimer toutes les diapositives* et sélectionnez l'une des options. Par défaut, PowerPoint imprime l'intégralité de la présentation.

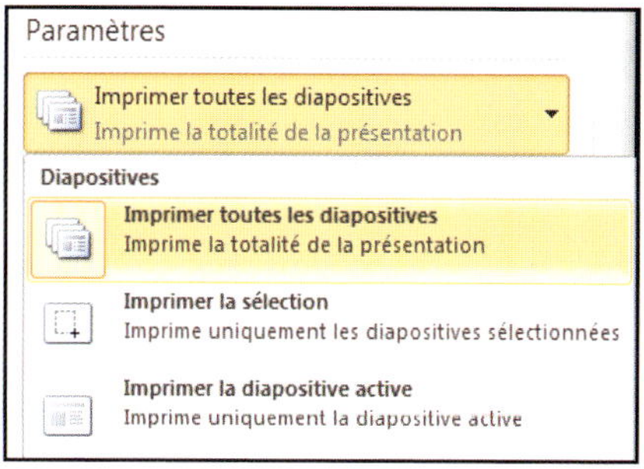

5 Pour imprimer des diapositives spécifiques, cliquez dans la zone *Diapositives*. Si les pages ne se suivent pas, saisissez les numéros de page séparés par un point-virgule (par exemple, `1 ; 3 ; 7 ; 11`). Si vous souhaitez imprimer des diapositives qui se suivent, indiquez la page de début et celle de fin (par exemple, `5-12` pour imprimer les diapositives de la page 5 à 12). Vous pouvez cumuler ces deux méthodes pour imprimer une plage personnalisée. Par exemple, si vous saisissez `3 ; 7 ; 9-12`, les diapositives numéro 3, 7, 9, 10, 11, 12 seront imprimées.

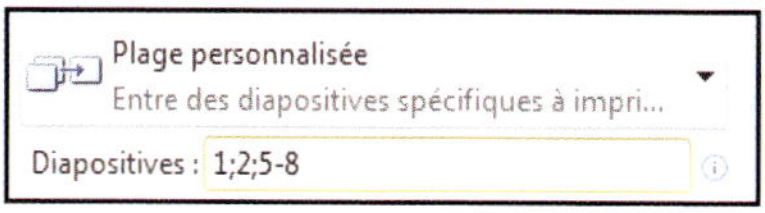

6 Par défaut, PowerPoint imprime la diapositive sur une feuille complète. En cliquant sur le bouton **Diapositives en mode Page entière**, vous pouvez lui indiquer d'imprimer sur une feuille plusieurs diapositives. Sélectionnez le nombre voulu parmi les options prédéfinies.

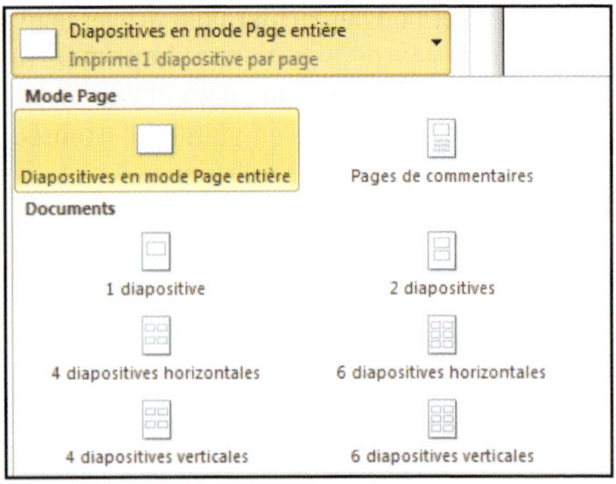

7 Cliquez ensuite sur le bouton **Couleurs** et indiquez si vous souhaitez imprimer en couleur, en nuances de gris ou en noir et blanc intégral les diapositives sélectionnées.

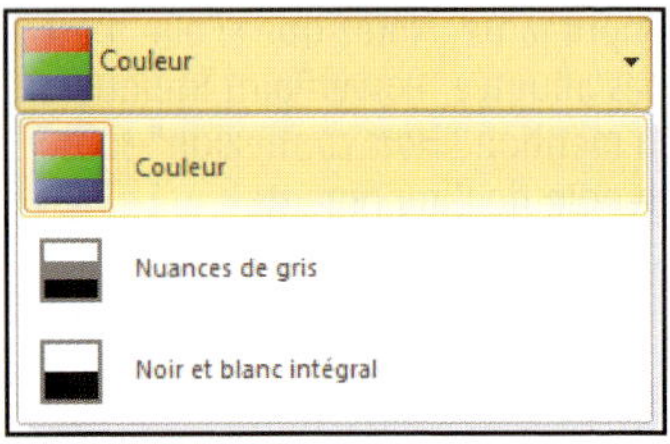

Noir et blanc intégral

Lorsque vous choisissez cette option, la couleur de remplissage des formes est supprimée. Imaginez un tableau avec des cellules teintées en bleu. En mode Noir et blanc intégral, cette couleur de remplissage disparaîtra alors qu'en mode Nuances de gris, elle apparaîtra dans une teinte de gris plus ou moins foncé.

8 Cliquez sur le bouton **Imprimer** pour lancer l'impression.

Imprimer en qualité élevée

PowerPoint permet d'imprimer en qualité élevée une présentation. Si cela augmente considérablement le temps d'impression d'un document, cette option garantit un rendu excellent. Pour activer cette fonction :

1 *Cliquez sur* **Fichier** *puis sélectionnez* **Imprimer**.

2 *Dans la rubrique* Paramètres, *cliquez sur* Diapositives en mode Page entière. *Dans la liste déroulante, cliquez sur* Qualité élevée. *Une coche apparaît à côté de l'option lorsqu'elle est activée. Pour la désactiver, cliquez de nouveau dessus.*

► Enregistrer les paramètres d'impression

Vous venez de définir vos paramètres d'impression et vous souhaitez les conserver ? PowerPoint permet de les enregistrer.

1 Cliquez sur l'onglet **Fichier** pour activer le mode Backstage.

2 Dans la colonne de gauche, cliquez sur **Imprimer** et définissez vos paramètres d'impression, comme vu précédemment.

3 Une fois cela fait, cliquez sur **Options** dans la colonne de gauche sous la rubrique *Aide*. Dans la boîte de dialogue qui s'affiche, sélectionnez l'onglet **Options avancées**.

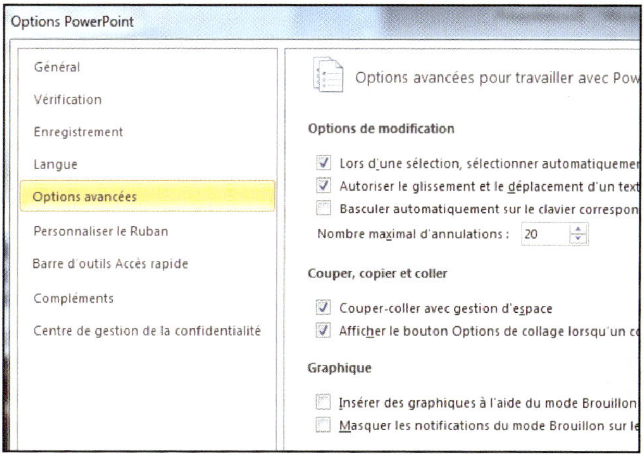

4 Cherchez la rubrique *Lors de l'impression de ce document* en naviguant dans la boîte de dialogue **Options PowerPoint** à l'aide de l'ascenseur ou en utilisant la molette de votre souris.

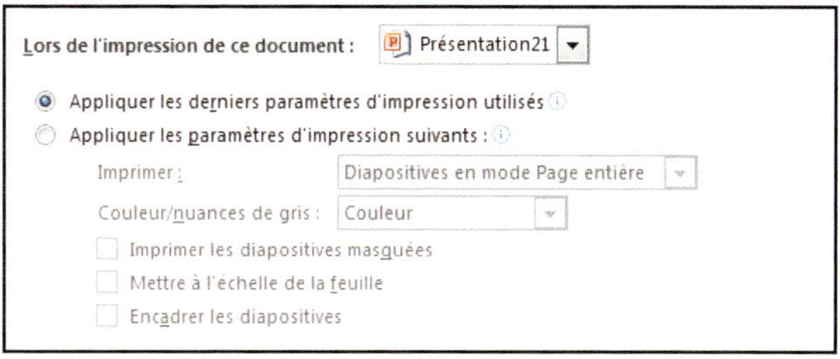

5 Cochez la case *Appliquer les derniers paramètres d'impression utilisés* si ce n'est pas déjà le cas puis cliquez sur le bouton OK.

Vous pouvez également choisir d'utiliser par défaut d'autres paramètres en cochant la case *Appliquer les paramètres d'impression suivants* et en sélectionnant les différentes options situées en dessous de cette rubrique.

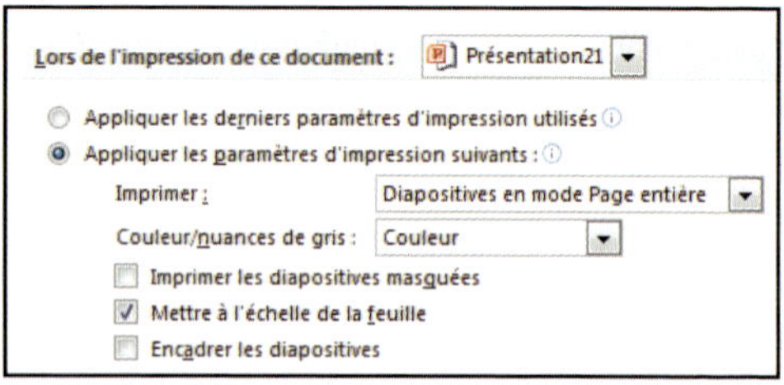

ENREGISTRER UNE PRÉSENTATION

Comme la majorité des logiciels existants, PowerPoint dispose des traditionnelles fonctions **Enregistrer** et **Enregistrer sous**. Cette dernière commande offre la possibilité d'enregistrer le fichier sous un autre nom.

Pour enregistrer une présentation :

1 Cliquez sur l'onglet **Fichier**.

2 Dans la colonne de gauche, sélectionnez **Enregistrer**. La boîte de dialogue **Enregistrer sous** s'affiche.

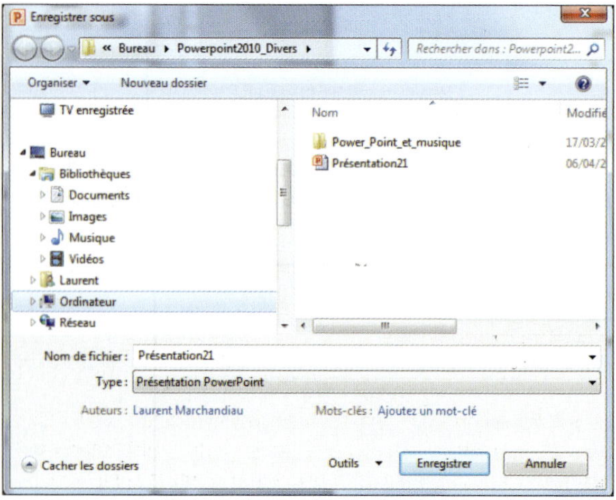

3 Sélectionnez l'emplacement où vous voulez enregistrer votre présentation. Par défaut, elle est enregistrée dans le dossier *Documents* ou *Mes documents* (le nom varie suivant que vous utilisez Windows XP, Vista ou Windows 7) accessible depuis le menu **Démarrer** de Windows d'un clic sur *Mes documents* ou *Documents*.

4 Pour spécifier un autre dossier, naviguez dans la colonne de gauche de la boîte de dialogue et sélectionnez le dossier de votre choix dans l'arborescence. Cette colonne est masquée sous les versions de Windows Vista et Windows 7. Pour l'afficher, cliquez sur le bouton **Parcourir les dossiers** situé dans le coin inférieur gauche de la boîte de dialogue.

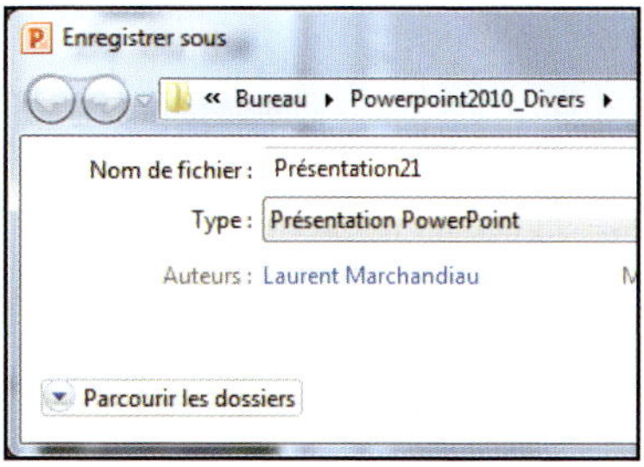

5 À la ligne *Nom de fichier*, nommez votre fichier.

6 Vous pouvez également indiquer un nom d'auteur différent de celui spécifié, ajouter des mots-clés et donner un titre à votre présentation, en cliquant sur les zones *Auteurs*, *Mots-clés* et *Titre* situées en bas de la boîte de dialogue **Enregistrer sous**.

7 Cliquez sur le bouton **Enregistrer**.

Enregistrer un fichier en un clic

Pour enregistrer une présentation rapidement, cliquez sur la disquette se trouvant dans la barre d'accès rapide de PowerPoint dans le coin supérieur gauche de la fenêtre.

▸ Enregistrer un fichier dans un format antérieur

Depuis la version 2007 de PowerPoint, les fichiers sont enregistrés par défaut au format *.pptx*. Or celui-ci s'avère encore assez peu utilisé et donc illisible sous les versions antérieures à PowerPoint 2007. Dans ce cas, il faut changer le type de format d'enregistrement de votre présentation.

1 Cliquez sur l'onglet **Fichier** pour activer le mode Backstage.

2 Dans la colonne de gauche, sélectionnez **Enregistrer sous**.

3 Dans la zone *Nom de fichier*, entrez un nouveau nom de fichier.

4 Cliquez sur la liste déroulante *Type*. Pour que votre présentation soit lisible par d'anciennes versions de PowerPoint, choisissez *Présentation PowerPoint 97-2003*. Vous pouvez également enregistrer votre présentation dans d'autres formats, comme *Présentation XML PowerPoint* (pour une diffusion sur Internet) ou encore en tant qu'image JPEG, PNG ou TIFF, etc.

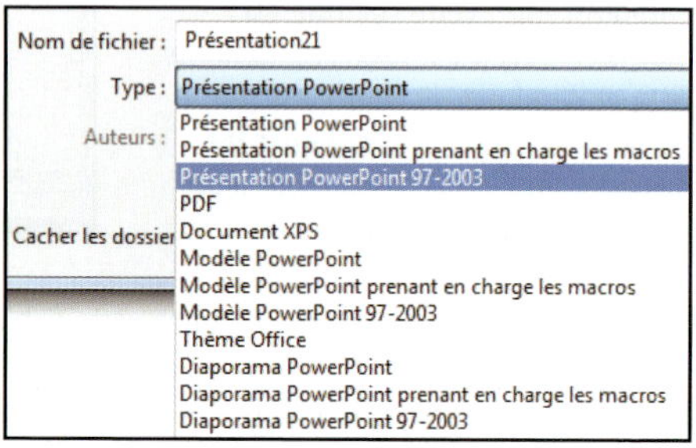

5 Cliquez sur le bouton **Enregistrer**. À l'issue de l'enregistrement, la boîte de dialogue **Vérificateur de compatibilité de Microsoft PowerPoint** s'affiche. Celle-ci recense les fonctionnalités dans votre présentation qui ne sont pas prises en charge par les versions antérieures de PowerPoint. Dans la majorité des cas, cela n'est pas gênant. Cliquez sur **Continuer** pour procéder à l'enregistrement.

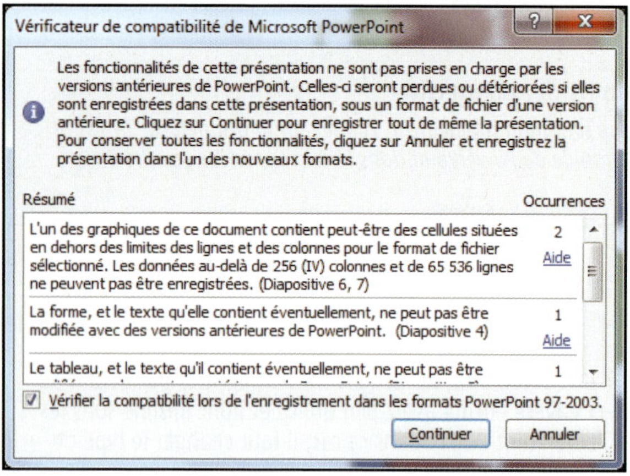

► Configurer les options d'enregistrement

Vous pouvez changer les options d'enregistrement par défaut de PowerPoint pour qu'il enregistre vos présentations sous un format compatible avec les versions antérieures du logiciel ou encore modifier l'emplacement de destination par défaut.

1 Cliquez sur l'onglet **Fichier** puis sélectionnez **Options** sous la rubrique *Aide*.

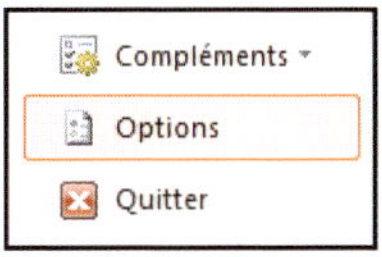

2 Dans la boîte de dialogue qui s'ouvre, cliquez sur l'onglet **Enregistrement**.

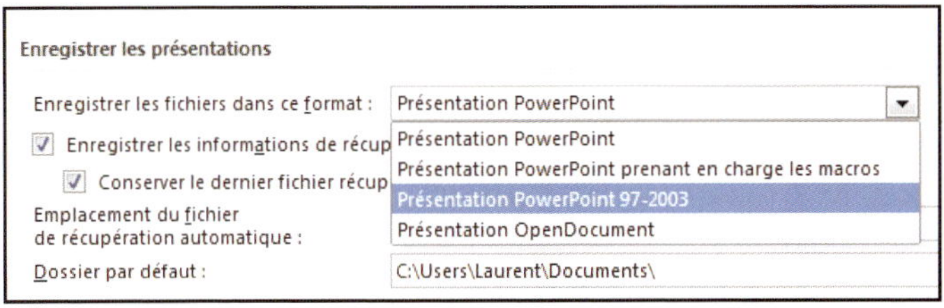

3 Sous la rubrique *Enregistrer les présentations*, cliquez sur la liste déroulante *Enregistrer les fichiers dans ce format* et sélectionnez *Présentation PowerPoint 97-2003*.

4 Profitez de l'occasion pour modifier également la durée après laquelle PowerPoint enregistrera automatiquement votre fichier. Cette mesure de précaution est appréciable en cas de plantage inopiné de l'application. À la ligne *Enregistrer les informations de récupération automatique toutes les*, indiquez une durée en minutes dans la zone adéquate.

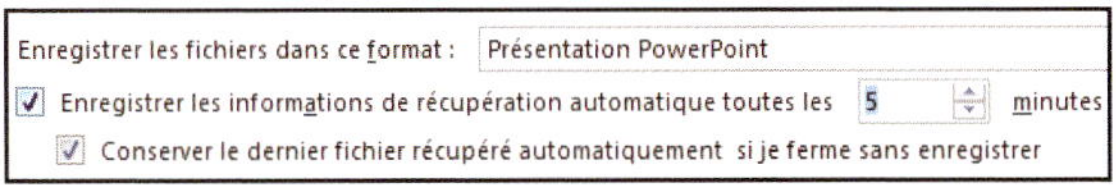

5 À la ligne *Dossier par défaut*, indiquez le chemin d'accès de l'emplacement d'enregistrement par défaut. De cette manière, lorsque vous ouvrirez un dossier ou enregistrerez une présentation sous PowerPoint, c'est ce dossier qui s'affichera.

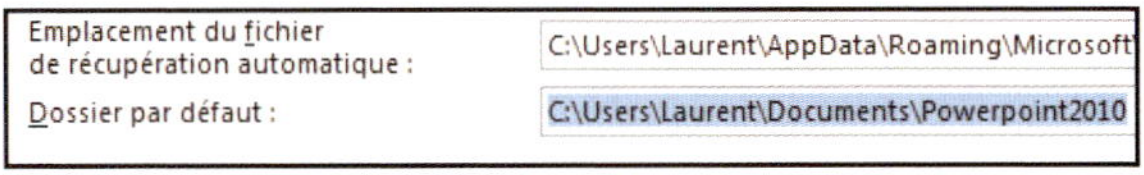

Chemin d'accès d'un dossier

Le chemin d'accès d'un dossier est la description de l'emplacement d'un document ou d'un programme sur le disque dur indiquant précisément où il se situe. Par exemple, C:\Tous les programmes\Powerpoint\Documents *indique que le dossier* Documents *se trouve sur le disque dur* C: *dans le répertoire* Tous les programmes *puis dans le sous-dossier* Powerpoint.

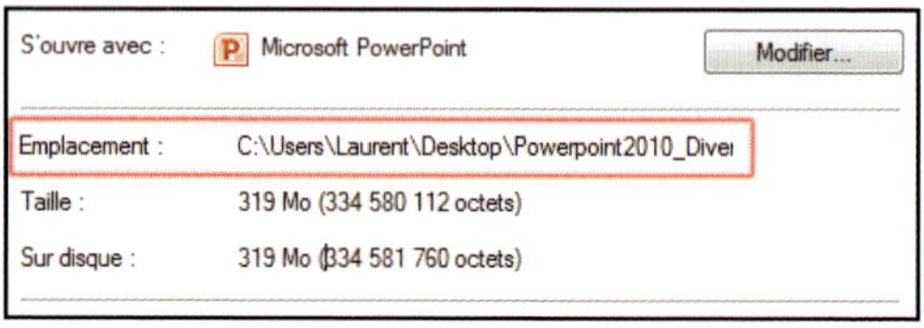

Pour révéler l'emplacement d'un dossier, cliquez du bouton droit sur celui-ci puis, dans le menu contextuel, cliquez sur *Propriétés*. Sous l'onglet **Général**, à la ligne *Emplacement*, le chemin d'accès du dossier est indiqué.

EXPORTER UN DIAPORAMA

Une fois votre présentation terminée, il convient de la diffuser à votre auditoire. Pour cela, PowerPoint intègre différentes options suivant que vous voulez l'envoyer par e-mail ou encore l'enregistrer sur un CD pour l'exécuter sur un autre ordinateur.

La taille de la présentation induit le mode de diffusion du diaporama. Par exemple, si votre présentation contient de nombreuses images en haute résolution ainsi que des vidéos et des fichiers audio, il sera quasi impossible de la transmettre par e-mail. Le choix de la création d'un package CD comprenant tous les éléments de votre présentation s'imposera de lui-même, à moins que vous ne souhaitiez la diffuser depuis votre ordinateur.

La première chose à faire est de regarder la taille occupée par votre présentation.

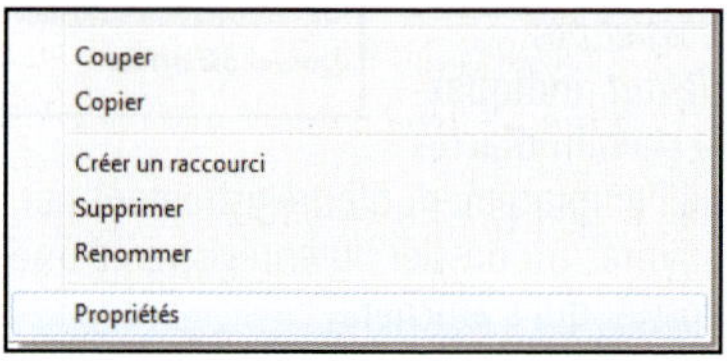

1 À l'aide de l'Explorateur de Windows, allez dans le dossier où est enregistrée votre présentation.

2 Cliquez du bouton droit sur le fichier. Dans le menu contextuel, cliquez sur **Propriétés**.

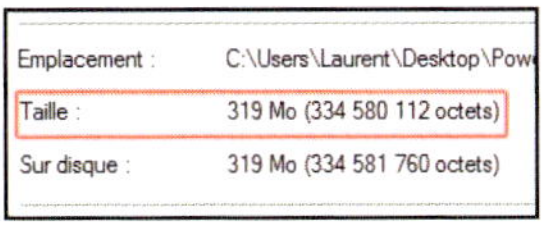

3 Sous l'onglet **Général**, à la ligne *Taille*, notez l'espace occupé par votre fichier. Celui-ci s'affiche en Mo (mégaoctets). Si ce chiffre est supérieur à 10 Mo, l'envoi par e-mail sera quasi impossible, les messageries actuelles (Hotmail, Yahoo! Mail, Gmail...) ne peuvent pas transmettre des fichiers de plus de 10 Mo.

Cela dit, PowerPoint permet de compresser les fichiers trop volumineux intégrés (vidéo, image et son) dans votre présentation. Ainsi, une présentation pesant plus de 300 Mo peut voir sa taille diminuer de manière impressionnante pour ne peser que 6 Mo au final ! Cette compression se fait au détriment de la qualité de votre présentation.

Ouvrir l'emplacement du fichier

Après l'enregistrement de votre présentation, vous pouvez accéder directement à l'emplacement du fichier sur lequel vous travaillez sous PowerPoint. Rendez-vous sous l'onglet ***Fichier*** *puis cliquez sur* ***Informations****. En bas de la colonne de droite, cliquez sur* ***Ouvrir l'emplacement du fichier****. Cliquez sur* ***Oui*** *si une boîte de dialogue vous demande confirmation. Cette opération a pour effet d'ouvrir le dossier dans lequel votre présentation est enregistrée.*

Créer un diaporama

La création d'un diaporama s'effectue depuis l'onglet **Fichier** via la commande **Enregistrer sous**.

1 Cliquez sur l'onglet **Fichier** pour activer le mode Backstage.

2 Dans la colonne de gauche, sélectionnez **Enregistrer sous**.

3 Sélectionnez l'emplacement d'enregistrement de votre présentation, comme vu précédemment.

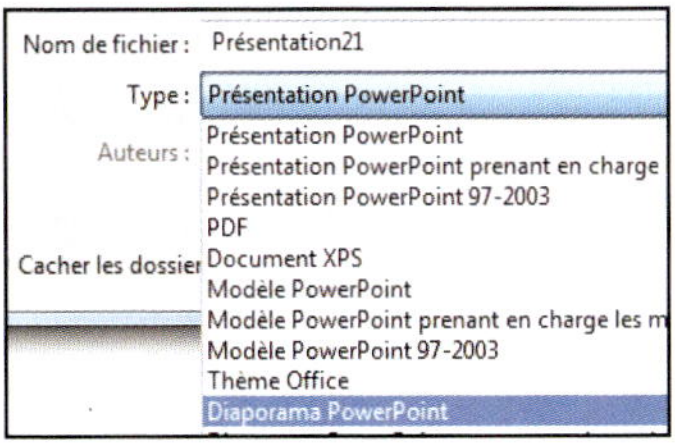

4 La boîte de dialogue éponyme s'ouvre. Cliquez sur la liste déroulante *Type* et choisissez soit *Diaporama PowerPoint*, soit *Diaporama PowerPoint 97-2003*. Privilégiez cette dernière option, qui garantit la lisibilité du fichier sur n'importe quel ordinateur. Cependant, certains effets inhérents à PowerPoint 2010 peuvent ne pas être pris en compte. Cliquez sur **Enregistrer**.

5 Si vous choisissez *Diaporama PowerPoint 97-2003*, une boîte de dialogue apparaît vous indiquant les effets non pris en charge dans le diaporama généré. Cliquez sur **Continuer** pour procéder à l'enregistrement dans ce format malgré les avertissements ou sur **Annuler**. Dans ce dernier cas, vous retournez à la boîte de dialogue **Enregistrer sous** et vous devez choisir un autre format.

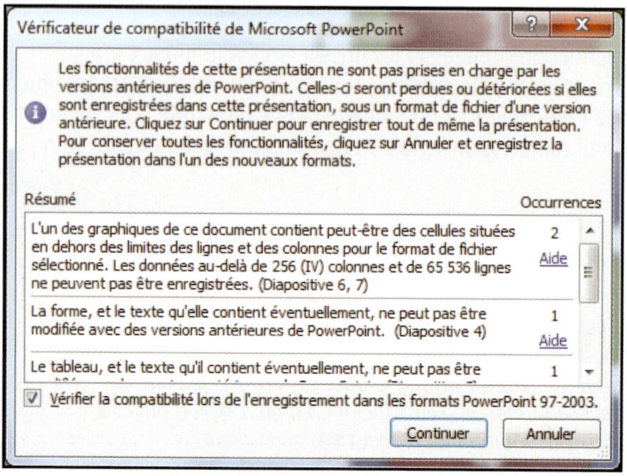

▸ Envoyer un diaporama par e-mail

L'envoi d'une présentation ou d'un diaporama nécessite dans la plupart des cas (notamment lorsque vous avez des vidéos, des images et du son) de passer par l'outil de compression de PowerPoint pour réduire plus ou moins drastiquement la taille occupée par votre fichier sur le disque dur.

1 Rendez-vous sous l'onglet **Fichier**.

2 Enregistrez votre diaporama, comme vu précédemment.

3 Une fois cela fait, retournez sous l'onglet **Fichier**. Dans la rubrique *Informations*, cliquez sur le bouton **Compresser le média**. Dans le menu contextuel qui s'affiche, sélectionnez le niveau de compression désiré. Lorsque votre présentation est volumineuse, privilégiez **Qualité inférieure**.

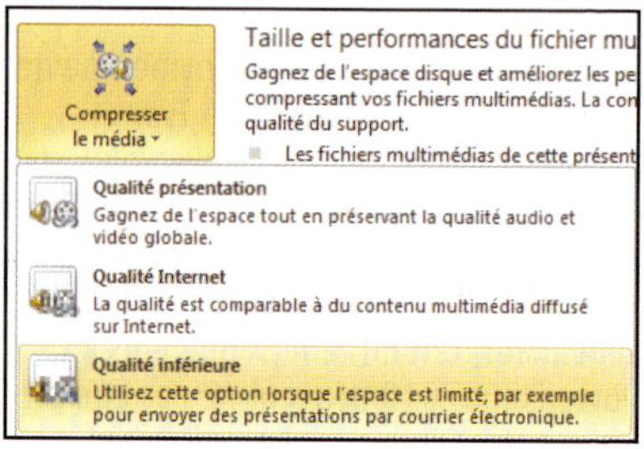

4 La boîte de dialogue **Compresser le média** s'ouvre. Attendez que l'opération s'achève puis cliquez sur **Fermer**.

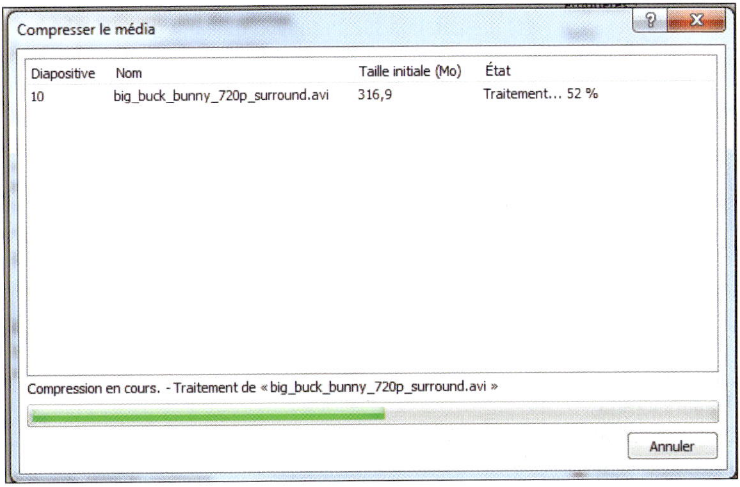

5 Cliquez sur la rubrique *Partager* située dans la colonne de gauche et sélectionnez *Envoyer à l'aide de la messagerie* puis sur le bouton **Envoyer en tant que pièce jointe**. Si vous utilisez un client de messagerie tel qu'Outlook, Thunderbird ou Windows Live Mail, PowerPoint ouvre ce logiciel et ajoute automatiquement le diaporama en tant que pièce jointe.

6 Dans le cas contraire, lors de l'utilisation d'une messagerie distante comme Gmail, Yahoo! Mail ou encore Hotmail, sautez l'étape 5 et cliquez sur **Enregistrer**. Vous devrez ensuite joindre manuellement votre diaporama via l'outil d'importation des pièces jointes de votre messagerie.

De la même manière, vous pouvez envoyer une présentation par e-mail, sauf qu'il faudra l'enregistrer à l'étape 2 en tant que *Présentation PowerPoint* au lieu de *Diaporama PowerPoint*.

▶ Créer un package pour CD

L'avantage de créer un package de présentation pour CD est multiple. Cela permet à la fois de sauvegarder votre présentation sur un support différent de celui d'origine, mais aussi de regrouper sur un même média tous les fichiers auxquels elle est liée (vidéo, son, image, police...). Enfin, vous pouvez lire votre présentation sur n'importe quel ordinateur équipé de Windows puisque la création d'un package CD intègre la visionneuse PowerPoint, capable de lire votre fichier sans nécessiter l'installation de PowerPoint sur le PC cible.

1 Ouvrez la présentation que vous souhaitez copier via l'onglet **Fichier** puis en cliquant sur **Ouvrir**, ou simplement en double-cliquant sur le fichier en question depuis l'Explorateur de Windows.

2 Cliquez sur l'onglet **Fichier** et sélectionnez **Partager**. Sous la rubrique *Types de fichiers*, cliquez sur *Présentation du package pour CD-ROM* puis sur le bouton **Package pour CD-ROM**.

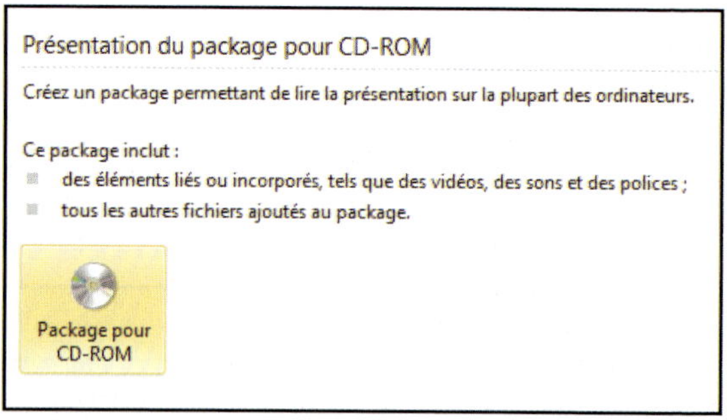

3 Dans la boîte de dialogue **Créer un package pour CD-ROM**, cliquez sur le bouton **Options**. Dans la fenêtre qui s'affiche, vérifiez que les cases *Fichiers liés* et *Polices TrueType incorporées* sont bien cochées. Le cas échéant, cochez-les. Cliquez sur OK.

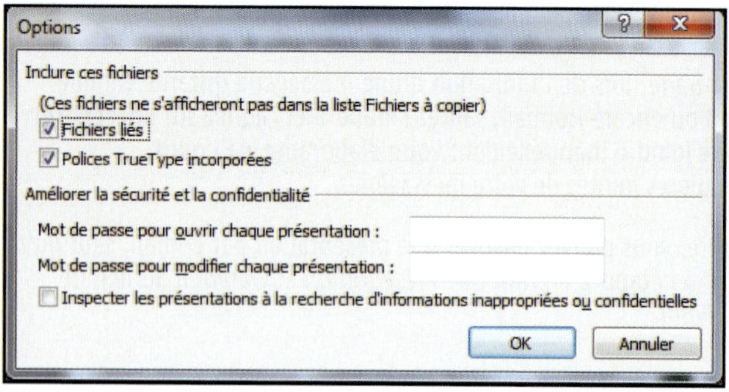

4 Vous pouvez intégrer d'autres présentations en cliquant sur le bouton **Ajouter**. Ouvrez la présentation de votre choix et cliquez sur **Ouvrir**.

5 Vous avez la possibilité de modifier l'ordre de lecture des présentations. Pour ce faire, sélectionnez la présentation dans la zone *Fichiers à copier* puis cliquez sur l'une des flèches vertes situées à gauche pour la déplacer en haut ou en bas.

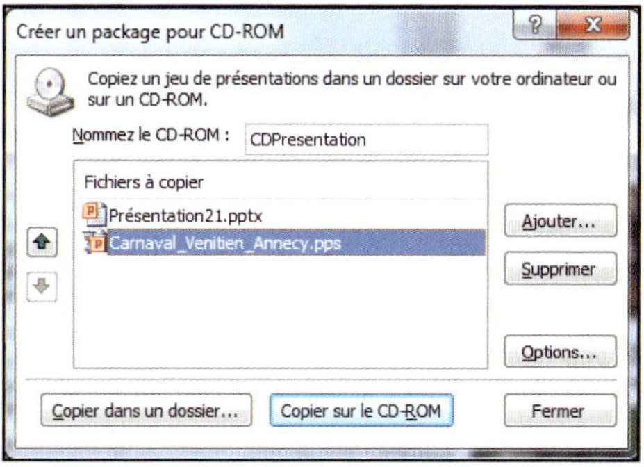

6 Pour effacer une présentation afin de ne pas l'intégrer dans le package, sélectionnez-la dans la zone *Fichier à copier* puis cliquez sur **Supprimer**.

7 Insérez un CD ou DVD vierge dans votre graveur puis cliquez sur le bouton **Copier sur le CD-ROM**. Confirmez votre choix d'inclure tous les fichiers dans le package en cliquant sur **Oui** lorsque PowerPoint le demande. Après une phase d'inspection visant à vérifier que le CD ou le DVD dispose d'assez d'espace pour accueillir votre présentation et ses fichiers liés, la gravure se lance automatiquement.

Une fois la gravure terminée, PowerPoint vous demande si vous souhaitez copier de nouveau les mêmes fichiers sur un autre CD-Rom. Cliquez sur **Non** et sélectionnez **Fermer** pour fermer la boîte de dialogue **Créer un package pour CD-ROM**.

Dans le chapitre suivant, vous apprendrez à contrôler et à exécuter un diaporama depuis un ordinateur.

Chapitre 7

PRÉSENTER *un diaporama*

Une présentation, comme son nom l'indique, ça se présente ! Ce chapitre contient les clés pour que vous diffusiez correctement votre présentation fraîchement réalisée. PowerPoint propose différentes fonctionnalités permettant de visualiser un diaporama via un projecteur ou sur un autre écran, pour peu que votre ordinateur soit relié à l'un de ces dispositifs. Mais auparavant, il convient de donner une touche finale à votre présentation en réorganisant une dernière fois les données.

ORGANISER LES DONNÉES AVEC LES LIENS HYPERTEXTES

Lorsque vous présentez votre diaporama, vous pouvez avoir besoin d'effectuer des renvois vers d'autres éléments connexes, qu'ils soient ou non contenus dans votre présentation. Et pour cela, les liens hypertextes s'avèrent d'une précieuse aide.

Lien hypertexte

Un lien hypertexte, ou hyperlien, permet, lorsqu'il est activé par un simple clic, de naviguer dans une partie spécifique d'un document ou d'un autre fichier, ainsi que d'accéder à des sites web. Il peut être attaché à un simple mot, une phrase, une image, ou à un autre élément (graphique, vidéo...). Par exemple, en cliquant sur une photo d'une présentation, vous ouvrez le site web du photographe qui a pris cette image.

Pour insérer un lien hypertexte renvoyant à un élément situé dans votre présentation :

1 Cliquez sur un texte ou un objet de votre présentation à partir duquel vous souhaitez effectuer un renvoi.

2 Rendez-vous sous l'onglet **Insertion**. Dans le groupe *Liens*, sélectionnez **Lien hypertexte**.

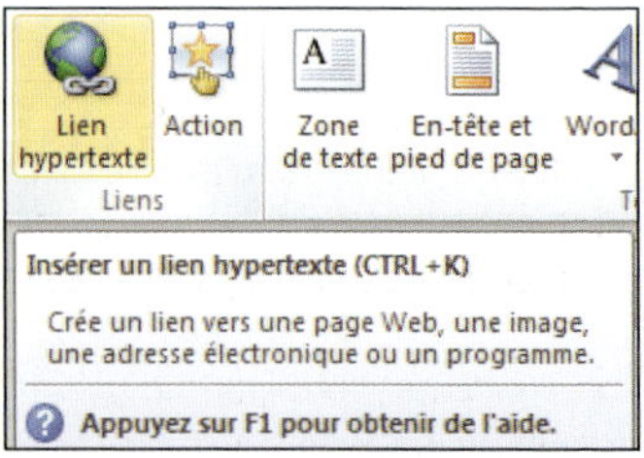

3 La boîte de dialogue **Insérer un lien hypertexte** s'affiche. Dans celle-ci, vous disposez de quatre possibilités situées dans la colonne *Lier à*. Sélectionnez *Emplacement dans ce document*.

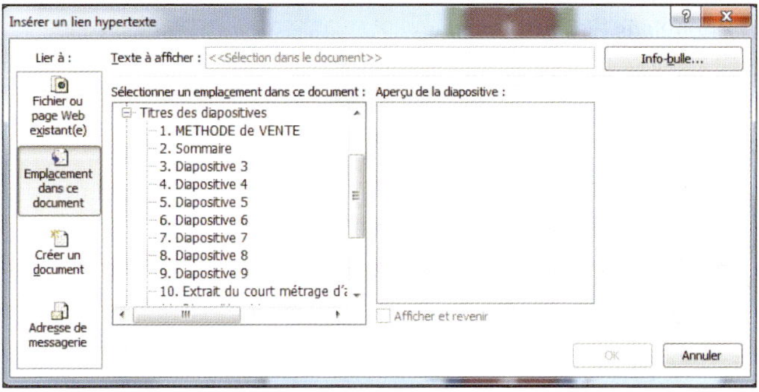

4 Dans la colonne *Sélectionner un emplacement dans ce document*, cliquez sur la diapositive à utiliser comme destination du lien hypertexte.

5 Vous pouvez adjoindre une info-bulle, c'est-à-dire un texte informatif, qui s'affichera dès que vous placerez le curseur sur le texte ou l'objet auquel est rattaché le lien hypertexte. Dans ce cas, cliquez sur le bouton **Info-bulle** et saisissez un texte, si possible assez court et pertinent, dans la boîte de dialogue qui s'ouvre. Cliquez sur OK.

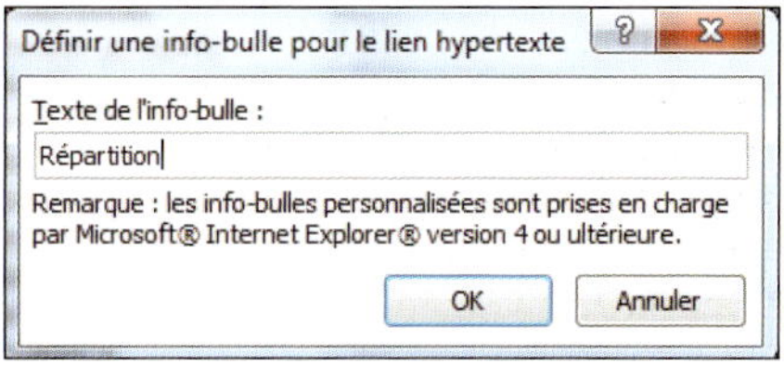

6 Cliquez de nouveau sur le bouton OK pour terminer la création de votre lien hypertexte. Désormais, quand vous cliquerez sur le texte ou l'objet, vous serez automatiquement renvoyé à la diapositive correspondante.

▶ Renvoyer vers un site web ou un fichier

PowerPoint permet, de la même manière, d'insérer des liens vers une page web ou encore de réaliser des renvois vers d'autres fichiers directement à partir d'une présentation. Leur activation ouvrira soit le navigateur Internet par défaut (Internet Explorer, Firefox, Opera, Safari), soit le logiciel correspondant au fichier cible.

1 Sélectionnez une portion de texte ou un objet (image, bloc de texte, vidéo...) dans votre présentation.

2 Rendez-vous sous l'onglet **Insertion** puis cliquez sur **Lien hypertexte** situé dans le groupe *Liens*.

3 Dans la boîte de dialogue **Insérer un lien hypertexte**, cliquez dans la colonne *Lier à* sur *Fichier ou page Web existant(e)*.

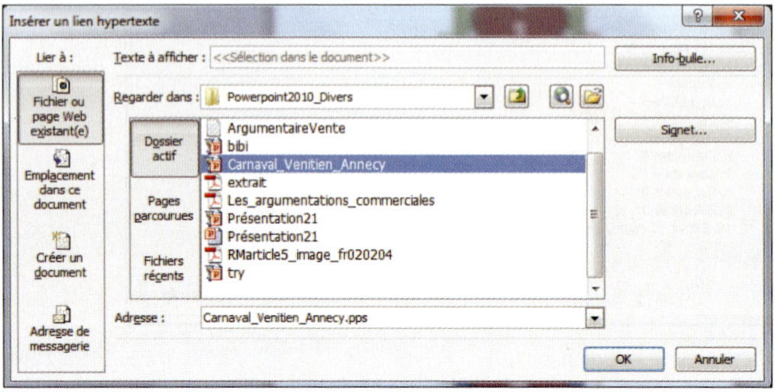

4 Si vous souhaitez réaliser un renvoi vers un fichier différent, cliquez sur la liste déroulante *Regarder dans*. Recherchez le fichier à utiliser comme destination du lien hypertexte.

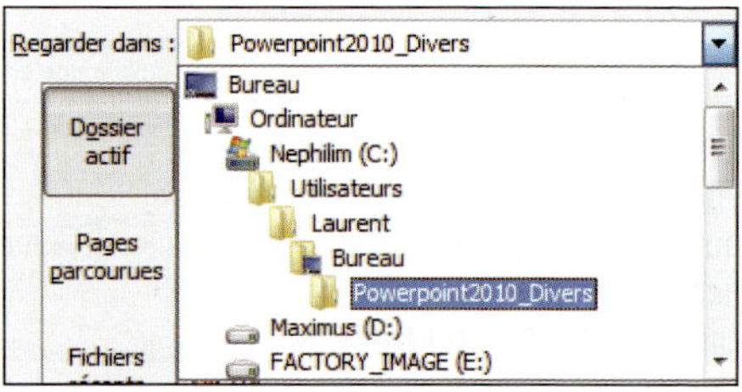

5 Pour le renvoi vers un site web, l'opération est nettement plus simple puisqu'il suffit de saisir l'adresse de la page Internet (par exemple, `www.google.fr`) à la ligne *Adresse* de la boîte de dialogue **Insérer un lien hypertexte**.

6 Cliquez sur le bouton OK pour créer le lien.

RÉALISER UN DIAPORAMA PERSONNALISÉ

La conception de diaporama personnalisé permet d'adapter une présentation à un auditoire particulier, c'est-à-dire d'organiser les informations par rapport à un public donné. Par exemple, si votre présentation contient sept diapositives, vous pouvez concevoir un diaporama personnalisé avec les diapositives 1, 3 et 5, ainsi qu'un second avec les slides 1, 2 et 4.

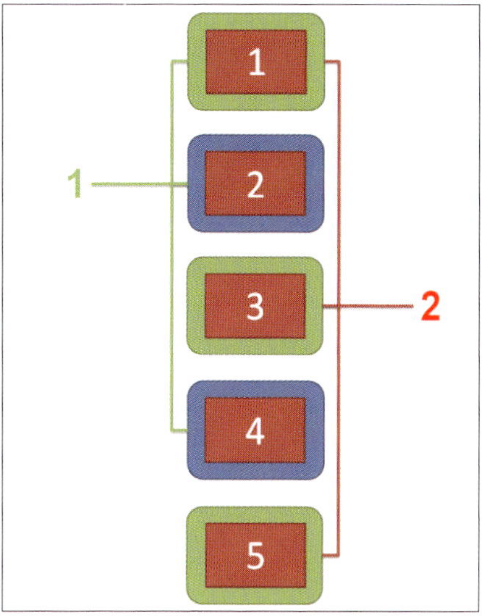

1 Diapositives personnalisées pour le site 1.

2 Diapositives personnalisées pour le site 2.

Il existe deux types de diaporamas personnalisés sous PowerPoint : celui qui renvoie à des diapositives de votre présentation et celui intégrant des liens hypertextes qui renvoient à d'autres présentations distinctes.

▸ Créer un diaporama personnalisé de base

Celui-ci permet d'organiser les données au sein d'une même présentation contenant de multiples diapositives. Pour réaliser un diaporama personnalisé standard :

1 Cliquez sur l'onglet **Diaporama**. Dans le groupe *Démarrage du diaporama*, sélectionnez **Diaporama personnalisé** et cliquez sur le lien éponyme dans le menu contextuel qui s'affiche.

2 Dans la boîte de dialogue **Diaporamas personnalisés**, cliquez sur le bouton **Nouveau**.

3 La boîte de dialogue **Définir un diaporama personnalisé** s'ouvre. Dans celle-ci, à la ligne *Nom du diaporama*, saisissez un nom pour votre diaporama personnalisé.

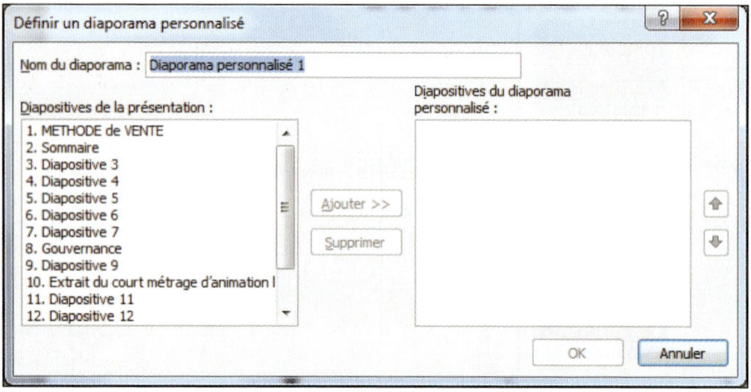

4 Dans la colonne *Diapositives de la présentation*, tout en maintenant enfoncée la touche Ctrl, sélectionnez les diapositives à inclure dans votre diaporama personnalisé en cliquant dessus. Cliquez ensuite sur le bouton **Ajouter**.

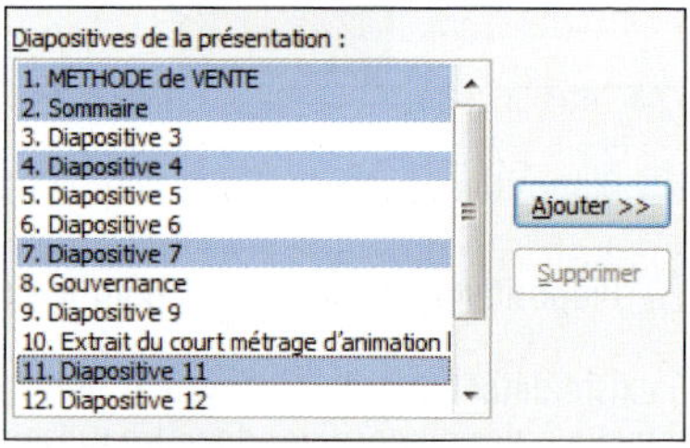

5 Dans la colonne *Diapositives du diaporama personnalisé*, vous pouvez modifier l'ordre de lecture des diapositives. Pour cela, sélectionnez-en une puis cliquez sur l'une des flèches vertes situées à droite pour déplacer le slide vers le haut ou le bas.

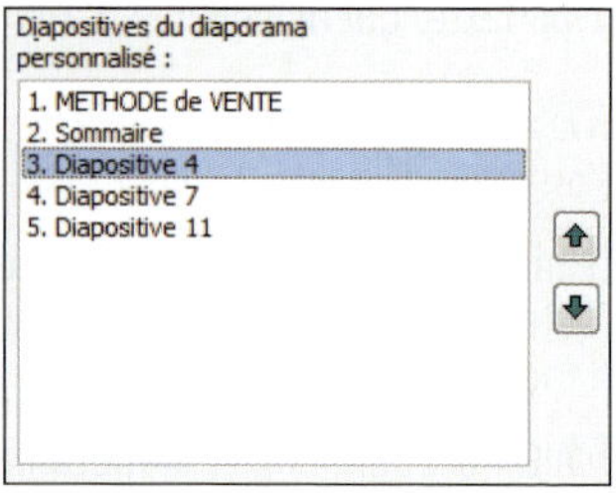

6 Cliquez sur OK une fois l'opération terminée.

▶ Réaliser un diaporama personnalisé avec des liens hypertextes

L'utilisation de liens hypertextes dans un diaporama offre une certaine souplesse dans l'organisation des données. Ainsi rien ne vous empêche de créer une table des matières sur une diapositive pour parcourir des sections spécifiques de votre diaporama ou encore de concevoir un lien hypertexte renvoyant à une autre présentation. Par exemple, vous pouvez créer un diaporama principal qui présente l'organisation générale de votre société et qui, pour chaque service, renvoie vers un autre diaporama expliquant en détail son fonctionnement.

1 Rendez-vous sous l'onglet **Diaporama**. Dans le groupe *Démarrage du diaporama*, cliquez sur la flèche située à côté de **Diaporama personnalisé** puis sur **Diaporamas personnalisés**.

2 Dans la boîte de dialogue qui s'affiche, cliquez sur **Nouveau**.

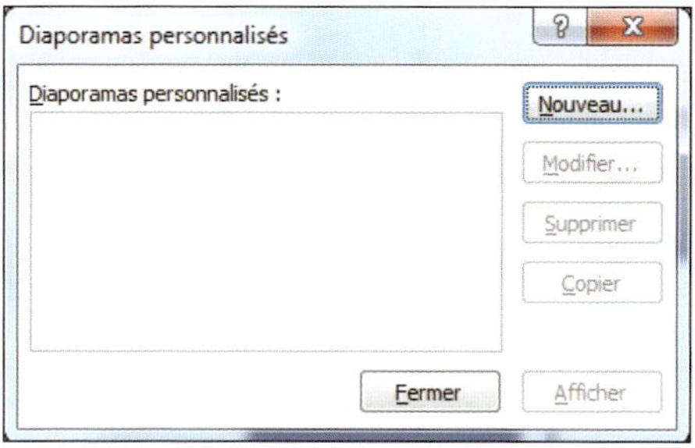

3 Sous la colonne *Diapositives de la présentation*, sélectionnez les diapositives à inclure. Maintenez la touche Ctrl enfoncée et cliquez sur les slides pour en sélectionner plusieurs à la fois. Cliquez sur le bouton **Ajouter**.

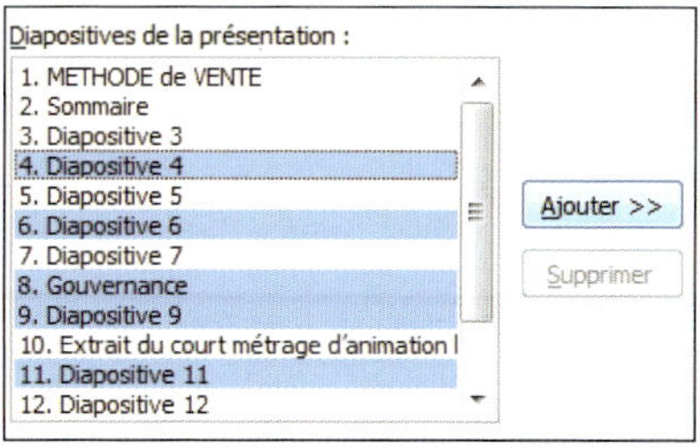

4 Vous avez la possibilité de modifier l'ordre d'affichage des diapositives. Sous la rubrique *Diapositive du diaporama personnalisé*, sélectionnez une diapositive puis cliquez sur l'une des flèches vertes à droite pour déplacer le slide vers le bas ou le haut.

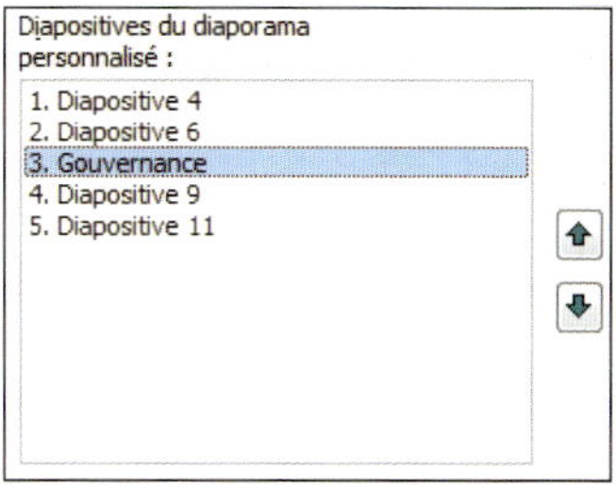

5 Donnez un nom à votre diaporama personnalisé à la ligne *Nom du diaporama*. Fermez la boîte de dialogue en cliquant sur le bouton OK.

6 Pour insérer dans votre diaporama un lien hypertexte vers une présentation complémentaire, sélectionnez un texte ou un autre type d'élément (image, graphique, organigramme...) auquel vous souhaitez attacher le lien hypertexte.

7 Allez sous l'onglet **Insertion**. Dans le groupe *Liens*, cliquez sur **Lien hypertexte**. Dans la boîte de dialogue **Insérer un lien hypertexte**, cliquez sur *Fichier ou page Web existant(e)* dans la colonne *Lier à*.

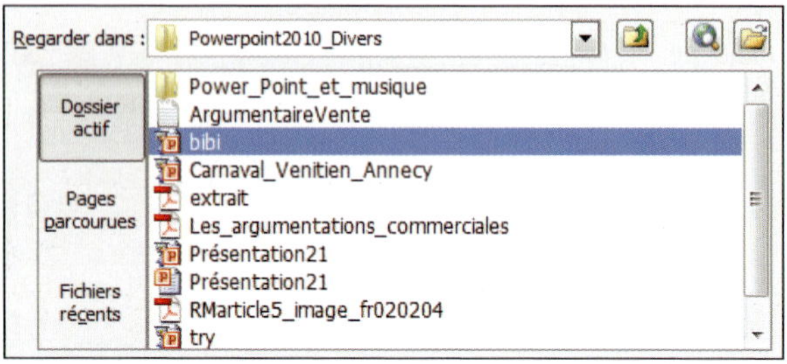

8 Cliquez sur la liste déroulante *Regarder dans* et recherchez le dossier contenant la présentation à utiliser comme destination du lien hypertexte.

9 Sélectionnez la présentation cible et cliquez sur le bouton **Signet**. Dans la boîte de dialogue **Sélectionner un emplacement dans le document**, cliquez sur la diapositive à utiliser comme destination du lien hypertexte puis sur le bouton OK.

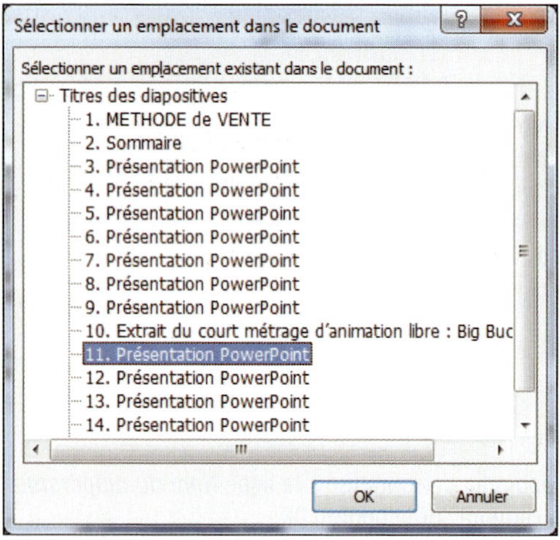

EXÉCUTER ET CONTRÔLER LE DIAPORAMA

Une fois votre présentation terminée, vous pouvez la diffuser et la contrôler directement depuis votre ordinateur. Pour montrer votre diaporama à votre auditoire :

1. Rendez-vous sous l'onglet **Diaporama** puis, dans le groupe *Démarrage du diaporama*, cliquez sur le bouton **À partir du début**.

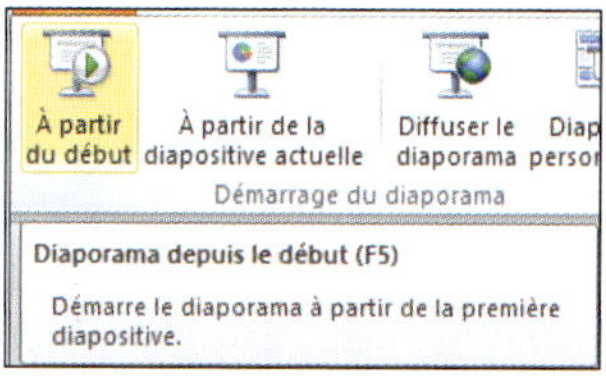

2. Si vous disposez d'un ou de plusieurs diaporamas personnalisés, allez sous l'onglet **Diaporama** et cliquez sur le bouton **Diaporama personnalisé**. Dans la liste déroulante qui s'affiche, cliquez sur le titre du diaporama personnalisé à lancer.

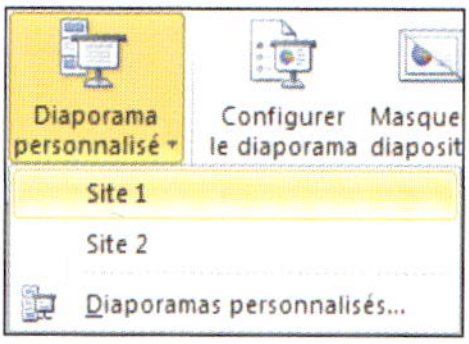

3. Vous pouvez démarrer le diaporama directement depuis la diapositive en cours d'utilisation. Pour cela, cliquez sur le bouton **À partir de la diapositive actuelle** situé sous l'onglet **Diaporama** ou utilisez le raccourci clavier Maj+F5.

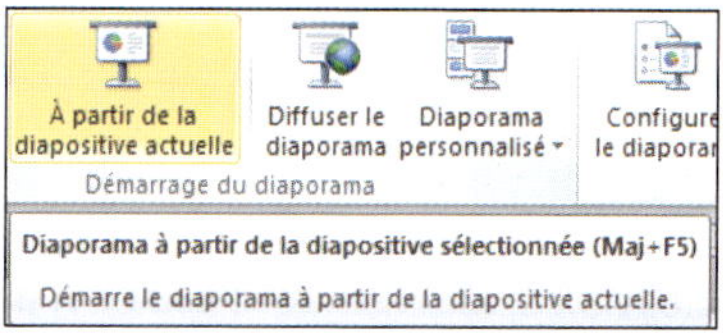

► Rappel des commandes

Que le diaporama soit minuté ou qu'il ait besoin d'une intervention humaine pour afficher ses éléments, PowerPoint permet de prendre la main à tout moment lors de son exécution.

- Un clic permet d'afficher les éléments d'un diaporama ou de passer au slide suivant.
- Un clic du bouton droit affiche le menu contextuel lors de la diffusion d'un diaporama.
- Le touche Echap arrête la diffusion du diaporama.
- La combinaison Ctrl+clic active le pointeur laser.

Ces options sont disponibles lors de la diffusion de votre diaporama. Pour cela, placez le curseur de sur le coin inférieur gauche de l'écran.

1 Rendez-vous sous l'onglet **Diaporama**. Sélectionnez **À partir du début** dans le groupe *Démarrage du diaporama*.

2 Placez le curseur dans le coin inférieur gauche de l'écran. En déplaçant le pointeur latéralement, vous faites apparaître les boutons **Diapositives précédentes**, **Options du pointeur**, **Afficher le menu** ou **Diapositives suivantes**.

Adapter la diffusion à l'écran

Pour adapter le diaporama à l'écran de diffusion, rendez-vous sous l'onglet ***Diaporama*** *puis cliquez sur le bouton* ***Moniteurs****. Dans la zone* Résolution, *cliquez sur la liste déroulante et sélectionnez le type d'affichage désiré. Cliquez ensuite sur* ***Afficher sur*** *pour choisir le moniteur sur lequel va être diffusé votre diaporama.*

Annoter des diapositives

Quand vous lancez une présentation sur l'écran, vous pouvez entourer ou surligner des éléments. En outre, vous avez la possibilité de dessiner des flèches ou d'insérer d'autres marques sur les diapositives pour mettre en avant un point précis. Pour écrire sur les slides :

1 Rendez-vous sous l'onglet **Diaporama**. Dans le groupe *Démarrage du diaporama*, sélectionnez le bouton **À partir du début** pour lancer le diaporama.

2 Cliquez du bouton droit sur la diapositive sur laquelle vous voulez écrire. Pointez le curseur sur **Options du pointeur**. Cliquez sur **Stylet** ou **Surligneur**.

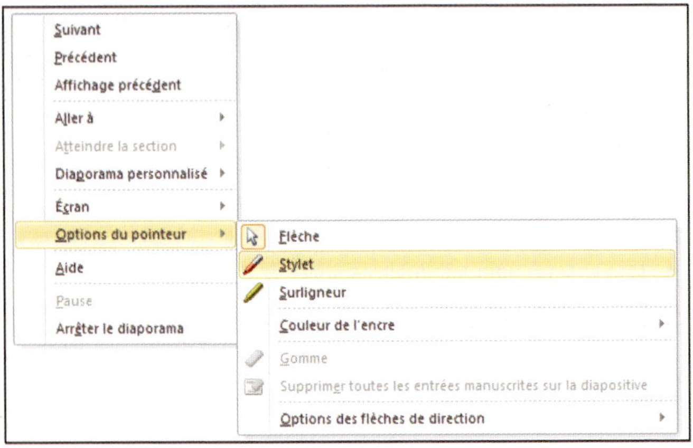

3 Vous pouvez changer la couleur d'écriture. Cliquez du bouton droit sur une diapositive pour afficher le menu contextuel. Placez le pointeur sur **Options du pointeur** puis sur **Couleur de l'encre** et sélectionnez une couleur parmi les différentes options proposées.

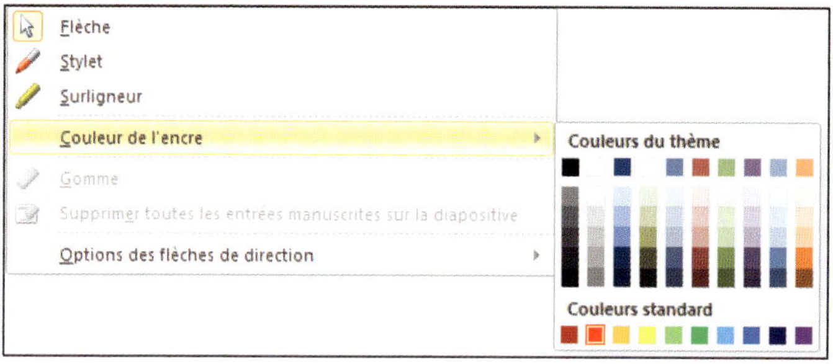

4 Pour écrire sur une diapositive ou surligner un élément, déplacez le curseur sur l'élément en question tout en maintenant enfoncé le bouton de la souris.

▸ Configurer un diaporama

PowerPoint permet de paramétrer finement la diffusion des présentations tout en offrant la possibilité de définir certaines options par défaut. Ces fonctionnalités sont accessibles par l'intermédiaire du bouton **Configurer le diaporama** situé sous l'onglet **Diaporama**.

1 Allez sous l'onglet **Diaporama**. Dans le groupe *Configuration*, cliques sur le bouton **Configurer le diaporama**.

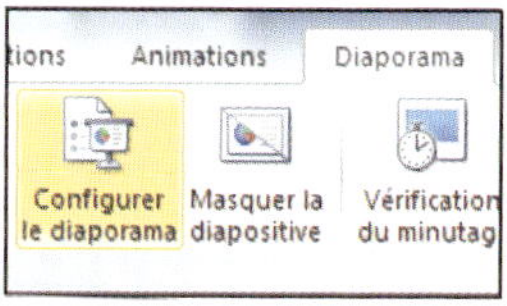

2 Dans la boîte de dialogue **Paramètres du diaporama**, sous la rubrique *Type de diaporama*, cochez l'une des trois options d'affichage, par exemple *Présenté par un présentateur (plein écran)*.

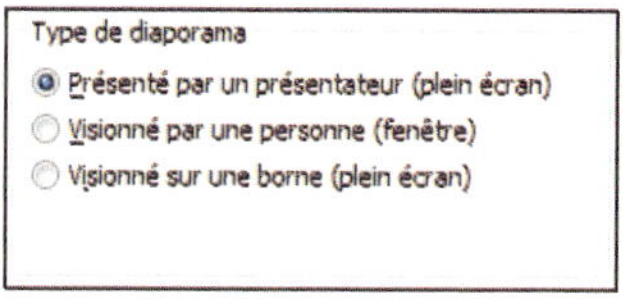

3 Dans les options du diaporama, cochez *Exécuter en continu jusqu'à Echap* pour que votre diaporama soit joué en boucle.

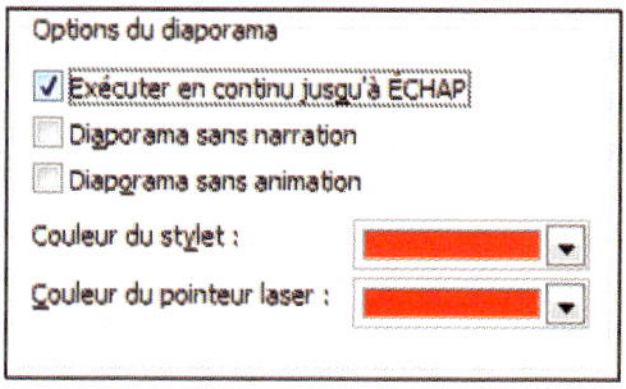

4 Si vous avez créé un diaporama personnalisé que vous souhaitez diffuser en premier, cochez la case *Diaporama personnalisé*. Cliquez sur la liste déroulante située en dessous et sélectionnez le diaporama personnalisé à jouer.

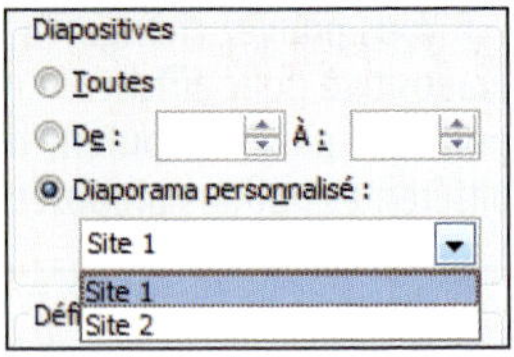

5 Cliquez sur le bouton OK.

Vous maîtrisez désormais pleinement la conception d'un diaporama, de sa réalisation à son exécution. Le prochain chapitre est dédié aux techniques plus avancées de création de présentation.

LE COIN *des passionnés*

CRÉER DES MODÈLES PERSONNELS

Mieux vaut une présentation qui ne ressemble pas à celle du voisin ! C'est l'un des principaux risques lorsque vous utilisez les modèles et thèmes prédéfinis de PowerPoint. Non seulement vous pouvez jouer avec les différentes options de personnalisation que nous avons vues au fil des chapitres, mais vous êtes libre de changer radicalement la disposition par défaut dans les diapositives et ainsi de concevoir vos propres modèles de présentation. Cette opération passe par la réalisation d'un nouveau thème et par la définition de l'emplacement des espaces réservés dans les diapositives pour aboutir à la création d'une disposition type.

RÉALISER UN NOUVEAU THÈME

Les thèmes garantissent une certaine homogénéité dans une présentation tant au niveau de la couleur que du choix des polices et des effets appliquer à un même document. D'autant plus que les thèmes s'avèrent communs aux applications de la suite Office, telles que Word, Excel, Outlook.

Un thème se compose d'un jeu de couleurs et de polices incluant des effets particuliers. PowerPoint 2007 intègre de nombreux thèmes que vous pouvez personnaliser à volonté et enregistrer par la suite. Ils seront ainsi disponibles pour l'ensemble des applications d'Office.

Pour appliquer un thème à votre présentation, référez-vous à la section *Jouer avec les thèmes* du chapitre *Réaliser une présentation personnalisée.*

▶ Jouer avec les couleurs

Par défaut, c'est le thème *Office* qui est appliqué par défaut à toutes les nouvelles présentations de PowerPoint. Le changement de thème s'effectue par le biais de l'onglet **Création**. Chaque thème intégré au logiciel de présentation de Microsoft possède un jeu de couleurs spécifiques permettant d'harmoniser les différents éléments contenus dans une présentation. Vous avez la possibilité de concevoir votre propre jeu de couleurs.

1 Rendez-vous sous l'onglet **Création**. Dans le groupe *Thèmes*, cliquez sur le bouton **Couleurs**.

2 Dans le menu contextuel qui s'affiche, cliquez sur **Nouvelles couleurs de thème**.

3 La boîte de dialogue **Créer de nouvelles couleurs de thème** s'affiche. Sous la rubrique *Couleurs du thème*, cliquez sur le bouton situé en regard du nom des éléments de thème que vous souhaitez modifier.

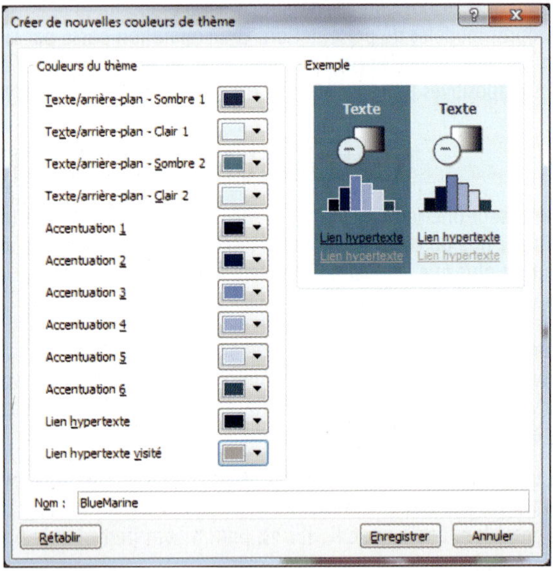

4 Sélectionnez une couleur parmi les différents choix proposés dans le menu qui s'ouvre.

5 Recommencez les étapes 3 et 4 pour chaque élément à modifier.

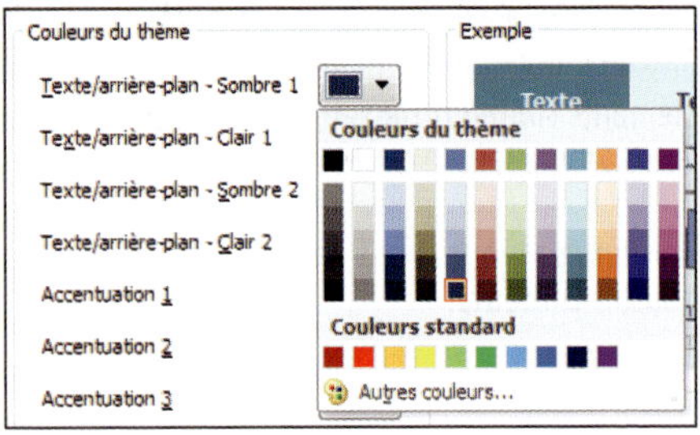

6 À la ligne *Nom*, saisissez le nom que vous voulez attribuer à votre nouveau votre jeu de couleurs puis cliquez sur le bouton **Enregistrer**.

Visualiser l'effet du nouveau nuancier

La boîte de dialogue **Créer de nouvelles couleurs de thème** *présente une zone* Exemple, *qui permet de visualiser instantanément les nouvelles couleurs attribuées au thème.*

Pour revenir au jeu de couleurs par défaut du thème original, cliquez sur le bouton **Rétablir** dans le coin inférieur gauche de la boîte de dialogue **Créer de nouvelles couleurs de thème**.

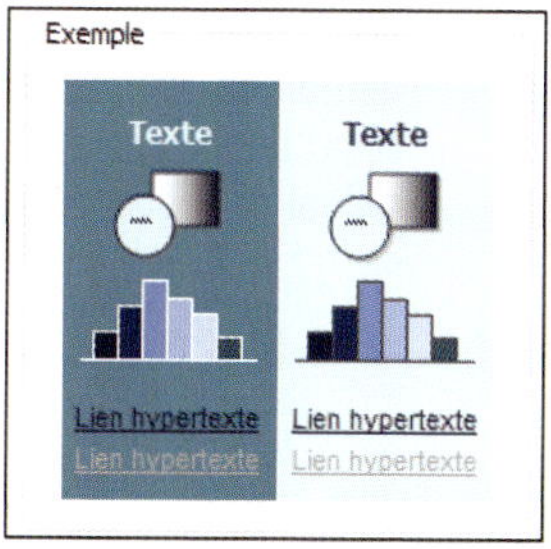

Intégrer des polices dans un thème

Modifier le jeu de couleurs d'une présentation ne présente qu'une étape parmi d'autres dans la conception d'un thème de A à Z. Le choix des polices joue un rôle déterminant dans une présentation. Celles-ci doivent s'avérer lisibles dans toutes les circonstances. Il est préférable de sélectionner des polices de caractères communes, ne possédant pas trop de fioritures, pour ne pas perturber la bonne lecture d'une présentation.

Pour créer votre propre jeu de polices et l'intégrer à votre présentation :

1 Rendez-vous sous l'onglet **Création**. Dans le groupe *Thèmes*, cliquez sur **Polices**.

2 Dans le menu contextuel, sélectionnez **Nouvelles polices de thèmes**.

3 La boîte de dialogue **Créer de nouvelles polices de thème** s'affiche. Dans cette dernière, cliquez sur la liste déroulante *Police du titre*. Choisissez une police parmi celles proposées.

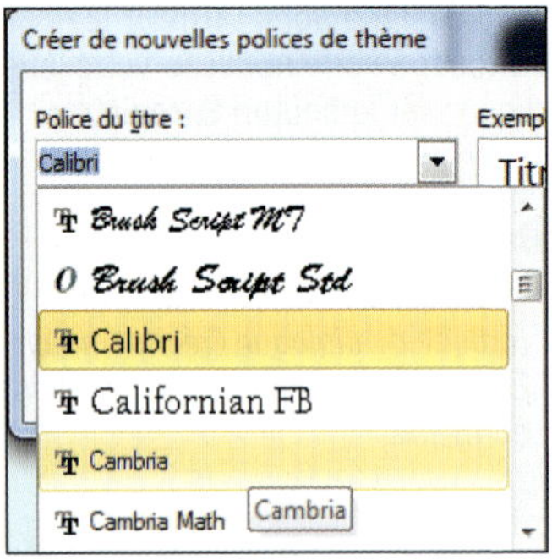

4 Cliquez ensuite sur la liste déroulante *Police du corps du texte* et sélectionnez une police parmi les différents choix proposés.

5 À la ligne *Nom*, donnez un nom à votre jeu de polices puis cliquez sur le bouton **Enregistrer**.

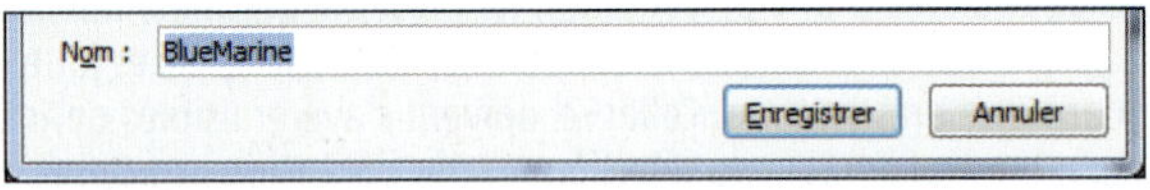

Vous pouvez voir un aperçu de l'impact de vos nouvelles polices sur votre présentation sous la rubrique *Exemple* de la boîte de dialogue **Créer de nouvelles polices de thème**.

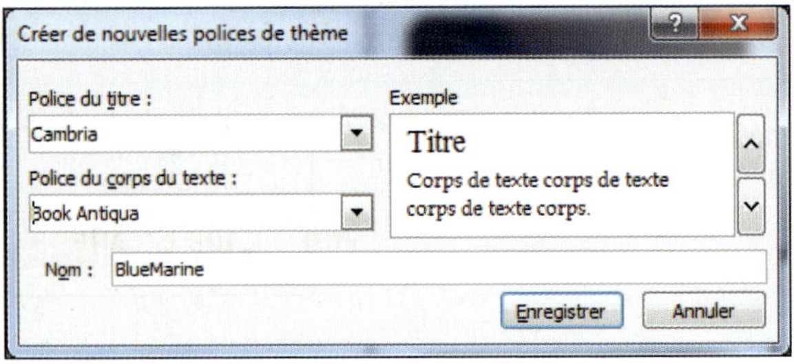

Classification des polices

En imprimerie, on classe les polices de caractères suivant leurs caractéristiques graphiques, comme leur empattement. La classification la plus simple (et la première puisqu'elle date de 1921) est celle du Français Thibaudeau, qui organise les polices en quatre familles distinctes : L'Elzévir, aux empattements triangulaires ou "gothiques" (par exemple, la police Garamond), le Didot, aux empattements filiformes (par exemple, la police Bodoni), l'Égyptienne, aux empattements carrés (par exemple, la police Courrier), et l'Antique ou Bâton, sans empattement (par exemple, la police Arial).

▸ Sélectionner des effets pour un thème

Alors qu'il est possible de créer des jeux de couleurs ou de polices, vous n'avez pas cette liberté avec les effets de thème. PowerPoint vous permet seulement d'associer à votre futur thème un effet parmi un choix assez conséquent de modèles prédéfinis.

Pour associer un effet à un thème :

1. Cliquez sur l'onglet **Création**. Dans le groupe *Thèmes*, cliquez sur *Effets de thème.*

2. Dans la galerie qui s'affiche, sélectionnez un effet de thème parmi les différentes options proposées.

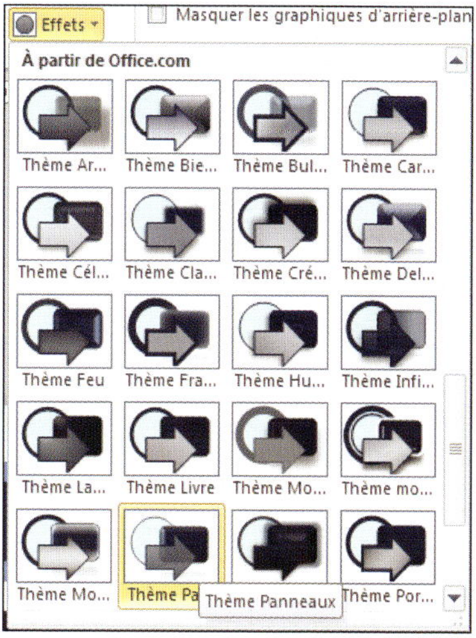

Effets de thème

Un effet de thème est un ensemble de style de traits et de remplissages associés à un thème. Lorsqu'il est utilisé par un thème, il prend tout simplement son nom.

Enregistrer un thème

Vous venez de spécifier un nouveau jeu de couleurs, de polices et d'effets pour votre futur thème. Il ne reste plus qu'à l'enregistrer. Celui-ci sera ensuite disponible dans d'autres applications de la suite Office.

Pour enregistrer votre thème personnalisé :

1. Rendez-vous sous l'onglet **Création**. Dans le groupe *Thèmes*, cliquez sur la flèche ci-contre pour dérouler la galerie des thèmes prédéfinis.

2. Dans la galerie des thèmes, cliquez sur **Enregistrer le thème actif**.

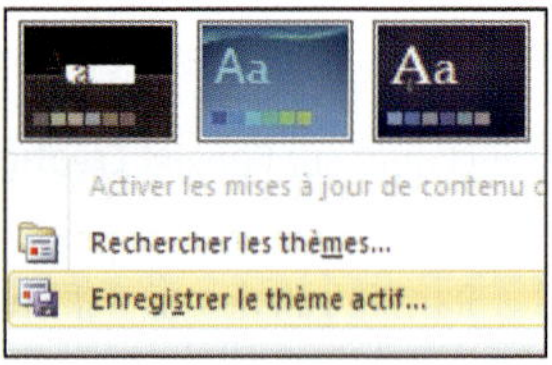

3. Dans la boîte de dialogue **Enregistrer le thème actif**, à la ligne *Nom de fichier*, donnez un nom à votre thème puis cliquez sur **Enregistrer**.

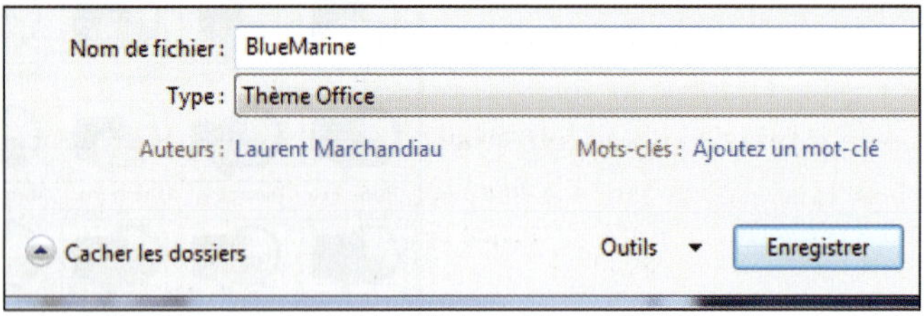

Les thèmes sont enregistrés dans le dossier *Thème de document* au format de fichier *.thmx*. Par ailleurs, le thème nouvellement créé est automatiquement ajouté à la liste des thèmes disponibles sous PowerPoint.

Celui-ci sera donc accessible sous l'onglet **Création**, dans la liste des thèmes de la rubrique *Personnalisé*.

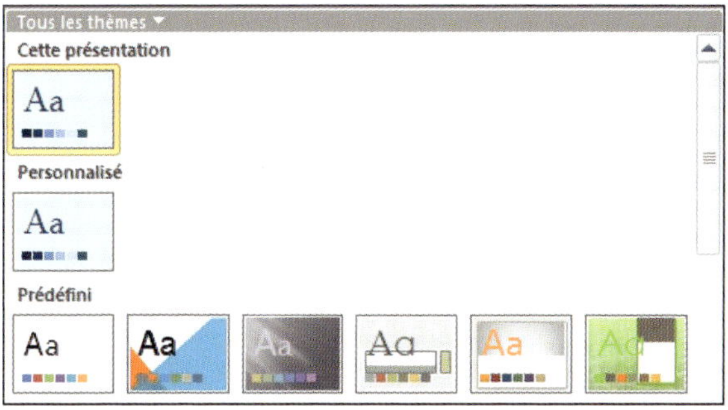

Maintenant que vous venez de créer votre propre thème, vous allez poursuivre la personnalisation de vos présentations en modifiant la disposition par défaut des diapositives.

PERSONNALISER VOS DIAPOSITIVES EN UTILISANT LES MASQUES

Lorsque vous créez une présentation, PowerPoint propose différents types de dispositions prédéfinies pour vos diapositives. Elles sont accessibles sous l'onglet **Accueil**, d'un clic sur le bouton **Disposition** du groupe *Diapositives*.

Ce ne sont en fait que des modèles de mises en page composés de différents éléments (bloc de texte, d'image et autres emplacements réservés) simplifiant la création des présentations. PowerPoint vous permet de concevoir vos propres modèles via trois modes de masque.

Pour accéder aux différents modes de masque :

1. Rendez-vous sous l'onglet **Affichage**.

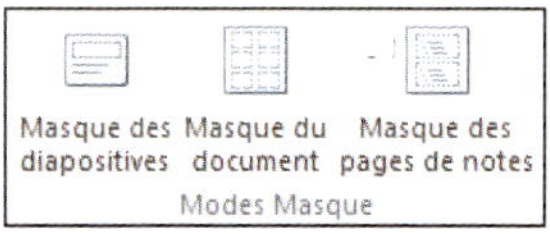

2. Dans le groupe *Modes de masque*, cliquez sur l'un des trois modes suivants : **Masque des diapositives**, pour modifier la mise en page et les éléments composant les diapositives, **Masque du document**, pour changer la mise en page globale du document, ses en-têtes et pieds de page, **Masque des pages de notes**, pour modifier l'apparence des pages de commentaires.

Masque

Diapositive ou page sur laquelle vous définissez une mise en forme spécifique pour toutes les diapositives ou pages de votre présentation. Chaque présentation dispose d'un masque pour chacun de ses composants-clés : diapositive, diapositive de titre, page de commentaires, document pour le public (si vous imprimez votre présentation pour votre auditoire).

▸ Préparer une présentation

Le mode Masque des diapositives permet de modifier radicalement la mise en page d'une présentation. Si vous voulez créer votre propre mise en forme, il est vivement conseillé de partir d'une nouvelle présentation. Vous pourrez ensuite modifier librement les différentes dispositions des diapositives intégrées par défaut.

1. Cliquez sur l'onglet **Fichier** puis sur **Nouveau** dans la colonne de gauche.

2. Sélectionnez *Nouvelle présentation* dans la rubrique *Modèles et thèmes disponibles*.

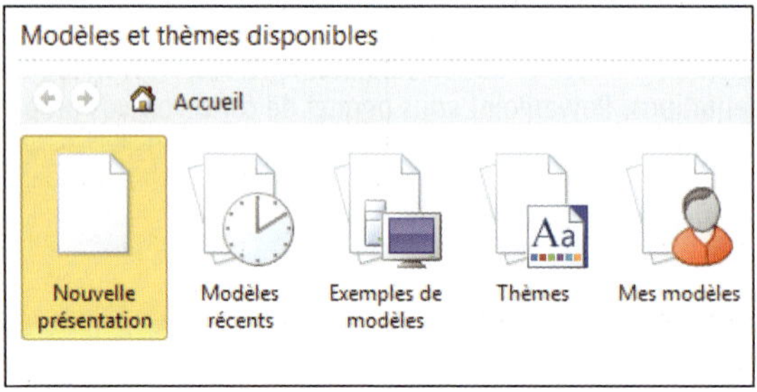

3. Dans le volet de droite, cliquez sur le bouton **Créer**.

4. Rendez-vous ensuite sous l'onglet **Affichage**, puis dans le groupe *Modes Masque*, cliquez sur **Masque des diapositives** pour basculer en mode Masque.

▶ Ajouter un masque des diapositives

Vous ne trouvez pas de mise en page adaptée à la présentation que vous souhaitez réaliser ? Qu'à cela ne tienne ! PowerPoint permet d'en créer une de toutes pièces, qui répondra à vos besoins. Mieux : vous pourrez, par la suite, ajouter autant d'espaces réservés que vous le souhaitez. Cette nouvelle mise en forme s'affichera dans les dispositions prédéfinies, pour peu que vous enregistriez votre présentation en tant que modèle.

1 Allez sous l'onglet **Affichage**. Dans le groupe *Modes Masque*, cliquez sur le bouton **Masque des diapositives**.

2 Sous l'onglet **Masque des diapositives**, sélectionnez *Insérer le masque des diapositives*. Un nouveau masque de diapositives vierge est créé. Il vient s'ajouter à l'ancien masque de diapositives. Il est facilement identifiable : il porte le numéro 2, à côté de la vignette de la diapositive-clé située dans la colonne de gauche de PowerPoint.

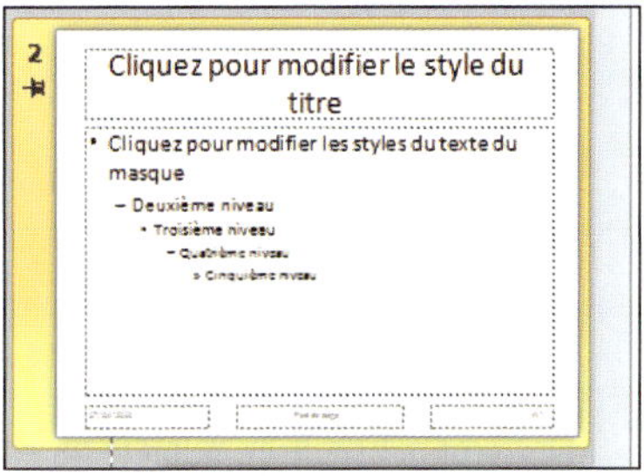

3 Pour supprimer l'ancien masque, sélectionnez la vignette du masque de diapositives portant le numéro 1, puis rendez-vous sous l'onglet **Masque des diapositives** et cliquez sur le bouton **Supprimer** situé dans le groupe *Modifier la forme de base*.

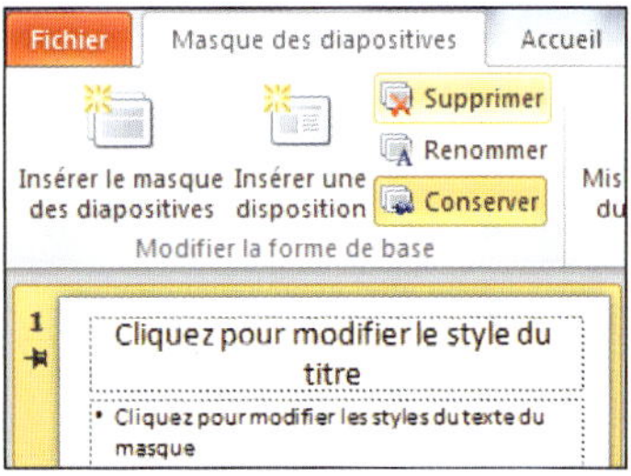

4 Vous voici désormais sur un masque de diapositives vierge. Pour renommer ce masque, sélectionnez-le dans la colonne de gauche, puis allez sous l'onglet **Masque des diapositives** et cliquez sur le bouton **Renommer** situé dans le groupe *Modifier la forme de base*.

5 La boîte de dialogue **Renommer la disposition** s'affiche. À la ligne *Nom de la disposition*, remplacez *Conception personnalisée* par le nom de votre choix, puis cliquez sur le bouton **Renommer**.

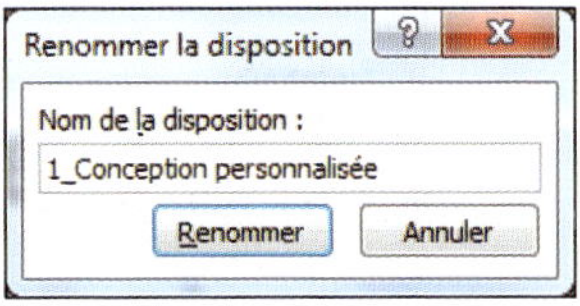

Le masque des diapositives correspond au thème de votre présentation. Si vous changez le jeu de couleurs, de polices ou d'effets, ces modifications seront automatiquement reportées sur l'ensemble des diapositives composant le masque.

De même, si vous appliquez un thème en mode Masque, cette action créera de facto un nouveau masque des diapositives aux couleurs du thème sélectionné.

▸ Modifier l'ensemble des styles des diapositives

Le masque des diapositives agit comme un mètre étalon : il récapitule l'ensemble des styles appliqués aux différentes dispositions qu'il contient. Ainsi, vous pouvez modifier la taille et le style des caractères directement depuis la "diapositive maître".

1 Sélectionnez, dans la colonne de gauche, la vignette du masque des diapositives, aisément reconnaissable au numéro qu'elle porte.

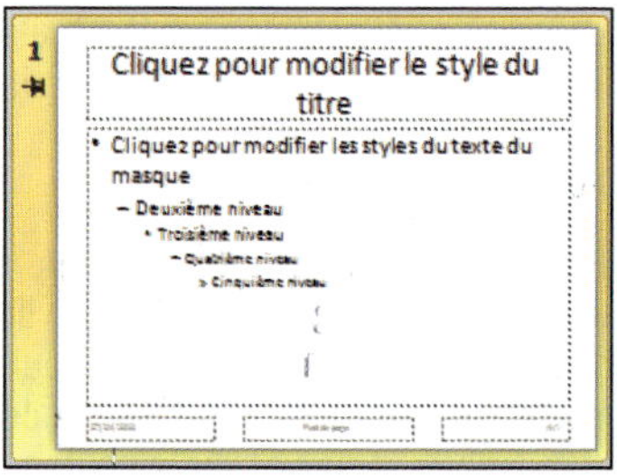

2 Dans l'espace réservé Cliquez pour modifier le style du titre, surligner le texte et appliquer le style que vous souhaitez utiliser pour l'ensemble de vos dispositions. Pour cela, toujours en mode Masque, allez sous l'onglet **Accueil** et changez le type de police de caractères, son style (gras, italique, surligné...) ainsi que sa taille et sa couleur, etc. Vous pouvez également changer son alignement dans le cadre.

Reportez-vous à ce sujet à la section *Manipuler le texte et améliorer la mise en page* du chapitre *Réaliser une présentation personnalisée.*

3 Faites de même pour les autres espaces réservés de cette "diapositive source", en jouant sur la mise en page et la taille des polices ainsi que sur l'alignement des textes.

4 Au besoin, changez la dimension des blocs de texte, en les redimensionnant à l'aide des poignées disponibles : cliquez sur un bloc et déplacez les poignées jusqu'à obtenir la taille souhaitée. Ainsi, tous les espaces réservés du même type seront redimensionnés de manière identique dans les dispositions rattachées au masque.

► Ajouter une disposition

Le masque de diapositives étant désormais configuré, vous avez la possibilité de concevoir une nouvelle disposition pour créer une mise en page adaptée à vos besoins. Pour cela, il suffit d'activer le mode Masque des diapositives en cliquant sur le bouton éponyme, accessible depuis l'onglet **Affichage** et situé dans le groupe *Modes Masque*.

Pour créer une nouvelle disposition :

1 En mode Masque, dans la colonne de gauche, cliquez sur l'une des vignettes, à l'emplacement où vous voulez insérer la nouvelle mise en page.

2 Rendez-vous ensuite sous l'onglet **Masque des diapositives**. Dans le groupe *Modifier la forme de base*, cliquez sur le bouton **Insérer une disposition**.

3 Si vous souhaitez supprimer un espace réservé, sélectionnez la bordure du cadre en cliquant dessus puis appuyez sur la touche Suppr de votre clavier.

4 Vous pouvez personnaliser l'arrière-plan de la diapositive en cliquant sur la flèche située en dessous du bouton **Arrière-plan**. Cliquez ensuite sur *Styles d'arrière-plan*. Sélectionnez un arrière-plan parmi les différents choix proposés. Cela n'affecte que la disposition sélectionnée, contrairement aux options situées dans le groupe *Modifier le thème*, qui s'appliquent à l'ensemble des dispositions contenues dans le masque des diapositives.

5 Si l'une des dispositions situées dans la colonne de gauche ne vous convient pas, sélectionnez la vignette correspondante dans cette même colonne. Allez sous

l'onglet **Masque des diapositives**. Dans le groupe *Modifier la forme de base*, cliquez sur le bouton **Supprimer**, ou appuyez sur la touche Suppr de votre clavier. Attention, seuls les masques de diapositives non utilisés dans la présentation peuvent être supprimés.

6 Votre disposition nouvellement ajoutée, il s'avère utile de la renommer. Elle sera plus aisément identifiable lorsque vous souhaiterez changer de dispositions en dehors du mode Masque. Pour cela, allez sous l'onglet **Masque des diapositives** puis cliquez sur le bouton **Renommer** situé dans le groupe *Modifier la forme de base*.

7 Dans la boîte de dialogue **Renommer la disposition**, saisissez un nom dans la zone *Nom de la disposition* et cliquez sur **Renommer**.

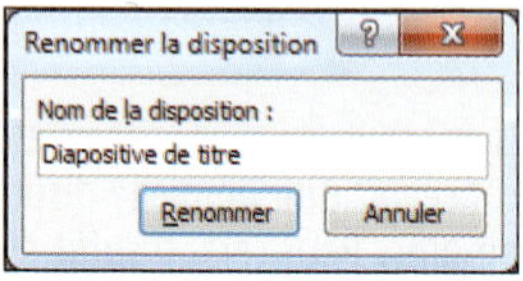

Créer une présentation personnalisée

Vous souhaitez créer une nouvelle mise en page et l'utiliser par la suite dans vos présentations ? Il est vivement conseillé de partir d'une présentation vierge ; vous pourrez ensuite supprimer les différentes dispositions en mode Masque. Dans le cas contraire, il sera impossible de supprimer les dispositions déjà utilisées.

Maintenant que vous savez insérer une nouvelle disposition, vous allez créer une mise en page personnalisée en y ajoutant différents éléments.

► Insérer et modifier un espace réservé à une mise en page

Un espace réservé s'avère aisément identifiable à son aspect en forme de cadre présentant des bordures en pointillés. Ce sont des zones de saisie de texte, qui peuvent intégrer des graphiques, des images ou encore des tableaux. Libre à vous de déplacer ces blocs et de les moduler au sein de votre présentation.

Pour ajouter un espace réservé :

1 Rendez-vous sous l'onglet **Affichage** puis cliquez sur **Masque des diapositives** situé dans le groupe *Modes Masque* pour basculer en mode Masque.

2 Dans la colonne de gauche, cliquez sur la vignette du masque de diapositives auquel vous souhaitez ajouter un espace réservé.

3 Sous l'onglet **Masque des diapositives**, dans le groupe *Mise en page du masque*, cliquez sur la flèche située en bas du bouton **Insérer un espace réservé**.

4 Dans le menu contextuel qui s'affiche, cliquez sur le type d'espace réservé que vous souhaitez insérer dans votre masque de diapositives.

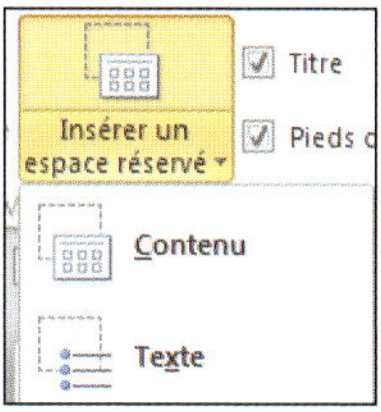

5 Tout en maintenant le bouton de la souris enfoncé, tracez l'espace réservé sur la diapositive.

Espaces réservés

Zones représentées par des cadres, dont les bordures sont en pointillés ou en lignes discontinues. Elles interviennent dans la majorité des mises en page des diapositives. Elles contiennent souvent un titre, un corps de texte ou encore des objets, comme des graphiques, des images, des tableaux, etc.

Modifier un espace réservé

Une fois votre espace réservé tracé, vous pouvez le modifier et le positionner précisément sur votre diapositive.

1 Cliquez sur l'une des bordures en pointillés de l'espace réservé à modifier.

2 Pour le redimensionner, placez le curseur sur l'une des poignées de dimensionnement. Lorsqu'il se transforme en flèche, faites glisser la poignée en maintenant le bouton de la souris enfoncé.

3 Pour déplacer l'espace réservé, pointez sur l'une de ses bordures. Lorsque le curseur se transforme en flèche à quatre pointes, maintenez le bouton de la souris enfoncé et positionnez l'espace réservé à l'endroit souhaité.

4 Vous pouvez également modifier la police, la taille ainsi que la casse et la couleur, ou encore l'espacement d'un texte situé dans un espace réservé. Sélectionnez le texte puis allez sous l'onglet **Accueil**. Dans le groupe *Police*, sélectionnez les options correspondantes.

Vous pouvez bien évidemment affecter un type d'animation ou de transition spécifique à un masque de diapositives, comme lors de la création d'une présentation. Rendez-vous pour cela sous les onglets **Animations** et **Transitions**.

Masquer les titres et pieds de page

Si vous ne souhaitez pas intégrer les titres et pieds de page dans l'une de vos dispositions, vous pouvez désactiver ces options via l'onglet ***Masque des diapositives****. Décochez ensuite les cases* Titre *et* Pieds de page *situées dans le groupe* Mise en page du masque.

Une fois vos différentes modifications apportées au masque des diapositives, rendez-vous sous l'onglet **Masque des diapositives** et cliquez sur le bouton **Désactiver le mode Masque** situé dans le groupe *Fermer*.

LE MASQUE DU DOCUMENT

Le masque de document permet de personnaliser la mise en page par défaut lorsque vous imprimez une présentation. Dans ce mode de masque, vous ne pourrez pas créer d'espace réservé. Seules les options de mise en page restent disponibles.

Pour concevoir une mise en page par défaut intégrée à un modèle de présentation :

1 Rendez-vous sous l'onglet **Affichage**. Dans le groupe *Modes Masque*, cliquez sur **Masque de document**.

2 En mode Masque, allez sous l'onglet **Masque du document**. Dans le groupe *Mise en page*, cliquez sur **Orientation de page** pour changer la disposition de la page à l'impression et sélectionnez *Portrait* ou *Paysage*.

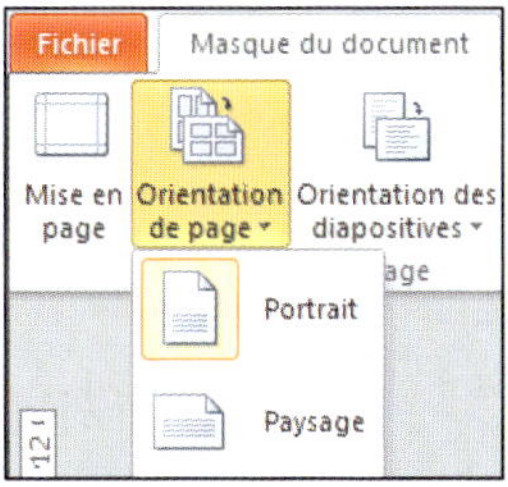

3 Pour changer l'orientation des diapositives, cliquez sur le bouton éponyme situé dans le groupe *Mise en page* sous l'onglet **Masque du document**. Choisissez entre *Portrait* et *Paysage*.

4 Toujours au même endroit, cliquez sur **Diapositives par page** pour spécifier le nombre de diapositives à afficher par page lors d'une impression. Dans le menu contextuel qui s'affiche, cliquez sur l'une des options disponibles.

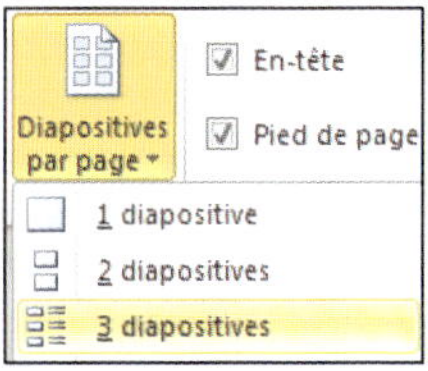

Vous pouvez également changer quelques éléments annexes, comme les en-têtes et pieds de page ainsi que l'affichage de la date et des numéros de page.

1 Sous l'onglet **Masque du document**, dans le groupe *Espaces réservés*, cochez ou décochez les options correspondantes (*En-tête*, *Pied de page*, *Date*, *Numéro de page*) selon que vous souhaitez afficher ou non ces éléments lors de l'impression de votre présentation.

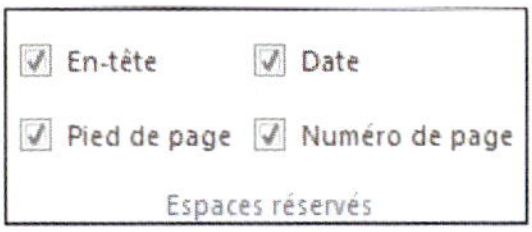

2 Pour modifier l'un de ces espaces réservés, cliquez dessus. Sélectionnez le texte et allez sous l'onglet **Accueil**. Changez la taille, la casse, la police ainsi que la couleur et l'espacement du texte via les options correspondantes situées dans le groupe *Police*.

3 Vous pouvez également changer l'aspect de ces espaces en sélectionnant l'un d'entre eux puis en vous rendant sous l'onglet **Accueil**. Dans le groupe *Dessin*, cliquez sur **Styles rapides** ou sur une autre option de dessin pour modifier l'apparence de l'espace réservé.

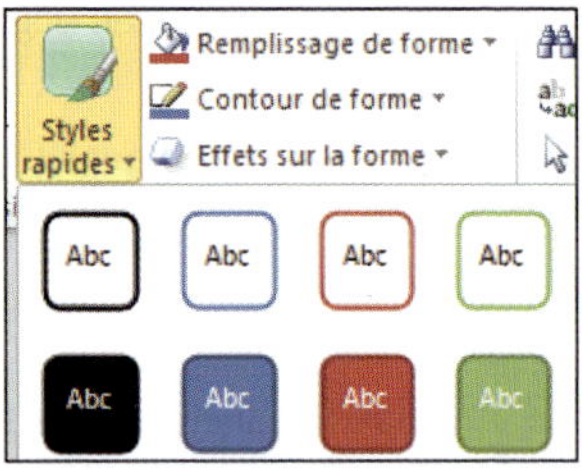

4 Une fois l'opération terminée, retournez sous l'onglet **Masque du document** et cliquez sur **Désactiver le mode Masque** situé dans le groupe *Fermer*.

▸ Le masque des pages de notes

Tout comme le masque du document, le masque des pages de notes permet de personnaliser et de normaliser, dans l'ensemble d'une présentation, l'affichage des pages de commentaires. De ce fait, vous ne pourrez pas ajouter d'espaces réservés, mais seulement en modifier quelques-uns.

1 Rendez-vous sous l'onglet **Affichage**. Dans le groupe *Modes Masque*, cliquez sur **Masque des pages de notes**.

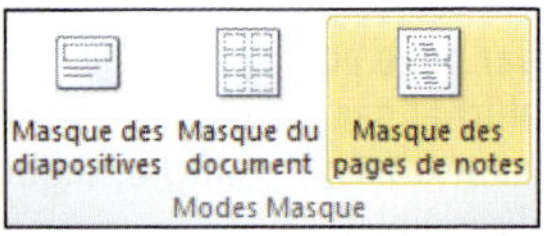

2 Cliquez sur l'onglet **Masque des pages de notes**. Dans le groupe *Mise en page*, cliquez sur le bouton **Orientation de la page des notes** ou **Orientation des diapositives** et changez l'orientation selon vos désirs (*Portrait* ou *Paysage*).

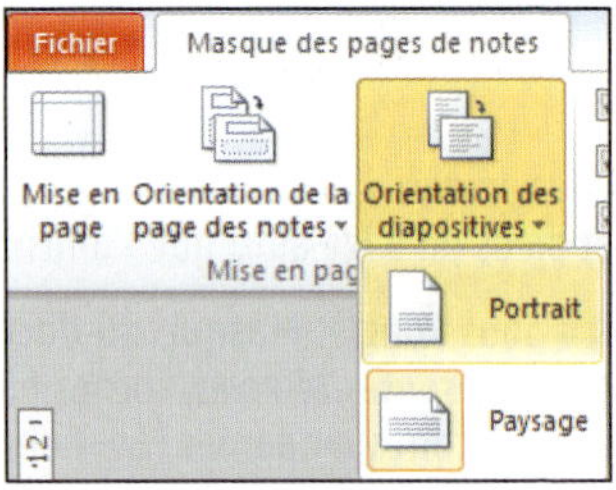

3 Toujours sous l'onglet **Masque des pages de notes**, dans le groupe *Espaces réservés*, cochez ou décochez les éléments à faire figurer sur les pages de notes.

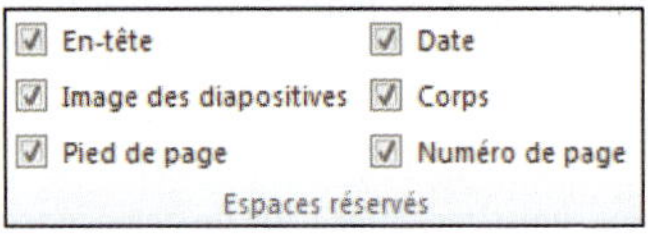

4 Pour modifier le style, le type de police, la taille, la casse ainsi que la couleur et l'espacement, cliquez sur l'espace réservé aux commentaires et

sélectionnez le texte. Rendez-vous ensuite sous l'onglet **Accueil** et modifiez les éléments à votre convenance, via les options des groupes *Police* et *Paragraphe*.

5 Retournez sous l'onglet **Masque des pages de notes**. Dans le groupe *Fermer*, cliquez sur **Désactiver le mode Masque**.

L'étape finale consiste à enregistrer vos paramètres de présentation en tant que modèle pour pouvoir les réexploiter par la suite lorsque vous élaborerez de nouvelles présentations.

▶ Enregistrer un modèle

Votre présentation est désormais entièrement à votre goût. Pour l'enregistrer en vue de la réutiliser, il suffit de créer un modèle.

1 Cliquez sur l'onglet **Fichier** pour activer le mode Backstage.

2 Dans la colonne de gauche, cliquez sur **Enregistrer sous**.

3 Dans la boîte de dialogue **Enregistrer sous**, cliquez sur la liste déroulante *Type* et sélectionnez *Modèle PowerPoint*.

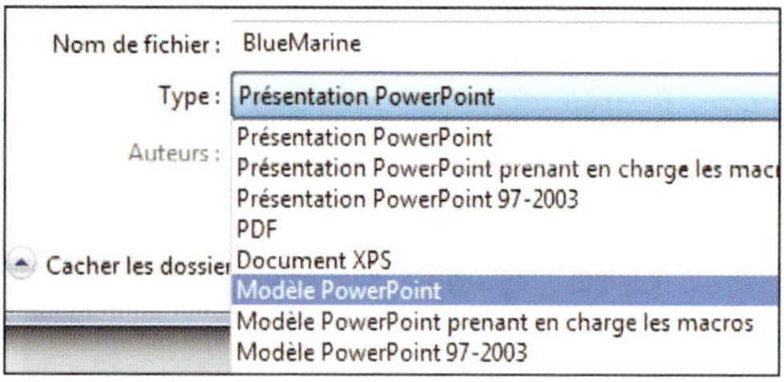

4 Sélectionnez un emplacement où enregistrer votre fichier en naviguant dans l'arborescence.

5 Donnez un nom à votre modèle à la ligne *Nom de fichier* et cliquez sur le bouton **Enregistrer**.

Dans ce qui suit, vous allez explorer, à travers des fiches pratiques, des fonctions bien utiles de PowerPoint 2010.

CONVERTIR UNE PRÉSENTATION EN PDF

Depuis Office 2007, Microsoft a intégré une fonction permettant de convertir les documents et présentations directement au format PDF. L'inconvénient résidait dans le fait que cette option était disponible sous la forme d'une extension qu'il fallait télécharger sur le site de la suite bureautique Office. Sous PowerPoint 2010, cette fonctionnalité est désormais intégrée en standard.

XPS OU PDF ?

PowerPoint permet de convertir une présentation en PDF mais également en XPS. Tous deux sont des formats de lecture seule. Ainsi, les fichiers convertis dans l'un de ces formats peuvent être lus mais ne sont pas modifiables par le destinataire. Ils nécessitent tous deux des logiciels permettant de les lire : le logiciel gratuit Acrobat pour le PDF et la visionneuse gratuite de Microsoft pour le XPS.

Ce dernier format est pris en charge nativement par Windows Vista et Windows 7 et, contrairement à PDF, il ne nécessite donc pas d'application tierce à installer si votre destinataire possède l'un de ces deux systèmes d'exploitation. L'avantage d'utiliser le XPS réside dans le fait que les fichiers convertis dans ce format sont moins volumineux que ceux générés en PDF. A contrario, le PDF est plus largement usité.

ENREGISTRER UNE PRÉSENTATION EN PDF OU XPS

La conversion en PDF ou en XPS d'une présentation s'effectue de la même manière.

1 Rendez-vous sous l'onglet **Fichier** pour activer le mode Backstage.

2 Dans la colonne de gauche, cliquez sur la rubrique *Partager*.

3 Sélectionnez *Créer un document PDF/XPS* dans le volet central. Cliquez sur le bouton **Créer un document PDF/XPS** situé dans la colonne de droite. La boîte de dialogue **Publier comme PDF ou XPS** s'affiche.

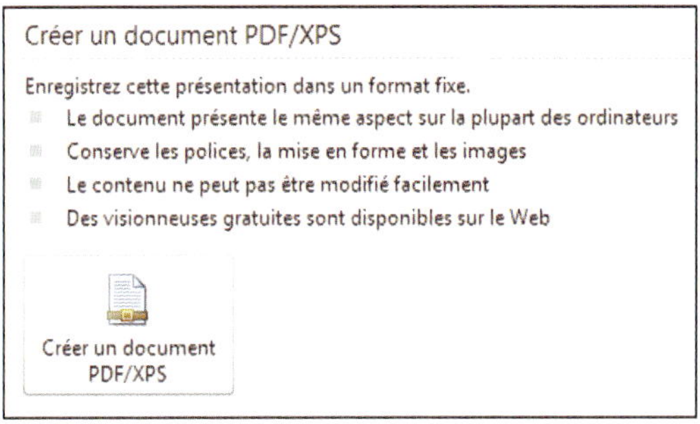

4 Saisissez un nom de fichier à la ligne éponyme et sélectionnez l'emplacement d'enregistrement de votre choix en naviguant dans l'arborescence.

5 Cliquez sur la liste déroulante *Type* pour choisir votre format : *PDF* (par défaut) ou *Document XPS*.

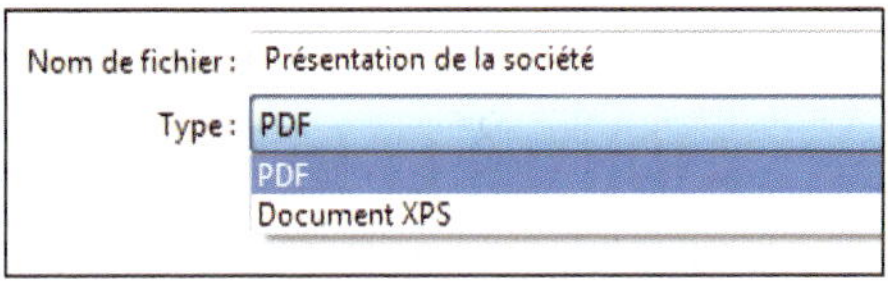

6 À la ligne *Optimiser pour*, sélectionnez l'option qui vous convient. Si vous souhaitez imprimer le document, cochez *Standard (publication en ligne et impression)*. Si vous voulez le diffuser sur le Web, voire par e-mail, privilégiez l'option *Taille minimale (publication en ligne)*.

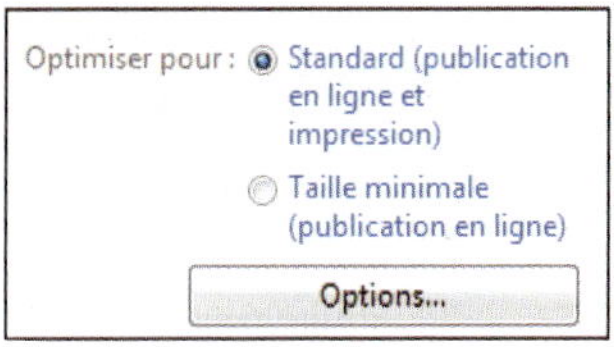

7 Décochez la case *Ouvrir le fichier après la publication* si vous ne voulez pas ouvrir votre présentation une fois convertie.

8 Cliquez sur le bouton **Publier**.

OPTIMISER LES PRÉSENTATIONS EN UTILISANT LES SECTIONS

Une présentation complexe se compose de multiples diapositives. Au point que les titres et les diapositives finissent par se confondre, rendant toute navigation hasardeuse. Il y a de quoi perdre la tête ! PowerPoint 2010 innove en intégrant la fonction **Ajouter une section**. Elle sert tout simplement à organiser les diapositives en les regroupant dans différentes parties.

AJOUTER ET RENOMMER UNE SECTION

L'ajout d'une section permet d'organiser les diapositives au sein de parties clairement identifiées, ce qui facilite la lecture de la présentation. Vous pouvez créer des sections tant dans le mode Normal (par défaut) que dans le mode Trieuse de diapositives.

1 Rendez-vous sous l'onglet **Affichage**. Dans le groupe *Affichages des présentations*, cliquez soit sur **Normal** (par défaut), soit sur **Trieuse de diapositives** pour basculer dans ce mode.

2 En mode Normal, dans le volet de gauche, cliquez du bouton droit entre les deux diapositives où vous souhaitez insérer une section.

3 Dans le menu contextuel, cliquez sur **Ajouter une section**.

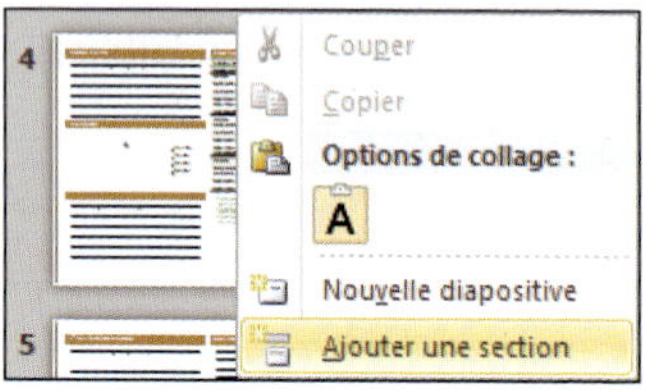

4 Cliquez du bouton droit sur le marqueur **Section sans titre** et sélectionnez **Renommer la section**.

5 Dans la boîte de dialogue **Renommer la section**, indiquez un nouveau titre pour votre section dans la zone éponyme, puis cliquez sur le bouton **Renommer**.

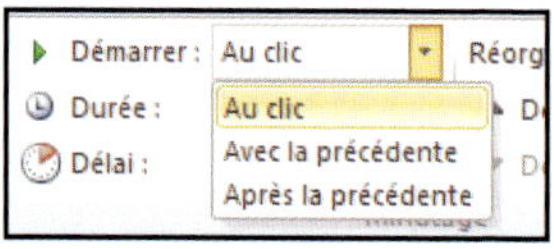

La procédure est la même en mode Trieuse de diapositives.

RÉDUIRE, DÉPLACER ET SUPPRIMER UNE SECTION

Les sections permettent d'afficher ou non les diapositives correspondantes. Elles peuvent se révéler d'une aide précieuse lorsqu'il s'agit de réorganiser une présentation. Vous pouvez également les supprimer avec ou sans les diapositives qu'elles intègrent.

Pour effectuer ces différentes opérations :

1. En mode Normal, allez dans le volet de gauche. Double-cliquez sur la section pour masquer les diapositives la composant. Double-cliquez de nouveau sur le nom de la section pour afficher les diapositives qu'elle intègre.

2. Pour déplacer une section, cliquez dessus du bouton droit. Dans le menu contextuel, sélectionnez **Déplacer la section vers le haut** ou **Déplacer la section vers le bas**.

3. Enfin, pour supprimer une section, cliquez dessus du bouton droit puis sélectionnez **Supprimer la section** (seule la section est supprimée), **Supprimer la section et les diapositives** (la section et les diapositives qu'elle contient sont effacées), ou bien **Supprimer toutes les sections** (toutes les sections créées "passent à la trappe").

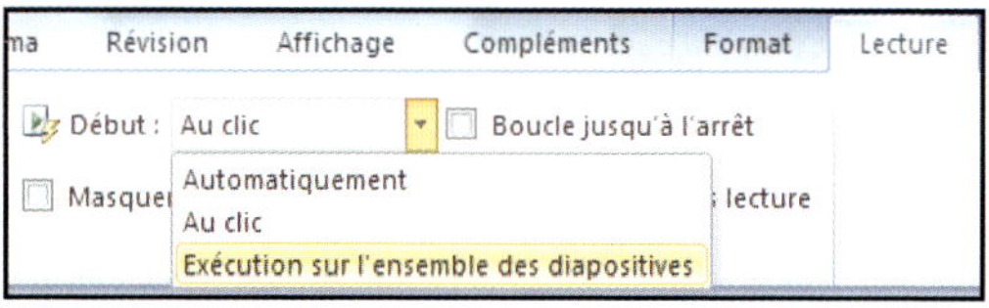

CONVERTIR UNE LISTE À PUCES EN SMARTART

Depuis la version 2007 de PowerPoint, il est possible d'illustrer graphiquement vos propos en convertissant le texte d'une liste à puces en graphique SmartArt. Un graphique SmartArt consiste en une représentation visuelle des informations. Il est entièrement personnalisable et donne un impact important au message à transmettre.

CRÉER UN GRAPHIQUE SMARTART À PARTIR D'UN TEXTE

Un graphique SmartArt est particulièrement utile lorsqu'il s'agit de réaliser une illustration de qualité professionnelle en quelques clics. Vous pouvez le concevoir directement à partir d'un texte d'une diapositive.

1. En mode Normal, sélectionnez une diapositive en cliquant sur sa vignette située dans le volet de gauche.

2. Sur la diapositive, cliquez sur le bloc de texte à convertir en graphique SmartArt.

3. Rendez-vous ensuite sous l'onglet **Accueil**. Dans le groupe *Paragraphe*, cliquez sur le bouton **Convertir en graphique SmartArt**.

4. Dans la galerie qui s'affiche, cliquez sur l'une des dispositions proposées.

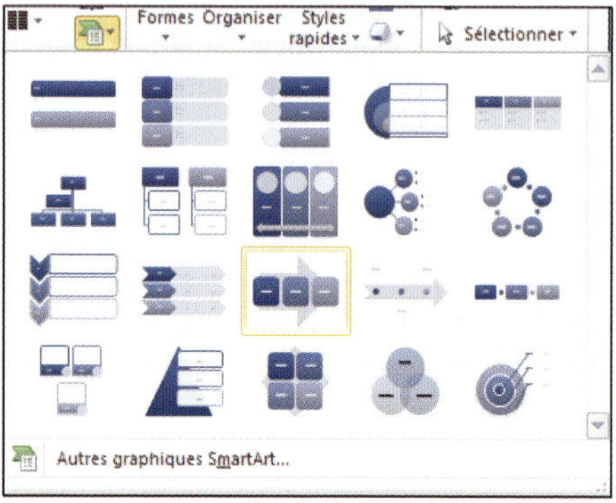

5. Si celles-ci ne vous conviennent pas, cliquez de nouveau sur le bouton **Convertir en graphique SmartArt** et sélectionnez *Autres graphiques SmartArt* dans la galerie.

Fiche pratique 3

6 Dans la boîte de dialogue **Choisir un graphique SmartArt**, cliquez sur l'une des rubriques situées dans la colonne de gauche pour afficher les graphiques SmartArt correspondants. Sélectionnez-en un. Cliquez ensuite sur le bouton OK.

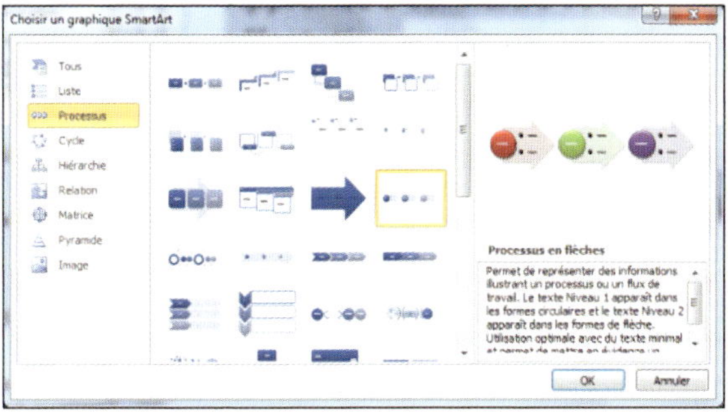

PERSONNALISER UN GRAPHIQUE SMARTART

Il est possible de modifier différents aspects de votre graphique SmartArt nouvellement créé. Vous pouvez lui appliquer des couleurs différentes. Toutes les combinaisons de couleurs sont dérivées des couleurs de thème de la présentation.

Pour changer l'apparence de votre graphique SmartArt :

1 Sélectionnez le graphique SmartArt nouvellement conçu.

2 Rendez-vous sous l'onglet **Création**. Dans le groupe *Styles SmartArt*, cliquez sur **Modifier les couleurs**. Attention : cliquez sur le graphique lui-même, et non sur le texte afférent.

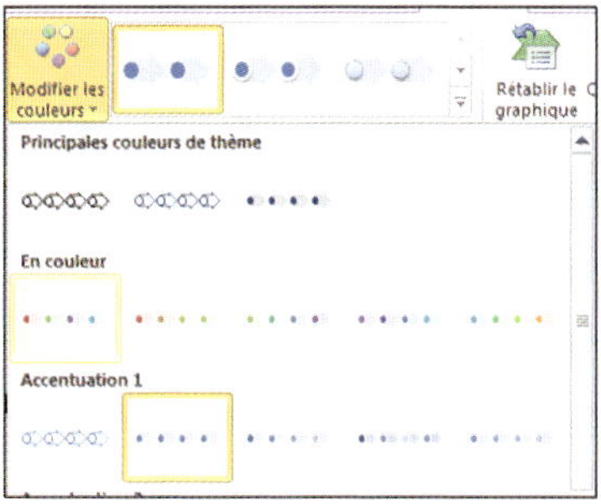

3 Dans la galerie qui s'affiche, choisissez la variation de couleurs parmi les différentes options proposées.

Vous pouvez rétablir les couleurs d'origine du graphique SmartArt en cliquant sur le bouton **Rétablir le graphique** situé sous l'onglet **Création** dans le groupe *Rétablir*.

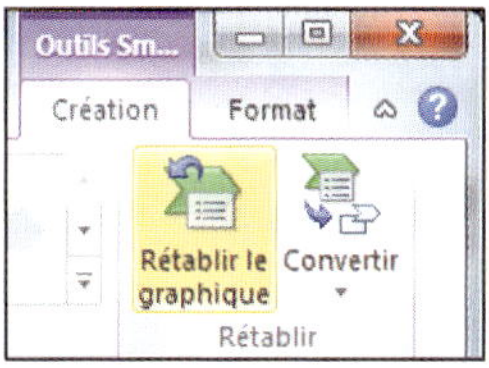

MASQUER UNE DIAPOSITIVE

C'est une fonction particulièrement pratique lorsque vous souhaitez occulter une diapositive du diaporama sans pour autant la supprimer. Dans ce cas, vous pouvez la masquer. La diapositive marquée comme masquée est toujours dans votre présentation, mais ne s'affiche pas pendant la diffusion du diaporama. Exploitez cette fonctionnalité avec les présentations ayant différents niveaux de détails.

OCCULTER UNE DIAPOSITIVE

Pour masquer une diapositive lors de la diffusion de votre présentation à votre auditoire :

1 En mode Normal, cliquez sur l'onglet **Diapositives** du volet de gauche.

2 Toujours dans ce volet, cliquez du bouton droit sur la vignette de la diapositive à masquer.

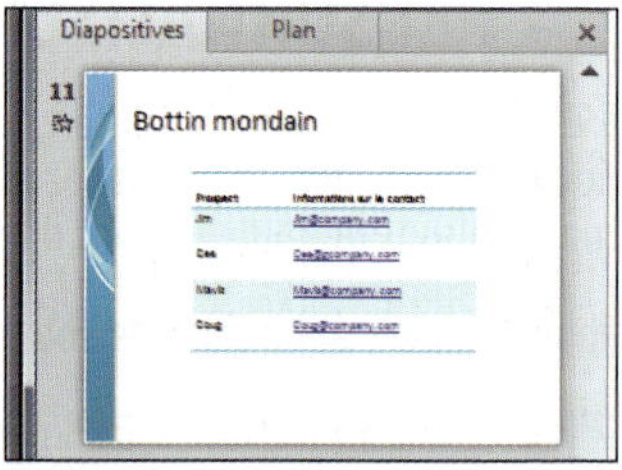

3 Dans le menu contextuel qui s'affiche, sélectionnez **Masquer la diapositive**.

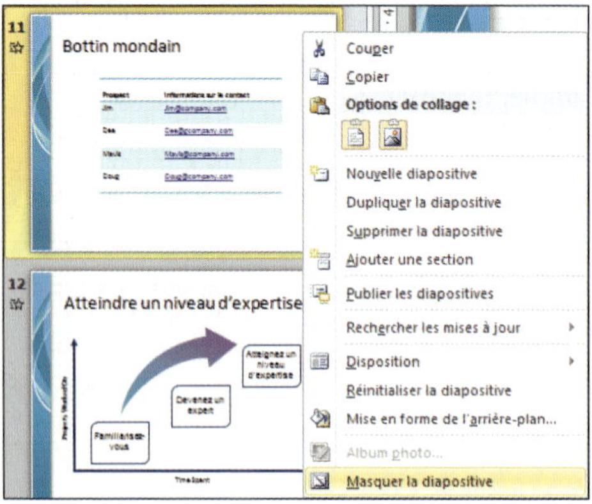

Une diapositive masquée dans une présentation est facilement identifiable. PowerPoint indique les diapositives occultées en rayant leur numéro dans le volet de gauche et en voilant leur vignette.

AFFICHER UNE DIAPOSITIVE MASQUÉE

Pour faire réapparaître une diapositive masquée lors de la diffusion de votre présentation :

1. En mode Normal, rendez-vous dans le volet de gauche et cliquez sur l'onglet **Diapositives**.

2. Cliquez du bouton droit sur la diapositive masquée.

3. Dans le menu contextuel qui s'affiche, cliquez de nouveau sur **Masquer la diapositive**. Notez que le surlignage orangé de l'icône en regard de cette fonction disparaît : cela signifie que l'option est désactivée.

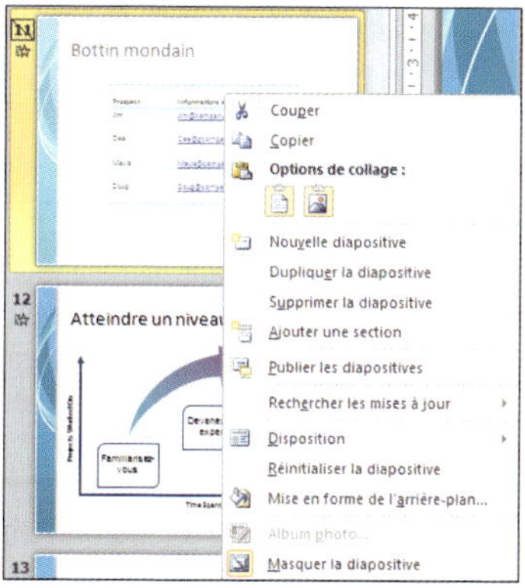

Dans le volet de gauche, le numéro de la vignette de la diapositive n'est plus rayé.

Si vous voulez conserver la diapositive masquée, mais la faire apparaître au besoin lors de la diffusion d'une présentation à votre auditoire, vous pouvez l'afficher.

1. Lors de la diffusion de votre présentation en mode Diaporama, cliquez du bouton droit sur la diapositive active.

2. Dans le menu contextuel qui s'affiche, pointez sur **Aller à** puis cliquez sur la diapositive que vous souhaitez afficher.

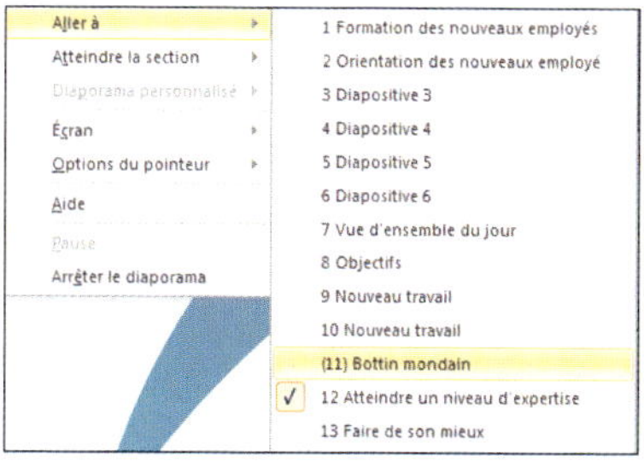

PowerPoint indique les diapositives masquées en mettant leur numéro entre parenthèses.

UTILISER LES BIBLIOTHÈQUES DE DIAPOSITIVES

PowerPoint intègre une fonctionnalité des plus intéressantes permettant de partager et de réutiliser le contenu des diapositives issues de différentes présentations en les stockant dans une bibliothèque de diapositives. Celle-ci peut être située soit sur votre ordinateur, soit sur un emplacement partagé tel qu'un serveur.

CRÉER UNE BIBLIOTHÈQUE DE DIAPOSITIVES

1. Rendez-vous sous l'onglet **Fichier** pour activer le mode Backstage.

2. Dans la colonne de gauche, cliquez sur *Partager* puis, sous la rubrique éponyme dans le volet central, cliquez sur *Publier les diapositives.*

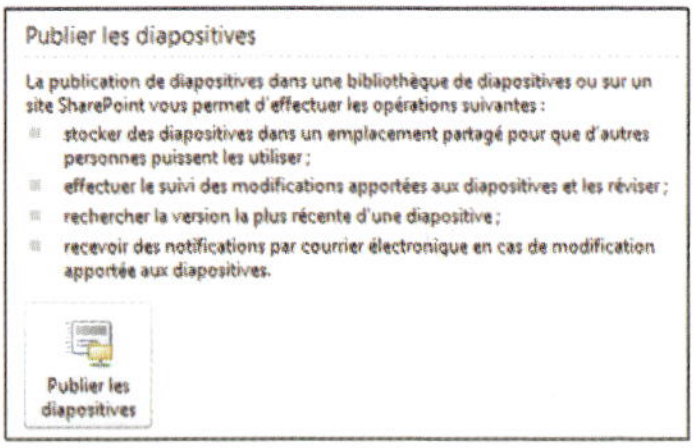

3. Cliquez sur le bouton **Publier les diapositives** dans la colonne de droite.

4. Dans la boîte de dialogue **Publier les diapositives**, cochez les diapositives à inclure dans votre future bibliothèque de diapositives.

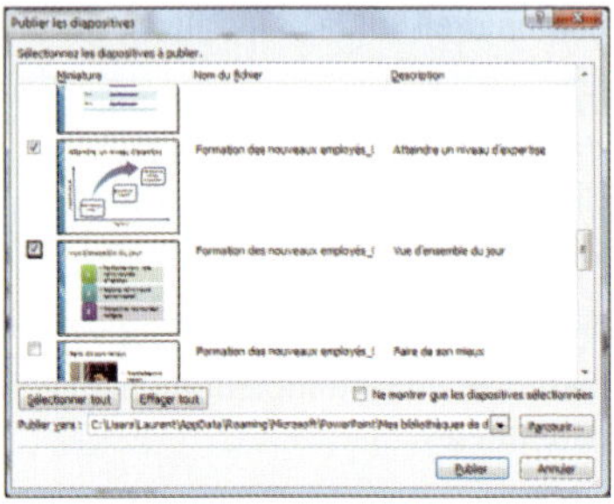

5. Cliquez sur le bouton **Parcourir**. PowerPoint ouvre le dossier *Mes bibliothèques de diapositives*. Sélectionnez l'emplacement où vous souhaitez stocker votre bibliothèque de diapositives. Le cas échéant, créez un répertoire via l'option **Nouveau dossier** de la boîte de dialogue. Cliquez sur **Sélectionner**.

6. Cliquez sur le bouton **Publier** pour ajouter les diapositives dans la bibliothèque créée.

Attention ! Il faut ensuite créer une liste de bibliothèques de diapositives sur un serveur Office SharePoint.

RÉUTILISER LE CONTENU D'UNE BIBLIOTHÈQUE DE DIAPOSITIVES

L'avantage de SharePoint Server est qu'il est possible de créer une bibliothèque intégrant les aperçus des diapositives. Consultez l'aide du logiciel pour savoir comment faire. Cela dit, vous n'êtes pas obligé de passer par cette application pour pouvoir réutiliser vos slides.

1. Rendez-vous sous l'onglet **Accueil**. Dans le groupe *Diapositives*, cliquez sur la flèche située sous le bouton **Nouvelle diapositive** et sélectionnez **Réutiliser les diapositives**.

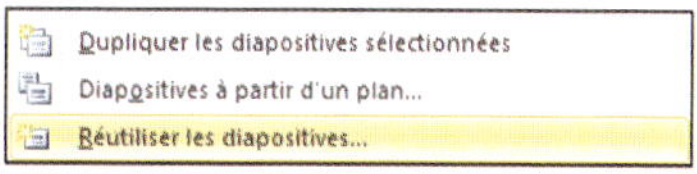

2. Le panneau **Réutiliser les diapositives** s'affiche à droite de votre présentation. Cliquez sur **Parcourir**, puis sélectionnez *Fichier* si vous n'avez pas configuré SharePoint Server, cliquez sur **Rechercher le fichier**. Dans le cas contraire, sélectionnez **Rechercher la bibliothèque de diapositives**.

3. Rendez-vous à l'emplacement où sont situées vos diapositives. Sélectionnez la diapositive à inclure puis cliquez sur **Ouvrir**.

4. Dans le panneau **Réutiliser les diapositives**, cochez la case *Conserver la mise en forme source* puis cliquez sur la vignette de la diapositive à ajouter à votre présentation.

EXÉCUTER UN DIAPORAMA EN BOUCLE

L'exécution d'un diaporama en boucle s'avère souvent une nécessité lorsque vous souhaitez diffuser en continu votre présentation, lors d'un salon quelconque. L'avantage de cette fonctionnalité réside dans le fait que personne ne pourra modifier son exécution, pour peu que vous configuriez correctement votre diaporama. Outre cette option dédiée à la diffusion sur une borne, il est possible de paramétrer une diffusion en continu agissant comme un écran de veille. À moins d'un appui sur la touche [Echap] du clavier, le diaporama s'exécutera indéfiniment.

CONFIGURER L'EXÉCUTION EN BOUCLE D'UN DIAPORAMA SUR UNE BORNE

Pour diffuser votre présentation sur une borne de manière continue :

1. Rendez-vous sous l'onglet **Diaporama**. Dans le groupe *Configuration*, cliquez sur le bouton **Configurer le diaporama**.

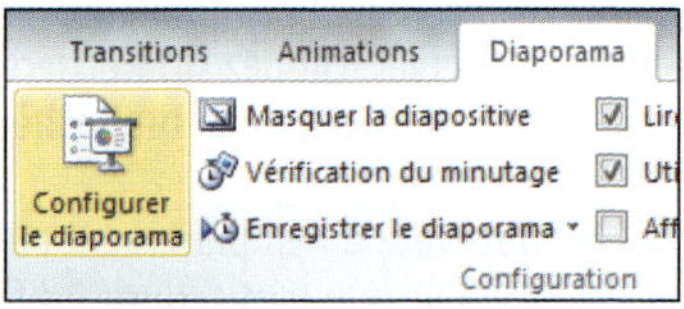

2. Dans la boîte de dialogue **Paramètres du diaporama**, sous la rubrique *Type de diaporama*, cochez la case *Visionné sur une borne (plein écran)*.

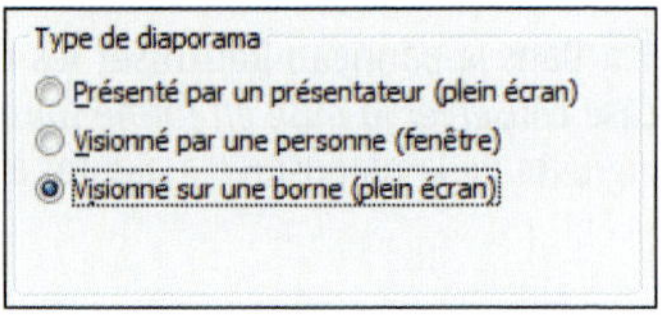

3. Cliquez sur le bouton OK.

PARAMÉTRER L'EXÉCUTION EN CONTINU POUR UNE DIFFUSION STANDARD

Pour lancer le diaporama en boucle :

1 Sous l'onglet **Diaporama**, cliquez sur le bouton **Configurer le diaporama** situé dans le groupe *Configuration*.

2 Dans la boîte de dialogue **Paramètres du diaporama**, cochez la case *Exécuter en continu jusqu'à Echap*. Cette option se situe sous la rubrique *Options du diaporama*. De cette manière, votre présentation sera diffusée indéfiniment jusqu'à ce que vous appuyiez sur la touche Echap de votre clavier.

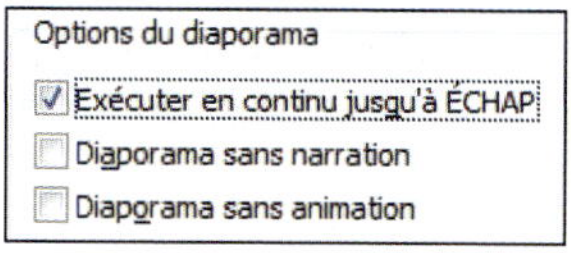

3 Cliquez sur le bouton OK et lancez la diffusion via le bouton **À partir du début** situé sous l'onglet **Diaporama** dans le groupe *Démarrage*.

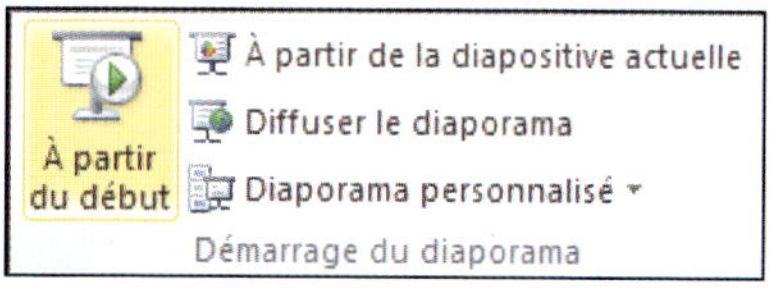

MODIFIER LES PROPRIÉTÉS D'UN DOCUMENT

PowerPoint 2010 présente quelques avancées significatives en termes de gestion du contenu. Il est ainsi possible de spécifier depuis son interface différentes propriétés pour un même document, telles que le nom de l'auteur, le titre du fichier, ses mots-clés, etc. Ces options sont accessibles depuis l'onglet **Fichier**.

Propriétés du document

Les propriétés d'un document, également appelées "métadonnées", sont des informations relatives à un fichier qui le décrivent et permettent de mieux l'identifier. Il s'agit de données telles que le titre, le nom de l'auteur, la date de création, les mots-clés, etc.

ACCÉDER ET MODIFIER LES PROPRIÉTÉS D'UNE PRÉSENTATION

Il s'avère parfois utile de fournir des données relatives à une présentation, par exemple des mots-clés pour mieux la retrouver par la suite, ou encore le nom de l'auteur pour identifier la provenance du fichier.

Pour modifier les propriétés d'une présentation :

1. Cliquez sur l'onglet **Fichier** pour activer le mode Backstage.
2. Sélectionnez la rubrique *Informations* dans le volet de gauche.

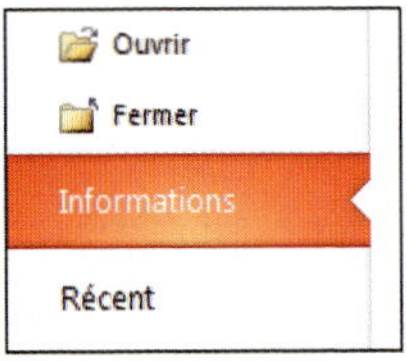

3 Sous l'aperçu de la présentation dans le panneau de droite, cliquez sur la propriété que vous souhaitez modifier. Cliquez sur la zone *Titre* pour ajouter le titre de la présentation. Spécifiez la catégorie à laquelle se rapporte la présentation en cliquant dans la zone éponyme.

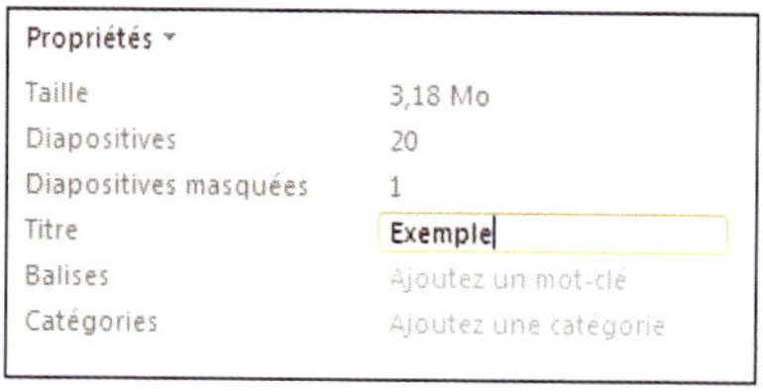

4 Pour ajouter des mots-clés, cliquez sur la zone *Balises*. Saisissez-les en les séparant par un point-virgule.

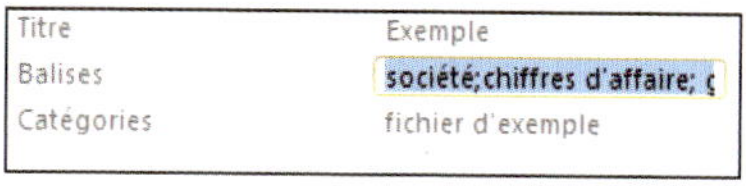

5 Vous avez la possibilité d'associer un auteur différent de l'utilisateur enregistré. Sous la rubrique *Personnes associées*, cliquez sur la zone *Auteur* et saisissez un nom.

Il est possible d'insérer directement le nom de la personne si celle-ci figure dans votre Carnet d'adresses. Cliquez sur la zone *Auteur* puis sur l'icône en forme de livre. Dans la boîte de dialogue **Carnet d'adresses**, cliquez sur le nom de votre contact puis sur OK.

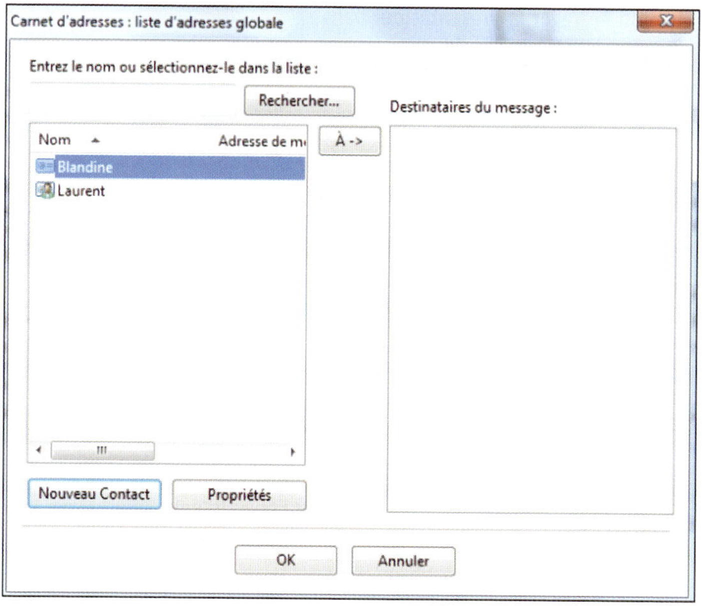

PROTÉGER UNE PRÉSENTATION

Pour éviter que votre présentation tombe entre de mauvaises mains, vous avez la possibilité de la protéger par l'intermédiaire d'un mot de passe. Il sera alors impossible de modifier et de visualiser votre fichier à moins de connaître le mot de passe en question.

CHIFFRER UN FICHIER

Pour ajouter un mot de passe à votre présentation de manière à la rendre inaccessible aux utilisateurs qui ne le connaissent pas :

1 Rendez-vous sous l'onglet **Fichier** pour activer le mode Backstage.

2 Cliquez sur la rubrique *Informations*. Dans le volet central, cliquez sur le bouton **Protéger la présentation**. Dans le menu contextuel qui s'ouvre, sélectionnez **Chiffrer avec mot de passe**.

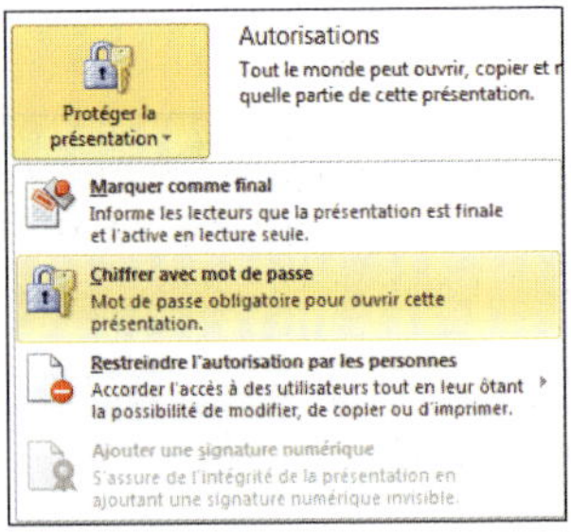

3 Dans la boîte de dialogue qui s'affiche, saisissez un mot de passe dans la zone éponyme puis cliquez sur OK.

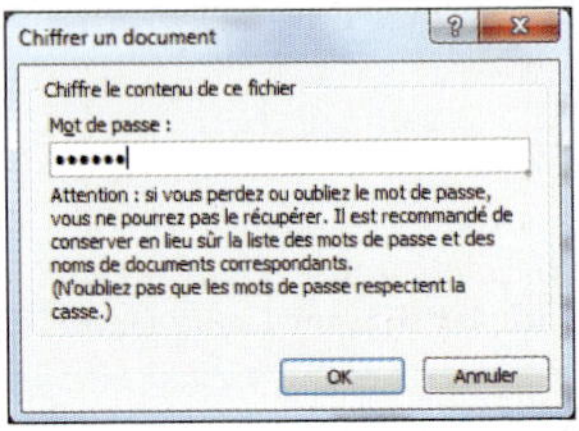

4 PowerPoint vous demande de confirmer votre mot de passe. Saisissez-le de nouveau puis cliquez sur OK.

5 Toujours en mode Backstage, cliquez sur **Enregistrer** pour que votre mot de passe soit bien pris en compte pour l'ouverture de cette présentation.

RESTREINDRE L'ACCÈS D'UN FICHIER

Outre chiffrer une présentation par un mot de passe, PowerPoint permet de restreindre l'accès à un fichier à un petit groupe de personnes. Ce service nécessite une connexion Internet ainsi qu'un identifiant Windows Live (en fait, une adresse de messagerie Windows Live ou Hotmail).

1 Rendez-vous sous l'onglet **Fichier**. Sous la rubrique *Informations*, cliquez sur le bouton **Protéger la présentation**.

2 Dans le menu contextuel qui s'affiche, pointez le curseur sur **Restreindre l'autorisation par les personnes** puis cliquez sur **Accès restreint**. La boîte de dialogue **Inscription au service** s'ouvre.

3 Dans celle-ci, cochez la case *Oui, je veux souscrire à ce service gratuit Microsoft* puis cliquez sur **Suivant**.

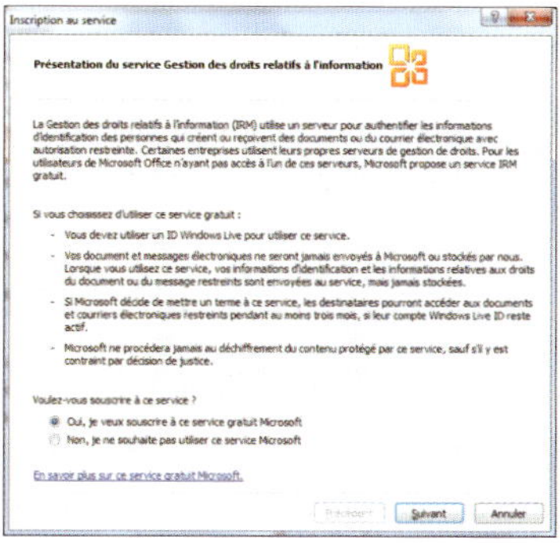

4 Dans la boîte de dialogue suivante, cochez *Oui, je possède un compte Windows Live ID*. Dans le cas contraire, cochez l'autre case et suivez les instructions. Cliquez sur **Suivant**. Indiquez dans les champs correspondants votre adresse de messagerie ainsi que votre mot de passe, puis cliquez sur **Connexion**.

5 Cochez la case *Il s'agit d'un ordinateur privé* puis cliquez sur **J'accepte**. Enfin, cliquez sur **Terminer**.

6 La boîte de dialogue **Sélectionner l'utilisateur** s'affiche. Cliquez sur OK une fois fait.

7 Dans la boîte de dialogue **Autorisation**, indiquez les adresses de messagerie des utilisateurs qui peuvent lire et/ou modifier votre présentation, dans les champs *Lire* et *Modifier*. Cliquez sur OK.

N'oubliez pas d'enregistrer votre présentation pour que la restriction d'accès soit prise en compte.

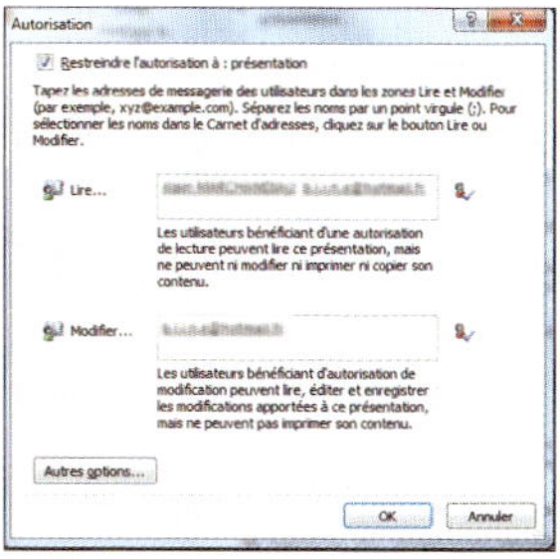

ANIMER DES OBJETS SUR UNE DIAPOSITIVE

PowerPoint dispose de puissants effets d'animation. Outre appliquer les traditionnels effets d'estompage, d'apparition ou encore de balayage, vous pouvez déplacer un élément d'une diapositive suivant une trajectoire définie au préalable pour créer des animations percutantes.

UTILISER LES EFFETS DE TRAJECTOIRE PRÉDÉFINIS

PowerPoint offre la possibilité de déplacer un élément d'une présentation suivant une trajectoire définie. Cela peut accroître l'intérêt de la présentation de manière significative pour peu que le sujet s'y prête.

1 Cliquez sur l'élément de la présentation à animer, par exemple un bloc de texte.

2 Rendez-vous sous l'onglet **Animations**. Dans le groupe *Animations*, déroulez la galerie en cliquant sur cette icône.

3 Dans la rubrique *Trajectoires*, cliquez sur un effet de trajectoire prédéfini parmi les cinq options proposées. Choisissez par exemple *Lignes*.

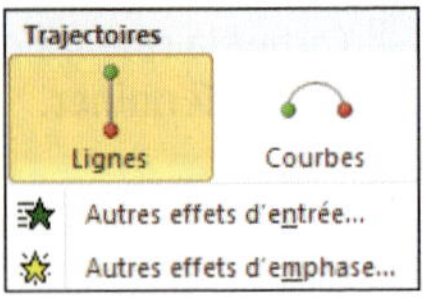

4 Sur votre diapositive, déplacez la flèche verte en cliquant dessus puis en faisant glisser la souris jusqu'à atteindre l'emplacement désiré. Cette flèche marque le début de l'animation.

5 De la même manière que précédemment, cliquez sur la flèche rouge représentant l'endroit où doit s'arrêter l'animation et positionnez-la où bon vous semble.

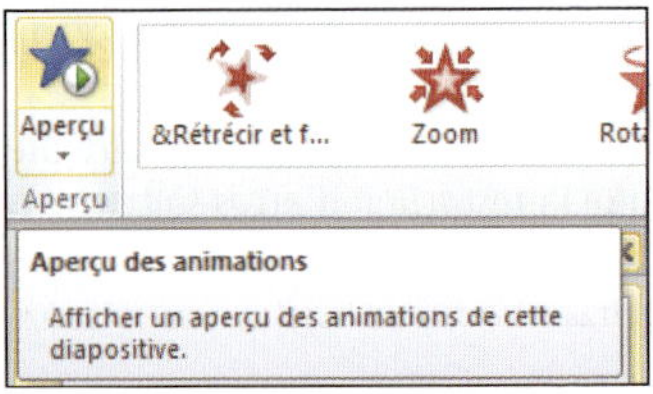

6 Cliquez ensuite sur le bouton **Aperçu** situé sous l'onglet **Animation** dans le groupe *Aperçu* pour visualiser l'effet.

CRÉER UNE TRAJECTOIRE PERSONNALISÉE

PowerPoint permet de réaliser des trajectoires personnalisées.

1 Sélectionnez un élément de votre présentation, par exemple une forme quelconque (ici un smiley).

2 Rendez-vous sous l'onglet **Animations** puis déroulez la galerie des effets disponibles.

3 À la rubrique *Trajectoires*, sélectionnez *Chemin personnalisé*.

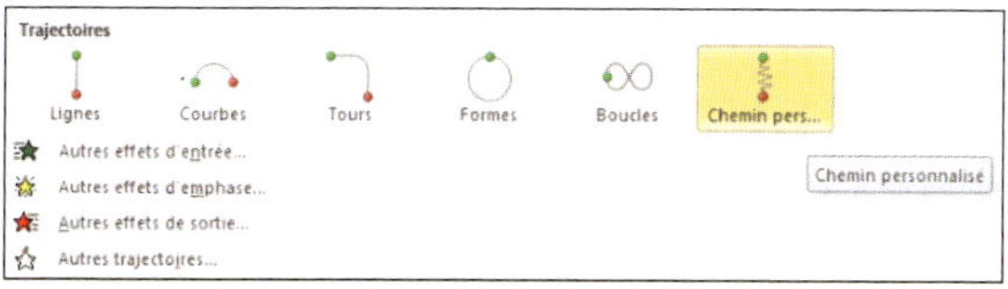

4 Le curseur se mue en curseur de précision. Cliquez sur l'endroit où vous souhaitez démarrer votre animation.

5 Cliquez de nouveau sur un autre emplacement pour définir la trajectoire. Recommencez l'opération pour définir le parcours intégral. Une fois que vous avez terminé, appuyez sur la touche Echap de votre clavier.

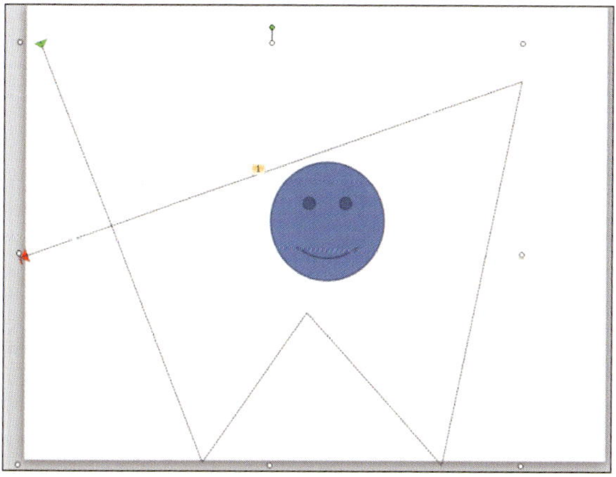

6 Cliquez sur le bouton **Aperçu** situé dans le groupe éponyme de l'onglet **Animations** pour visualiser l'effet produit.

TÉLÉCHARGER DES MODÈLES DEPUIS LE WEB

Comme dans la plupart des applications de la suite Microsoft Office, il est possible de télécharger différents modèles de présentations depuis le Web. Pour peu que vous disposiez d'une connexion Internet, vous pourrez bénéficier de nombreux nouveaux modèles, qui répondront à la plupart de vos besoins.

TÉLÉCHARGER DES MODÈLES DE PRÉSENTATIONS

En quelques clics bien ajustés, vous allez disposer de nouveaux modèles de présentations. De quoi ravir les utilisateurs, qui trouveront, si ce n'est une réponse à un besoin précis, de nouvelles idées de présentation.

1 Cliquez sur l'onglet **Fichier** pour activer le mode Backstage.

2 Sélectionnez **Nouveau**. Dans la rubrique *Modèles Office.com*, double-cliquez sur l'une des catégories disponibles. Ouvrez les sous-répertoires et sélectionnez une présentation.

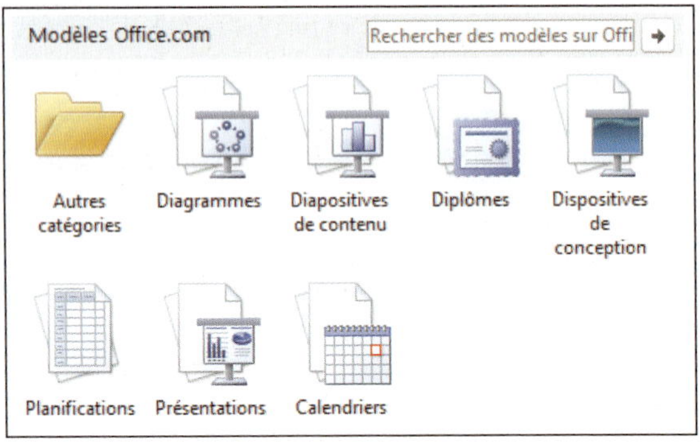

3 Dans le volet de droite, en dessous de l'aperçu du modèle de présentation, cliquez sur le bouton **Télécharger**.

Le nouveau modèle de présentation s'ouvre instantanément.

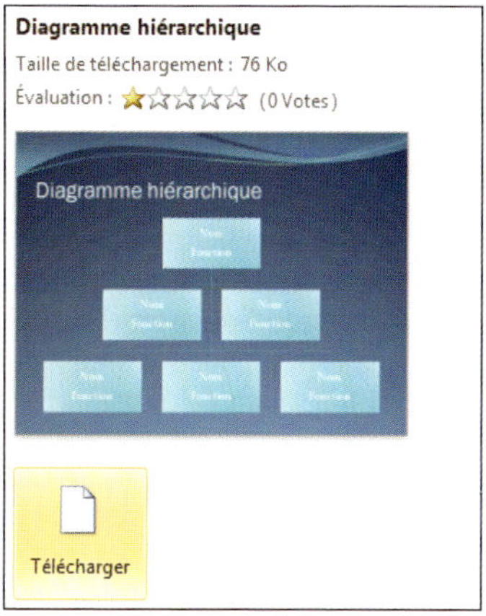

Vous pouvez aussi saisir un mot-clé dans la zone *Rechercher des modèles sur Office .com* en regard de la rubrique *Modèles Office.com*. Il suffit ensuite d'appuyer sur la touche [↵] de votre clavier pour lancer la recherche parmi la base de modèles de présentations en ligne d'Office.

ENREGISTRER LE MODÈLE DE PRÉSENTATION

Bien qu'il soit visible, le modèle n'est pas encore enregistré. Si bien qu'à chaque fois, vous devrez le télécharger pour vous en servir, ce qui n'est pas des plus pratiques. Pour l'enregistrer définitivement sur votre disque dur :

1 Une fois votre nouveau modèle téléchargé et ouvert sous PowerPoint, cliquez sur l'onglet **Fichier**.

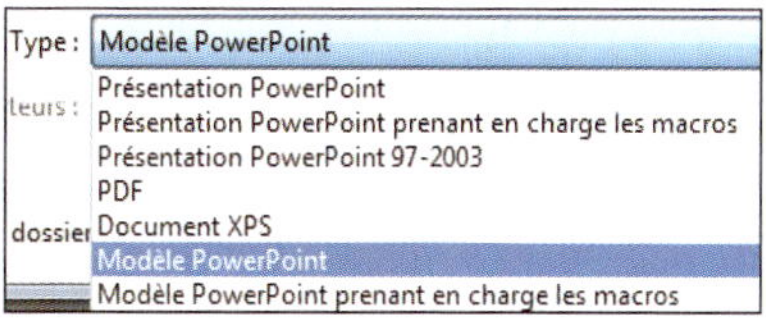

2 Sélectionnez **Enregistrer sous**. La boîte de dialogue éponyme s'ouvre. Dans celle-ci, cliquez sur la liste déroulante *Type*. Choisissez *Modèle PowerPoint* parmi les différentes options proposées.

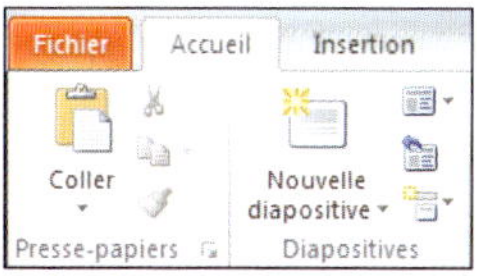

3 Sélectionnez un emplacement où vous souhaitez enregistrer votre modèle en naviguant dans l'arborescence, puis cliquez sur **Enregistrer**.

UTILISER LE TRADUCTEUR

C'est l'une des fonctions les moins en vue de PowerPoint et généralement de la suite Office, mais elle peut rendre à bien des égards de nombreux services. Le logiciel de présentation de Microsoft dispose d'un petit module de traduction assez complet qui vous sauvera la mise lorsqu'il s'agit d'avoir la correspondance d'un mot dans un autre idiome que le vôtre. L'utilisation de cette fonction nécessite une connexion Internet.

TRADUIRE UN TEXTE

Pour accéder à cet outil "magique", rien de plus simple !

1. Sélectionnez le mot ou la phrase à traduire dans votre présentation.

2. Cliquez sur l'onglet **Révision**. Dans le groupe *Langue*, sélectionnez **Traduire**.

3. Dans le menu contextuel qui s'affiche, cliquez sur **Traduire le texte sélectionné**. Le volet de traduction s'ouvre à droite de la fenêtre.

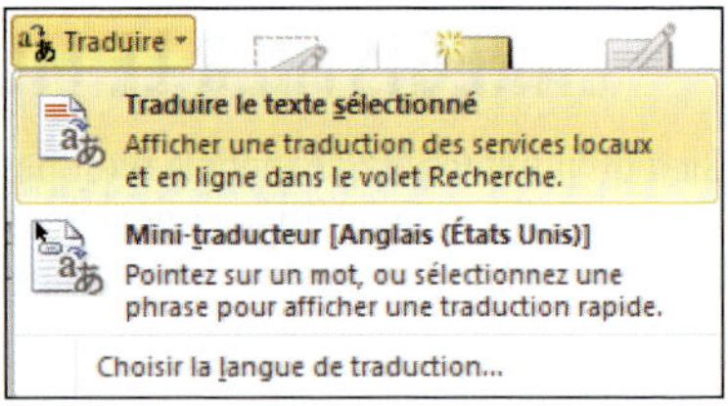

4. Par défaut, PowerPoint traduit du français vers l'anglais (États-Unis). Vous pouvez changer la langue cible. Pour cela, sous la rubrique *Traduction*, cliquez sur la liste déroulante *De* puis sélectionnez la langue d'origine du terme à traduire.

5. Dans la liste déroulante *Vers*, sélectionnez la langue de traduction désirée. Les correspondances trouvées s'affichent en bas du volet.

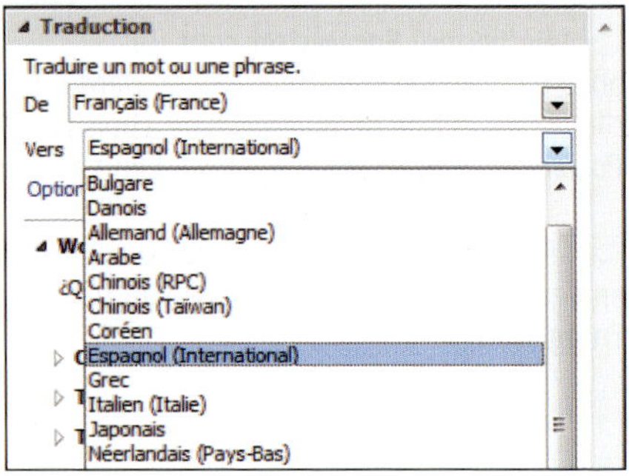

UTILISER LE MINI-TRADUCTEUR

PowerPoint intègre un mini-traducteur légèrement moins complet que la fonction précédente, mais qui s'avère suffisant dans bien des cas. Il permet d'afficher la traduction d'un mot ou d'une phrase quasi instantanément en pointant le curseur sur les termes à traduire.

1. Sélectionnez un terme ou une phrase dans votre présentation.

2. Rendez-vous sous l'onglet **Révision**. Dans le groupe *Langue*, cliquez sur **Traduire**.

3. Sélectionnez **Choisir la langue de traduction** dans le menu contextuel qui s'affiche pour définir la langue cible.

4. Dans la boîte de dialogue **Options de langue de traduction**, cliquez sur la liste déroulante *Traduire en* et sélectionnez une langue parmi les idiomes proposés. Cliquez sur OK une fois cela fait.

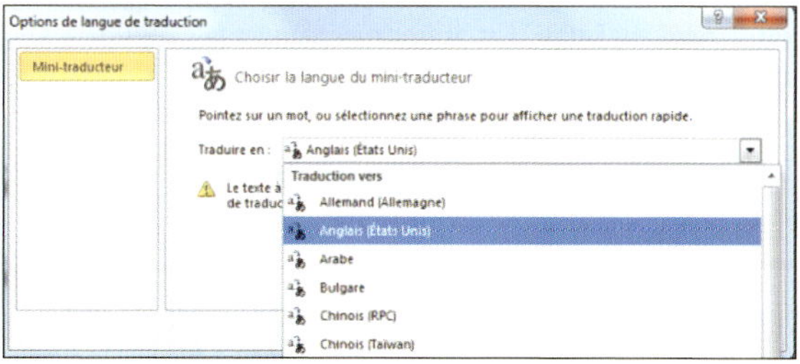

5. Cliquez de nouveau sur le bouton **Traduire** situé sous l'onglet **Révision** et sélectionnez **Mini-traducteur**.

6. Cliquez sur un mot ou sélectionnez une phrase dans votre présentation. Une boîte de dialogue transparente s'affiche. Placez le curseur dessus pour la faire apparaître clairement et avoir ainsi la traduction des termes sélectionnés.

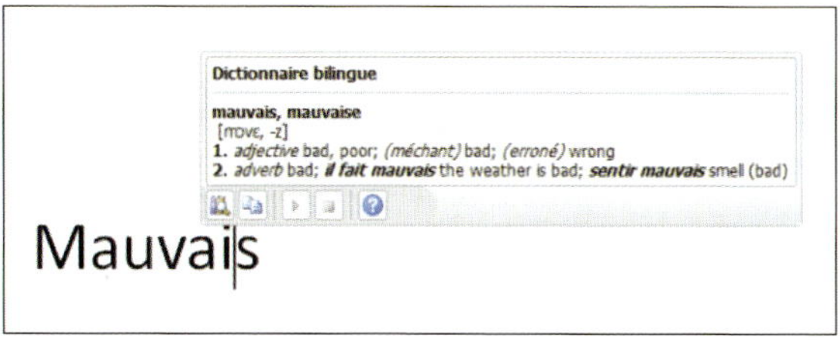

DIFFUSER UN DIAPORAMA À UN AUDITOIRE DISTANT

PowerPoint permet de diffuser une présentation par l'intermédiaire d'Internet. À l'image de la visioconférence, cette fonctionnalité permet de suivre à distance la présentation d'un diaporama. Ainsi, les personnes à qui il s'adresse peuvent le visualiser en intégralité via leur navigateur web (Internet Explorer, Firefox et Safari).

À PROPOS DE LA DIFFUSION D'UNE PRÉSENTATION PAR INTERNET

Ce service requiert que votre auditoire dispose non seulement d'une connexion Internet mais aussi de l'un de ces trois navigateurs web : Internet Explorer, Firefox ou Safari. Les autres navigateurs tels qu'Opera ou Chrome ne sont pas pris en charge pour l'instant.

En outre, si vous utilisez ce service gratuit de Microsoft, vous devez posséder un identifiant Windows Live (en clair, une adresse de messagerie Windows Live, MSN ou Hotmail) pour y accéder.

DIFFUSER UN DIAPORAMA VIA INTERNET

Le principe de fonctionnement de ce service est assez simple. Votre diaporama est hébergé pendant la durée de la présentation sur l'un des serveurs de Microsoft dédié à cet usage ou sur un serveur tiers si vous avez opté pour un autre service similaire. Le serveur génère alors une adresse Internet que vous transmettrez à votre auditoire pour qu'il puisse se connecter.

Pour diffuser votre présentation via ce service :

1 Sous l'onglet **Diaporama**, dans le groupe *Démarrer le diaporama*, cliquez sur **Diffuser le diaporama**. La boîte de dialogue **Diffuser le diaporama** s'affiche.

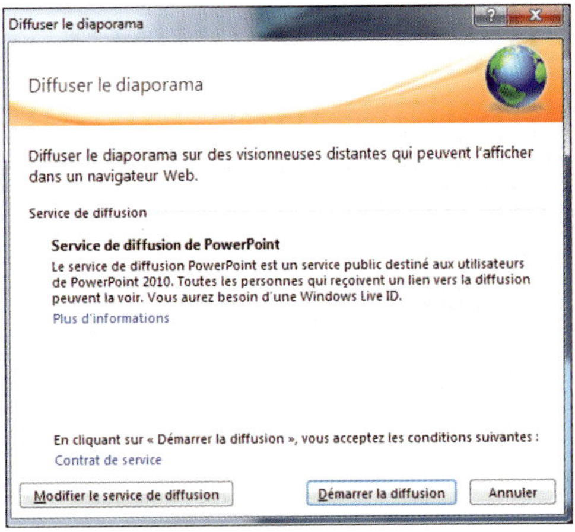

2 Par défaut, c'est le service de Microsoft qui est utilisé. Vous pouvez changer de service de diffusion en cliquant sur le bouton éponyme.

3 Cliquez sur le bouton **Démarrer la diffusion**.

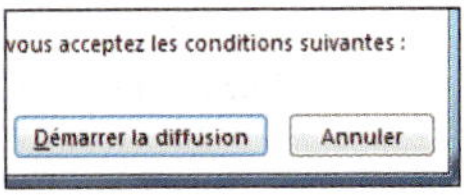

4 PowerPoint prépare la diffusion de votre diaporama et génère une adresse Internet que vous devrez transmettre à votre auditoire distant pour qu'il puisse se connecter et visualiser votre présentation. PowerPoint permet d'envoyer le lien via votre logiciel de messagerie instantanée, notamment si vous utilisez Outlook. Si vous cliquez sur **Envoyer dans un message électronique**, PowerPoint ouvre votre logiciel de messagerie et crée un nouveau message contenant ce lien. Si vous utilisez une messagerie distante (Yahoo! Mail, Hotmail, Gmail...), copiez le lien via le bouton **Copier le lien**.

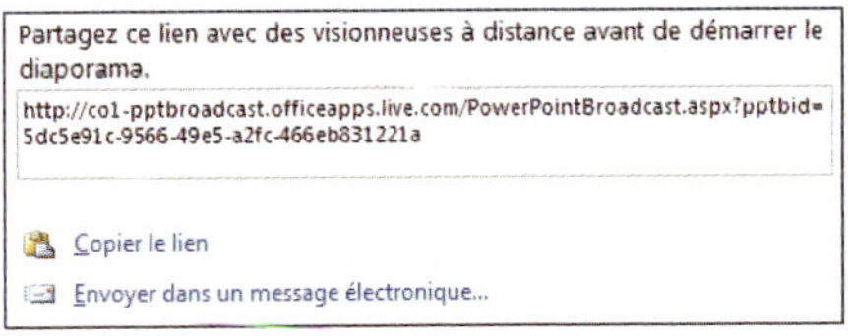

5 Une fois vos invités prévenus et connectés via l'adresse que vous venez de transmettre par e-mail, cliquez sur le bouton **Démarrer le diaporama** situé dans la boîte de dialogue **Diffuser le diaporama**.

6 Une fois la présentation terminée, cliquez sur le bouton **Arrêter la diffusion**. Cliquez sur **Fin de la diffusion** lors de la demande de confirmation de PowerPoint.

RÉALISER UN ALBUM PHOTO

PowerPoint permet de générer un album photo en quelques clics. Vous pouvez ajouter très simplement vos images, quelques légendes et effets de style, ainsi que des transitions.

AJOUTER DES PHOTOS

La création d'un album photo s'effectue depuis l'onglet **Insertion**.

Pour créer et insérer vos images depuis votre disque dur :

1. Sous l'onglet **Insertion**, dans le groupe *Images*, cliquez sur la flèche située en dessous du bouton **Album photo** puis sur **Nouvel Album photo**.

2. Dans la boîte de dialogue **Album photo**, sous *Insérer une image à partir de*, cliquez sur *Fichier/disque*.

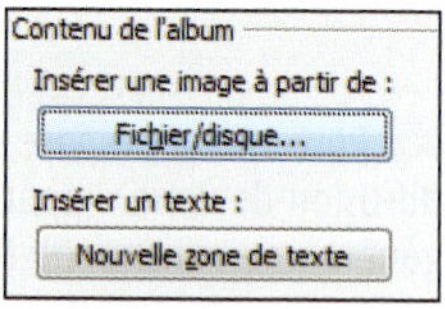

3. Dans la boîte de dialogue **Insérer les nouvelles images**, recherchez le dossier où est stockée l'image à insérer, puis cliquez sur **Insérer**.

4. Si vous voulez modifier l'ordre d'affichage des images, sous la colonne *Images dans l'album*, cliquez sur le nom de l'image à déplacer, puis utilisez les boutons fléchés pour la faire monter ou descendre dans la liste.

INSÉRER DES LÉGENDES ET DES CADRES

Vos images ainsi ajoutées, vous pouvez adjoindre des légendes personnalisées à chacune d'entre elles.

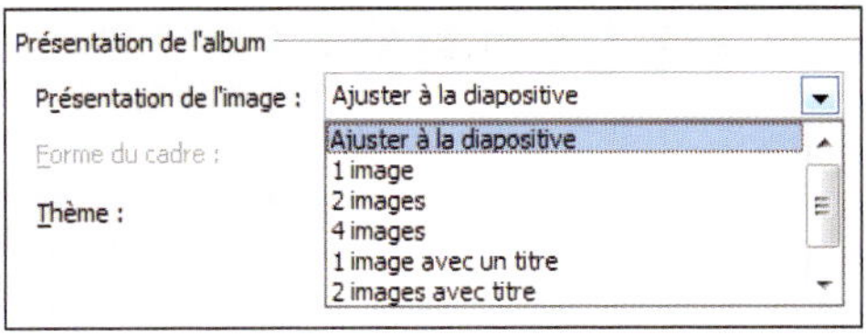

1. Toujours dans la boîte de dialogue **Album photo**, sous la rubrique *Présentation de l'album*, cliquez sur la liste déroulante *Présentation de l'image* et sélectionnez la disposition qui vous convient. Si vous choisissez *Ajuster à la diapositive*, vous ne pourrez pas insérer de légende par la suite.

2. Cliquez sur la liste déroulante *Forme du cadre* et sélectionnez un style de cadre.

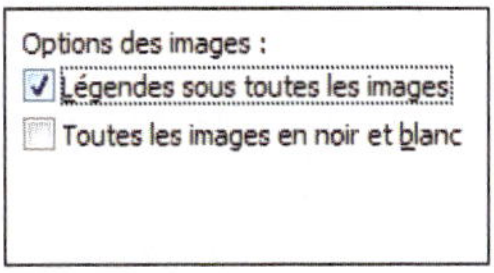

3. Sous *Options des images*, cochez la case *Légendes sous toutes les images*.

4. Cliquez sur le bouton **Créer** pour générer votre album photo.

Par défaut, PowerPoint utilise le nom des images comme légende. Il faudra modifier le libellé par la suite lorsque votre album sera créé, en cliquant sur l'espace réservé à la légende puis en saisissant le texte de votre cru.

PERSONNALISER LA BARRE D'OUTILS ACCÈS RAPIDE

Située au-dessus de l'onglet **Fichier**, la barre d'accès rapide contient différentes fonctions couramment utilisées dans PowerPoint. Par défaut, seules les commandes **Enregistrer**, **Annuler** et **Répéter** sont présentes. Rien ne vous empêche d'ajouter d'autres fonctions, qui seront ainsi bien plus facilement accessibles.

AFFICHER UNE COMMANDE DANS LA BARRE D'ACCÈS RAPIDE

Pour afficher une commande contenue par défaut dans la barre d'accès rapide :

1. Cliquez sur cette icône pour accéder aux commandes courantes de la barre d'accès rapide, qui se situe juste au-dessus de l'onglet **Fichier**.

2. Dans le menu contextuel, sélectionnez la commande à afficher dans la barre d'accès rapide. Une coche orangée située en regard des commandes indique que celles-ci sont déjà affichées.

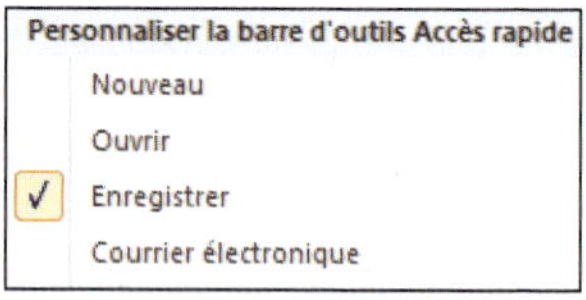

3. Pour supprimer une commande de la barre d'accès rapide, ouvrez le menu contextuel **Personnaliser la barre d'outils Accès rapide**. Cliquez sur la commande présentant une coche orangée pour que celle-ci ne s'affiche plus dans la barre.

INSÉRER DE NOUVELLES COMMANDES

PowerPoint offre la possibilité d'ajouter de nouvelles commandes au sein de la barre d'outils *Accès rapide*.

1. Dans la barre d'outils *Accès rapide*, cliquez sur cette icône pour accéder au menu contextuel **Personnaliser la barre d'outils Accès rapide**.

2 Dans le menu contextuel, sélectionnez **Autres commandes**.

La boîte de dialogue **Options PowerPoint** s'ouvre directement sur l'onglet **Barre d'outils Accès rapide**.

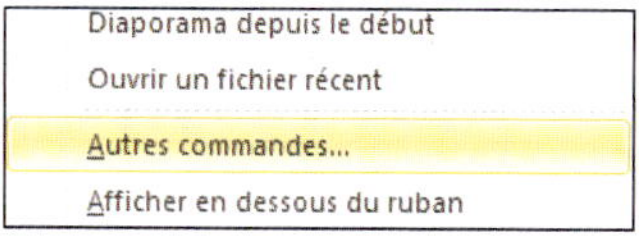

3 À la ligne *Choisir les commandes dans les catégories suivantes*, cliquez sur la liste déroulante et sélectionnez une catégorie parmi les différents choix proposés.

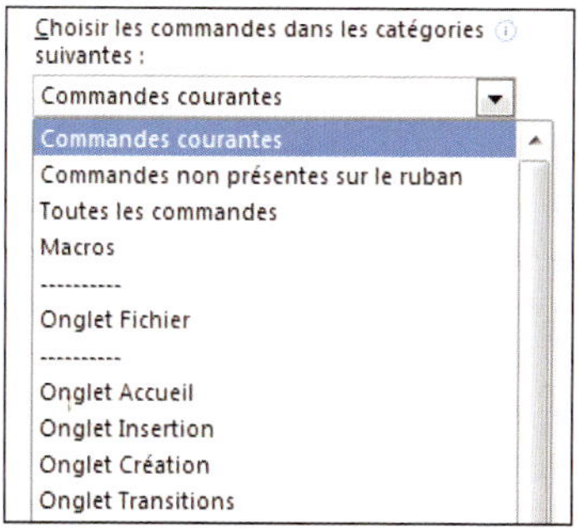

4 Dans la colonne située juste en dessous du choix de la catégorie, sélectionnez un type de commande à insérer dans la barre d'outils *Accès rapide*, puis cliquez sur le bouton **Ajouter**. Recommencez l'opération pour intégrer de nouvelles commandes.

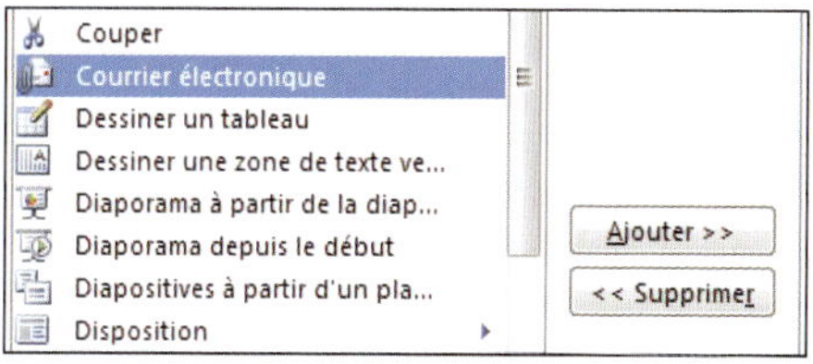

5 Fermez la boîte de dialogue **Options PowerPoint** en cliquant sur le bouton OK.

COMPARER DEUX DOCUMENTS POWERPOINT

C'est l'une des nouveautés introduites dans l'édition 2010 de PowerPoint. Si vous souhaitez connaître la différence entre deux présentations, PowerPoint intègre un puissant outil de comparaison. Vous pouvez comparer deux présentations et fusionner les modifications effectuées de part et d'autre. Pensez-y lorsque vous travaillez avec d'autres personnes sur une même présentation.

COMPARER DEUX PRÉSENTATIONS

Pour comparer votre présentation courante avec une autre :

1. Rendez-vous sous l'onglet **Révision**. Dans le groupe *Comparer*, cliquez sur le bouton éponyme.

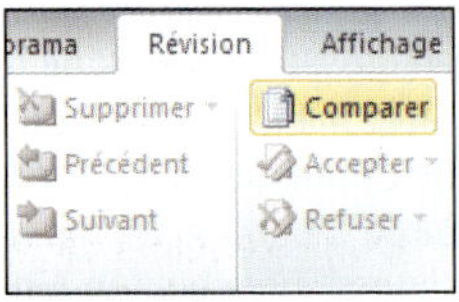

2. En cliquant sur le bouton **Comparer**, vous ouvrez la boîte de dialogue **Cliquez sur un fichier pour fusionner avec la présentation actuelle**. Dans cette dernière, recherchez la présentation que vous désirez comparer avec votre présentation courante et cliquez sur **Fusionner**.

3. Le volet **Révisions** s'ouvre. Sous l'onglet **Détails** du volet **Révisions**, la liste des éléments divergents entre les deux présentations s'affiche. Une marque apparaît sur la diapositive à l'emplacement de la modification.

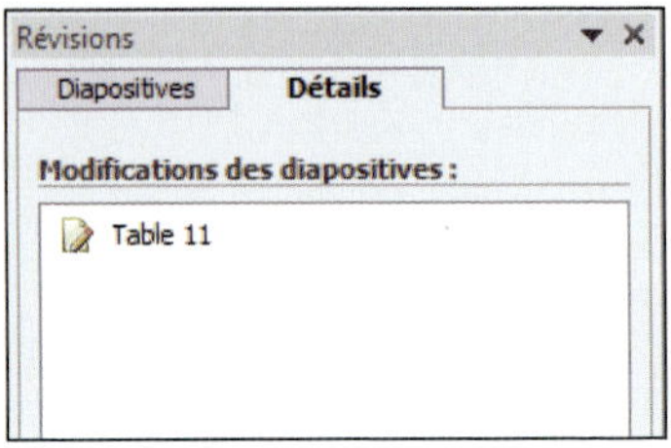

4. Sur la diapositive en question, en cliquant sur le petit post-it jaune représentant la marque de révision, vous pouvez visualiser l'auteur de la modification.

ACCEPTER OU REFUSER LES MODIFICATIONS

Les modifications apportées à votre présentation peuvent être acceptées ou refusées. Si elles sont acceptées, elles sont automatiquement insérées dans votre présentation courante.

1 Cliquez sur la marque en forme de post-it située à l'endroit de la modification sur votre diapositive. Le nom de l'utilisateur qui a effectué la modification s'affiche.

2 Cochez la case en regard du nom de l'auteur pour valider sa modification.

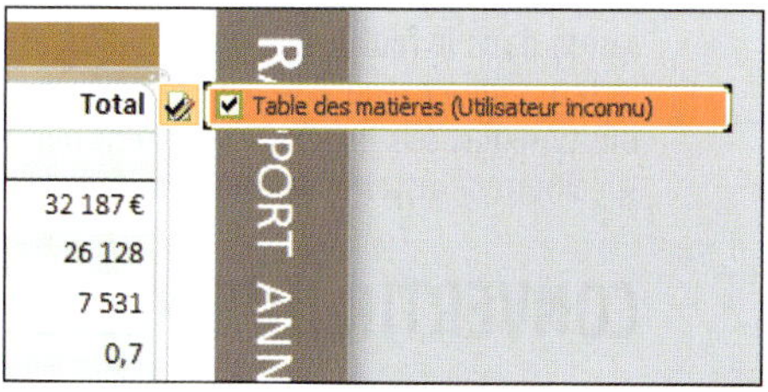

3 Si vous avez accepté la modification, mais que cela ne vous convienne pas après réflexion, rendez-vous sous l'onglet **Révision**. Dans le groupe *Comparer*, cliquez sur le bouton **Refuser**.

4 Pour mettre fin à la comparaison et entériner les modifications effectuées, cliquez sur le bouton **Terminer la révision** situé sous l'onglet **Révision** dans le groupe *Comparer*. Une boîte de dialogue vous demande confirmation. Cliquez sur **Oui**.

RÉALISER LA VIDÉO D'UNE PRÉSENTATION

Une nouveauté de la version 2010 de PowerPoint est la possibilité de créer une vidéo au format WMV directement depuis une présentation. L'avantage réside dans le fait que la présentation est lisible depuis n'importe quel lecteur vidéo prenant en charge ce format (la majorité des lecteurs multimédias tels que VLC l'intègrent par défaut). Exit donc la visionneuse spécifique à installer pour pouvoir visualiser une présentation.

CONVERTIR UNE PRÉSENTATION EN VIDÉO

La conversion d'une présentation en vidéo s'effectue le plus simplement du monde via l'onglet **Fichier**.

1 Cliquez sur l'onglet **Fichier** pour activer le mode Backstage.

2 Allez dans la rubrique *Partager*, puis cliquez sur *Créer une vidéo* dans la rubrique *Type de fichiers*.

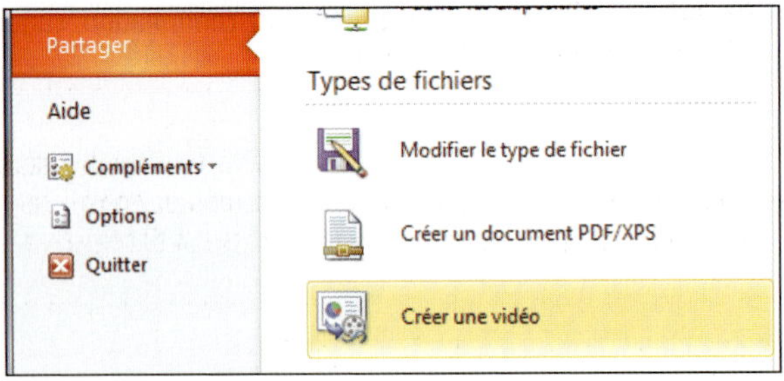

3 Dans le volet de droite, sous la rubrique *Créer une vidéo*, cliquez sur la liste déroulante *Qualité HD et ordinateur*. Sélectionnez le type de qualité souhaité, par exemple *Dispositifs portables*.

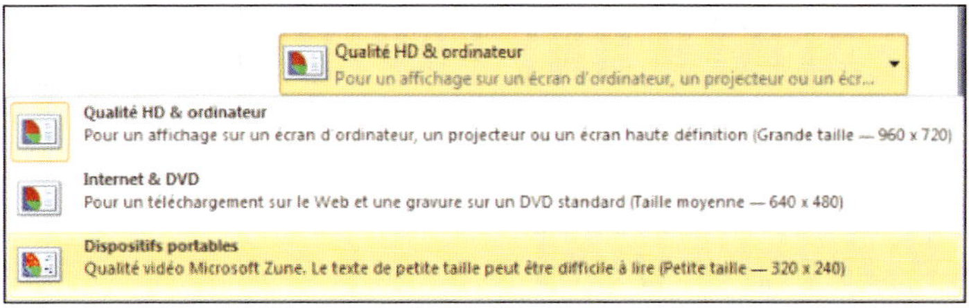

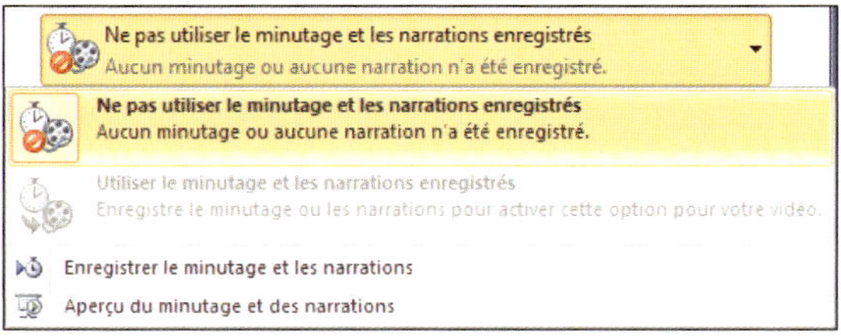

4 Si votre présentation s'accompagne d'une narration, c'est-à-dire d'une voix enregistrée commentant chaque diapositive, vous pouvez choisir de ne pas l'inclure en sélectionnant *Ne pas utiliser le minutage et les narrations enregistrés*.

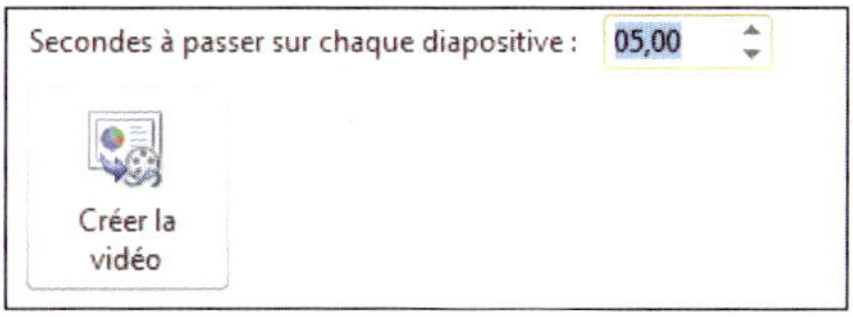

5 Dans ce cas, il faudra spécifier une durée de passage après chaque diapositive. Saisissez une valeur (en secondes) à la ligne *Secondes à passer sur chaque diapositive.*

6 En dernier lieu, cliquez sur le bouton **Créer la vidéo**. La boîte de dialogue **Enregistrer sous** s'ouvre. Saisissez l'endroit où vous souhaitez enregistrer votre vidéo et donnez-lui un nom à la ligne éponyme. Cliquez sur **Enregistrer**.

Un lecteur vidéo qui lit tous les formats

VLC est un lecteur multimédia polyvalent lisant la grande majorité des formats vidéo et audio. Il ne nécessite pas l'ajout d'extension pour les lire, contrairement à d'autres. De plus, il est compatible avec différents systèmes d'exploitation, tels que Windows ou encore Mac OS X. Et il est gratuit. Pourquoi s'en priver ! Vous pouvez le télécharger à l'adresse www.videolan.org.

RÉALISER UNE CAPTURE D'ÉCRAN DEPUIS POWERPOINT

Plus besoin de logiciel de capture d'écran spécifique, PowerPoint s'occupe de tout ! Cette nouvelle fonction permet de capturer tout ce qui se passe sur le moniteur et d'insérer les images directement dans une présentation. Pratique pour réaliser des tutoriels !

INSÉRER UNE CAPTURE D'ÉCRAN DANS UNE PRÉSENTATION

C'est une fonctionnalité qui faisait défaut à PowerPoint. L'édition 2010 l'intègre enfin, ce qui vous permettra de réaliser des tutoriels en un clin d'œil !

Pour effectuer une capture d'écran :

1 Sélectionnez la diapositive à laquelle vous souhaitez ajouter la capture d'écran.

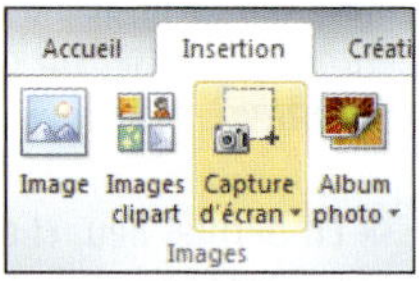

2 Rendez-vous sous l'onglet **Insertion**. Dans le groupe *Images*, cliquez sur le bouton **Capture d'écran**.

3 Si plusieurs fenêtres sont ouvertes, sélectionnez celle à capturer en cliquant dessus.

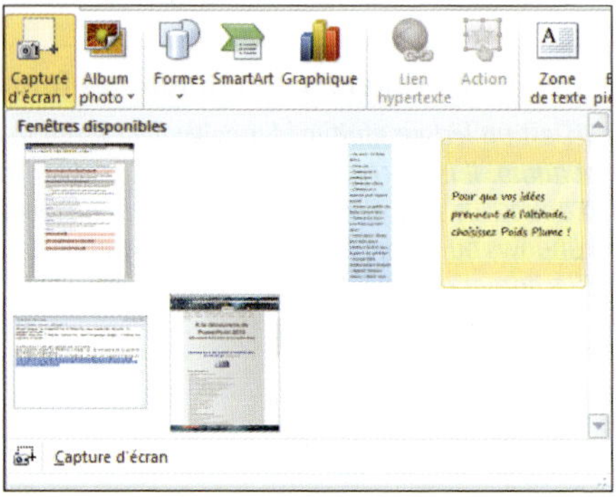

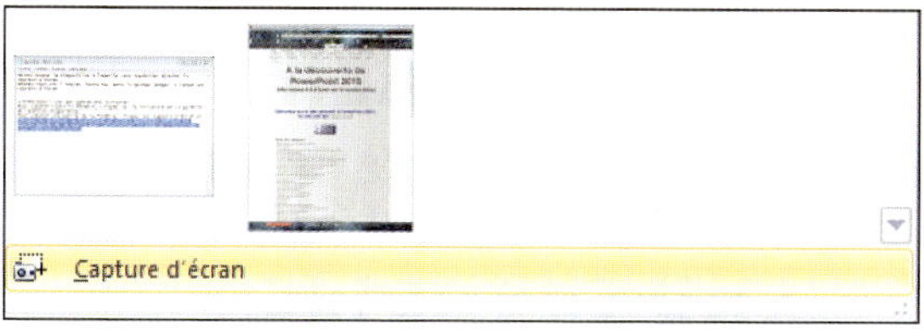

4 Vous avez la possibilité de capturer une petite portion seulement de la fenêtre. Cliquez sur le bouton **Capture d'écran** situé sous l'onglet **Insertion** dans le groupe *Images*. Dans le menu contextuel, cliquez sur **Capture d'écran**. Lorsque le pointeur se transforme en croix, maintenez enfoncé le bouton de la souris pour sélectionner la zone de l'écran à capturer.

Une fois l'image ajoutée à la diapositive courante, vous pouvez utiliser les outils de l'onglet **Format** pour modifier, retraiter et mettre en valeur votre capture d'écran.

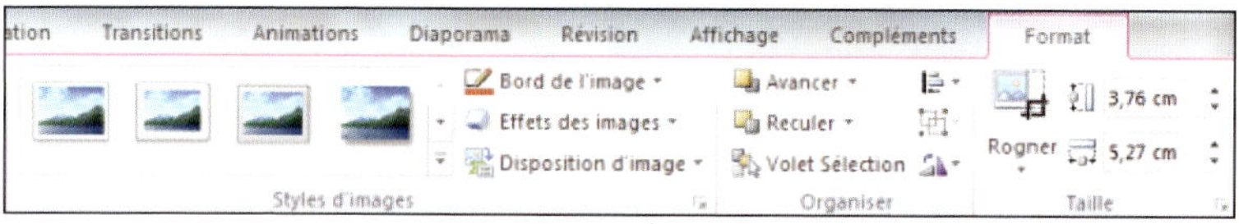

ENREGISTRER UNE PRÉSENTATION SUR SKYDRIVE

SkyDrive, un nom étrange évoquant des contrées lointaines... En fait, elles ne sont pas si lointaines que cela ! Que diriez-vous d'avoir vos présentations accessibles depuis n'importe quel coin du globe ? Il vous faut une bonne connexion Internet ainsi qu'un identifiant Windows Live (en somme, un compte de messagerie Windows Live, Hotmail ou MSN).

QU'EST-CE QUE WINDOWS LIVE SKYDRIVE ?

C'est une sorte de disque dur gratuit sur Internet, de 25 gigaoctets, pour le partage de photos et le stockage de données. Avec ce service accessible si vous possédez un compte Windows Live, vous pouvez consulter, modifier et télécharger vos fichiers depuis n'importe quel ordinateur.

ENREGISTRER UNE PRÉSENTATION SUR SKYDRIVE

Pour enregistrer votre présentation sur ce disque dur virtuel accessible via n'importe quel navigateur Internet :

1 Rendez-vous sous l'onglet **Fichier** puis sélectionnez la rubrique *Partager*.

2 Dans le volet central, cliquez sur *Enregistrer dans SkyDrive*. Vous devez être connecté à Internet.

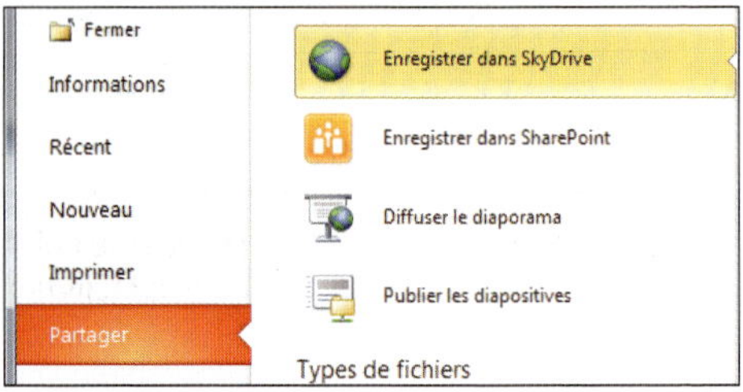

3 Dans la colonne de droite, sous la rubrique *Enregistrer dans SkyDrive*, cliquez sur le bouton **Réessayer** si la connexion ne s'établit pas correctement. Dans la sous-rubrique *Mes dossiers*, sélectionnez l'un des deux dossiers au choix : *Mes documents*, auquel vous êtes le seul à pouvoir accéder, ou *Public*, pour partager votre présentation avec tout le monde.

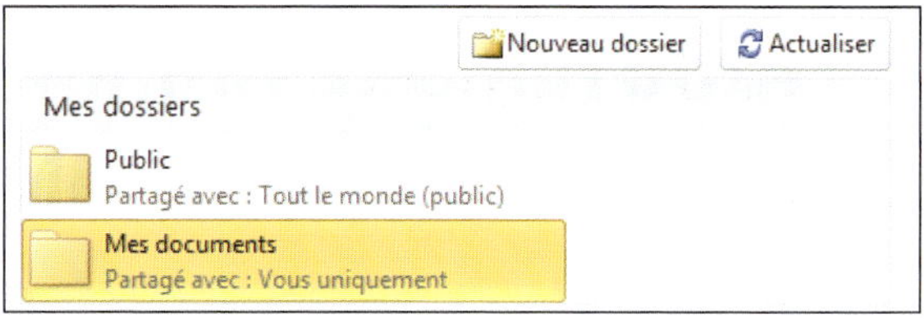

4 Cliquez ensuite sur **Enregistrer sous**. Après un certain temps, la boîte de dialogue **Sécurité Windows** s'affiche. Dans celle-ci, saisissez votre adresse e-mail Windows Live ainsi que votre mot de passe dans les champs correspondants. Cliquez sur le bouton OK.

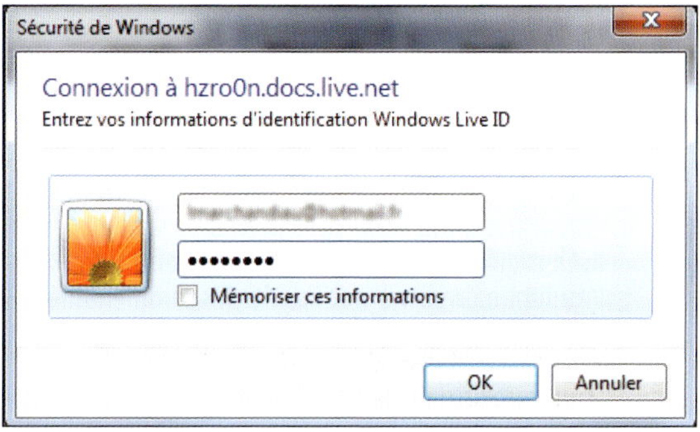

5 La boîte de dialogue **Enregistrer sous** apparaît ensuite. Dans cette dernière, à la ligne *Nom du fichier*, donnez un nom à votre présentation. Cliquez sur la liste déroulante *Type* pour l'enregistrer sous un autre format que celui par défaut, puis cliquez sur **Enregistrer**.

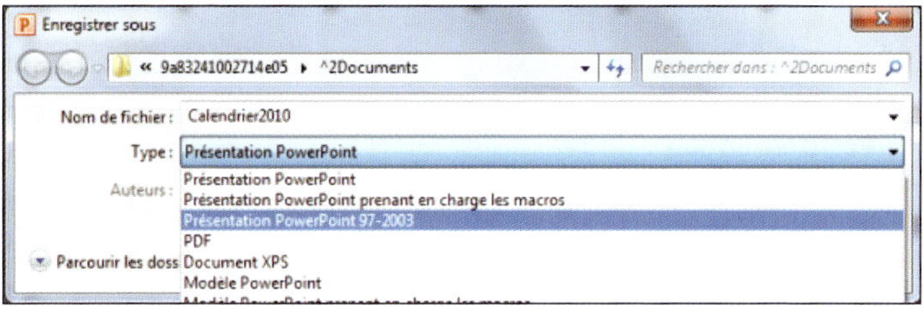

Une nouvelle icône s'affiche dans la barre de notification de Windows. Elle indique l'état de téléchargement dans le Centre de téléchargement Microsoft Office.

AJOUTER UNE NARRATION À UNE PRÉSENTATION

PowerPoint permet d'associer des commentaires audio aux diapositives d'une présentation. La narration est un bon moyen de dynamiser des présentations ou de les archiver en vue d'une utilisation ultérieure par autrui. L'enregistrement nécessite un micro relié au PC par le biais de la prise micro.

ENREGISTRER UNE NARRATION

Une fois que votre présentation est finalisée, vous avez la possibilité d'ajouter des commentaires audio variés. En même temps que vous enregistrez votre voix, vous parcourez simultanément votre présentation. Autant dire qu'il ne faut être ni trop lent ni trop rapide pour permettre à l'auditoire de suivre par la suite les commentaires. Bien préparer ce que vous allez dire s'avère souvent très utile lors de ce genre d'exercice.

Pour enregistrer une narration :

1 Ouvrez votre présentation et sélectionnez la diapositive à partir de laquelle vous souhaitez débuter la narration.

2 Sous l'onglet **Insertion**, dans le groupe *Média*, cliquez sur la flèche située en dessous du bouton **Audio**. Sélectionnez **Enregistrer l'audio**.

3 La boîte de dialogue **Enregistrer un son** s'affiche. Saisissez un nom pour l'enregistrement sonore dans la zone éponyme. Cliquez sur le bouton **Enregistrer** représenté par une icône avec un rond rouge.

4 Enregistrez les commentaires souhaités. Vous pouvez mettre en pause l'enregistrement en cliquant sur le bouton central de la boîte de dialogue **Enregistrer un son**. Une fois l'opération terminée, cliquez sur le bouton OK.

5 Le son apparaît sur la diapositive sélectionnée. Cliquez dessus, puis rendez-vous sous l'onglet **Lecture**.

6 Dans le groupe *Options audio*, cochez la case *Masquer lors de l'affichage*.

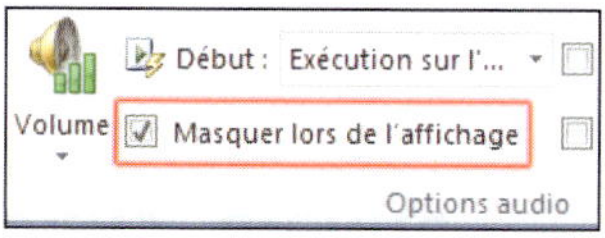

7 Toujours dans le groupe *Options audio* de l'onglet **Lecture**, cliquez sur la liste déroulante *Début* puis sélectionnez *Exécution sur l'ensemble des diapositives*.

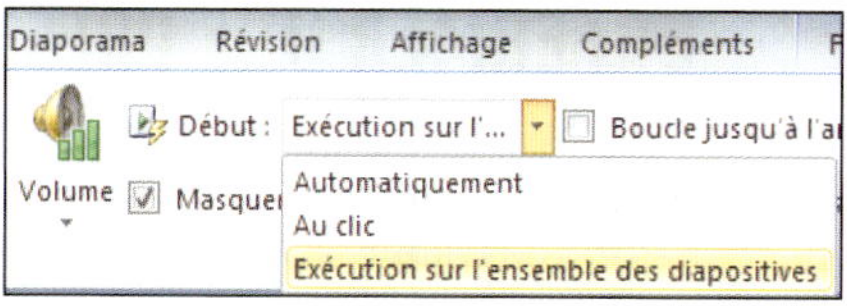

LES RACCOURCIS CLAVIER DE POWERPOINT

Pour terminer cet ouvrage, voici les principaux raccourcis de PowerPoint qui vous permettront d'accroître votre productivité tout en vous simplifiant la vie.

OUVRIR, ENREGISTRER, IMPRIMER ET FERMER UNE PRÉSENTATION

Ctrl+O ouvre un document.

Ctrl+S enregistre la présentation en cours d'utilisation.

Ctrl+Maj+S ouvre la boîte de dialogue **Enregistrer sous**.

Ctrl+P ouvre le menu **Fichier** directement sur les options d'impression.

Ctrl+W ferme la présentation en cours d'utilisation.

MANIPULER DES ÉLÉMENTS

Ctrl+C copie l'élément sélectionné.

Ctrl+V colle l'élément copié sur la diapositive active.

Ctrl+X déplace un élément préalablement copié vers la diapositive active.

Ctrl+A sélectionne l'ensemble des éléments.

Ctrl+Z annule l'action précédente.

Ctrl+Y répète l'action précédente.

METTRE EN PAGE

Ctrl+G met le texte en gras.

Ctrl+I passe le texte sélectionné en italique.

Ctrl+T ouvre la boîte de dialogue **Police**.

Ctrl+K insère un lien hypertexte.

JOUER AVEC LES DIAPOSITIVES

Ctrl+M insère une nouvelle diapositive.

Ctrl+D copie la diapositive sélectionnée.

LES RACCOURCIS UTILES EN MODE DIAPORAMA

F5 joue un diaporama.

Un clic permet d'afficher les éléments d'un diaporama ou de passer au slide suivant.

Un clic du bouton droit affiche le menu contextuel lors de la diffusion d'un diaporama.

Echap arrête la diffusion du diaporama.

Ctrl+clic active le pointeur laser.

Composé en France par Jouve
11, bd de Sébastopol - 75001 Paris
CPI Aubin Imprimeur, Ligugé, D.L. mai 2010 / Impr. : L 73719